Schriftenreihe
der Juristischen Schulung

Geschäftsführender Herausgeber
Rechtsanwalt Prof. Dr. Hermann Weber

Heft 50

Gesetzliche Schuldverhältnisse

Delikts- und Schadensrecht,
Bereicherung, Geschäftsführung ohne Auftrag

Fälle und Erläuterungen
zum Besonderen Schuldrecht des BGB
für Anfangssemester
Band II

von

Dr. Dieter Medicus
o. Professor an der Universität München

2., völlig neubearbeitete Auflage

C. H. BECK'SCHE VERLAGSBUCHHANDLUNG
MÜNCHEN 1986

Medicus, Dieter:
Gesetzliche Schuldverhältnisse : Delikts- u.
Schadensrecht, Bereicherung, Geschäftsführung
ohne Auftrag / von Dieter Medicus. – 2., völlig
neubearb. Aufl. – München : Beck, 1986.
  (Fälle und Erläuterungen zum Besonderen Schuld-
  recht des BGB für Anfangssemester ; Bd. 2)
  (Schriftenreihe der Juristischen Schulung ; H. 50)
  ISBN 3 406 30796 5

NE: 2. GT

ISBN: 3 406 30796 5

Appl, Wemding

(26. 00)

Vorwort zur 2. Auflage

Diese Auflage habe ich größtenteils neu geschrieben. Dabei habe ich nicht nur Literatur und Rechtsprechung ergänzt und neu in die Diskussion geratene Fragen hinzugefügt. Vielmehr habe ich auch weithin den Aufbau geändert, Fälle ausgetauscht und die Texte neugefaßt.

Alle diese Änderungen verfolgen das Ziel, die von Fällen ausgehende Darstellung deutlicher von den systematischen Schuldrechtslehrbüchern zu unterscheiden. Daher habe ich die in diesen Lehrbüchern allemal zu findenden Literaturübersichten weggelassen. Auch bei der Diskussion der Fallprobleme habe ich stärker auf den sachlichen Gehalt der Argumente als darauf geachtet, wer diese in Literatur und Rechtsprechung vertritt. Die in den Fällen behandelten Rechtsprobleme habe ich jeweils am Kopf der Fallerzählung bezeichnet, und zwar anschließend an ein den tatsächlichen Inhalt des Falles kennzeichnendes Schlagwort. Bei der Auswahl habe ich gegenüber der 1. Auflage zwei Gesichtspunkte stärker beachtet: Erstens habe ich mich hinsichtlich derjenigen Probleme, deren Kenntnis von einem Studenten in Klausur und mündlicher Prüfung erwartet wird, um Vollständigkeit bemüht. Und zweitens habe ich wichtige höchstrichterliche Entscheidungen ausführlicher und ohne wesentliche Veränderungen dargestellt, weil die Kenntnis dieser Entscheidungen insbesondere im Haftungsrecht kaum zu entbehren ist.

In den Zusammenfassungen am Schluß jedes Paragraphen will ich eine Hilfe zur Lernkontrolle und zur Wiederholung geben.

Tutzing, im Mai 1986   *Dieter Medicus*

Aus dem Vorwort zur 1. Auflage

Dieser Band soll die in derselben Reihe erschienenen Bücher von *Löwisch* (Das Rechtsgeschäft, 2. Aufl. [1974]; Das Schuldverhältnis, 1975) und *Gerhardt* (Mobiliarsachenrecht, 1976) ergänzen. Er behandelt aus dem Allgemeinen Schuldrecht die §§ 249–255 und aus dem Besonderen Schuldrecht die §§ 677–687, 812–853 sowie die Spezialgesetze des Haftpflichtrechts. Den Stil dieses Bandes, vor allem die Art der Fallbehandlung und die Ausrichtung auf die Bedürfnisse des Anfängers, habe ich den Büchern von *Löwisch* und *Gerhardt* anzugleichen versucht. Auf sie ist auch nach Möglichkeit verwiesen worden.

Die von Fällen ausgehende Darstellungsweise will und kann das systematische Lehrbuch nicht ersetzen. Aber gerade bei den gesetzlichen Schuldverhältnissen und im Schadensrecht hat sich die Regelung des BGB vielfach als zu weitmaschig erwiesen. Sie ist daher durch ein umfangreiches Fallrecht aufgefüllt worden. Deshalb dürfte sich hier das Lernen vom Fall her besonders anbieten. Andererseits sollte sich der Student aber die gesetzliche Regelung trotz ihrer Lückenhaftigkeit immer vor Augen halten: Sie bildet den Rahmen, ohne dessen Kenntnis das Fallrecht unverständlich bleiben muß. Daher ist das ständige Nachschlagen der zitierten Gesetzesvorschriften unentbehrlich! Die wenigen in den Fußnoten genannten Entscheidungen halte ich zur Lektüre für besonders geeignet.

Regensburg, im März 1977 *Dieter Medicus*

Inhaltsverzeichnis

5. Teil. Ungerechtfertigte Bereicherung

6. Teil. Geschäftsführung ohne Auftrag

Verzeichnis der Abkürzungen
und der abgekürzt zitierten Literatur

Larenz SAT	Karl Larenz, Lehrbuch des Schuldrecht I: Allgemeiner Teil, 13. Aufl. 1982
Larenz SBT	Karl Larenz, Lehrbuch des Schuldrechts II: Besonderer Teil, 12. Aufl. 1981
LFZG	Gesetz über die Fortzahlung des Arbeitsentgelts im Krankheitsfalle v. 12. 2. 1975
Löwisch AT	Manfred Löwisch, Allgemeiner Teil des BGB, Fälle zur Rechtsgeschäftslehre, 4. Aufl. 1982
Löwisch SAT	Manfred Löwisch, Schuldrecht Allgemeiner Teil, 2. Aufl. 1982
Löwisch-Denk	Manfred Löwisch–Johannes Denk, Vertragliche Schuldverhältnisse, 1977
m. E.	meines Erachtens
Medicus AT	Dieter Medicus, Allgemeiner Teil des BGB, 2. Aufl. 1985
Medicus BürgR	Dieter Medicus, Bürgerliches Recht, 12. Aufl. 1984
Medicus SAT	Dieter Medicus, Schuldrecht I: Allgemeiner Teil, 3. Aufl. 1986
Medicus SBT	Dieter Medicus, Schuldrecht II: Besonderer Teil, 2. Aufl. 1985
MHRG	Gesetz zur Regelung der Miethöhe v. 18. 12. 1974
MünchKomm	Münchener Kommentar zum BGB, Bd. 1 und 2 in 2. Aufl. 1984/5
NJW	Neue Juristische Wochenschrift
Nr.	Nummer
o.	oben
OLG	Oberlandesgericht
Palandt	Otto Palandt, BGB, 45. Aufl. 1986
PflVG	Gesetz über die Pflichtversicherung für Kraftfahrzeughalter v. 5. 4. 1965
Rdnr.	Randnummer
RG(Z)	Reichsgericht (in Zivilsachen), auch Sammlung seiner Entscheidungen
RVO	Reichsversicherungsordnung in der Fassung v. 15. 12. 1924
S.	Seite, bei Gesetzeszitaten Satz
StGB	Strafgesetzbuch in der Fassung v. 2. 1. 1975
StVG	Straßenverkehrsgesetz v. 19. 12. 1952
StVO	Straßenverkehrs-Ordnung v. 16. 11. 1970
StVZO	Straßenverkehrs-Zulassungs-Ordnung in der Fassung v. 15. 11. 1974
u.	unten
u. a.	unter anderem(n)
v.	vom
VersR	Versicherungsrecht (Zeitschrift)
vgl.	vergleiche
VVG	Gesetz über den Versicherungsvertrag v. 30. 5. 1908
ZPO	Zivilprozeßordnung in der Fassung v. 12. 9. 1950
ZS	Zivilsenat

1. Teil. Grundlagen

§ 1. Notwendigkeit und Typen gesetzlicher Schuldverhältnisse

I. Rechtsgeschäft und Gesetz als Grundlagen von Schuldverhältnissen

Jedes Schuldverhältnis verpflichtet, wie § 241 sagt, den Schuldner zu einer Leistung. Damit wird die allgemeine Handlungsfreiheit des Schuldners beschränkt. Für eine solche Beschränkung sind zwei Rechtfertigungen denkbar:

(1) Die Beschränkung des Schuldners kann sich daraus ergeben, daß er sich mit ihr einverstanden erklärt hat. Ein solches *Einverständnis* erfolgt regelmäßig in der Form eines Vertrages, § 305. Zu den so begründeten rechtsgeschäftlichen (vertraglichen) Schuldverhältnissen vgl. das Buch von *Löwisch-Denk* (1977) in dieser Reihe.

(2) Die Beschränkung der Handlungsfreiheit des Schuldners kann aber auch vom *Gesetz* angeordnet worden sein. Einer solchen Anordnung bedarf es überall, wo ein wirksamer Vertrag mit dem zu Verpflichtenden regelmäßig nicht zu erreichen ist. Das begegnet vor allem in den drei gleich zu nennenden Situationen.

II. Die drei Hauptarten der gesetzlichen Schuldverhältnisse

Fall 1 (Der Verkehrsunfall: unerlaubte Handlung)

S fährt unachtsam mit seinem Pkw und übersieht dabei den vorfahrtberechtigten Radfahrer G. Bei dem Zusammenstoß wird G verletzt, sein Fahrrad wird beschädigt.

Hier gebietet es die Gerechtigkeit, daß S dem G zum Schadensersatz verpflichtet ist. Zwar kann es vorkommen, daß S und G sich über eine solche Schadensersatzleistung vertraglich einigen (etwa durch Vergleich). Aber darauf darf sich die Rechtsordnung nicht verlassen. Deshalb muß sie von sich aus eine Schadensersatzpflicht bestimmen. Das geschieht hier gleich durch mehrere Vorschriften. Die wichtigste ist § 823 I: S hat rechtswidrig und fahrlässig den Körper und das Eigentum des G verletzt und muß deshalb Schadensersatz leisten. Damit haftet S aus unerlaubter Handlung (Delikt). Wenn S zugleich der Halter des Pkw war (das ist er als Eigentümer regelmäßig), haftet er zusätzlich nach § 7 StVG unabhängig von einem Verschulden. Eine solche deliktsähnliche Haftung, die auf einer erlaubten Gefährdung (hier: durch den Betrieb des Pkw) beruht, nennt man Gefährdungshaftung.

Fall 2 (Der Unfallhelfer: Geschäftsführung ohne Auftrag)

In *Fall 1* hat *S* Fahrerflucht begangen und den verletzten *G* bewußtlos auf der Straße liegen lassen. Ein Dritter *D* kommt vorbei: Er verbindet den *G*, fährt ihn in ein Krankenhaus und kümmert sich um das beschädigte Fahrrad.

Hier können dem *D* Kosten und Schäden (z. B. Blutflecken am Polster seines Wagens) entstanden sein. Eine vertragliche Einigung über den Ersatz dieser Nachteile wird wenigstens regelmäßig zunächst nicht zustandekommen: *G* ist ja bewußtlos und *S* flüchtig. Und Ansprüche des *D* aus unerlaubter Handlung fehlen: *G* hat nichts Unerlaubtes getan, und *S* hat zwar ein Delikt begangen, aber dieses hat sich nur gegen *G* gerichtet und nicht auch gegen *D*: Dessen Körper und Eigentum sind ja unverletzt geblieben oder wenigstens nicht von *S* verletzt worden.

Darum macht sich das BGB in solchen Fällen einen anderen Gedanken zunutze: *D* hat mit der Hilfeleistung ein fremdes Geschäft besorgt, ohne von einem anderen dazu beauftragt oder ihm gegenüber sonstwie dazu berechtigt gewesen zu sein. Auch solche Geschäftsführung ohne Auftrag (GoA) erzeugt unter bestimmten Umständen Ersatzansprüche gegen den Geschäftsherrn, §§ 683, 670. Dabei kommen hier als Geschäftsherrn *G* und *S* in Betracht: *G*, weil seine Gesundheit und sein Eigentum auf dem Spiel standen, und *S*, weil er für die Verletzung des *G* verantwortlich und daher aus vorangegangenem Tun zur Hilfe verpflichtet war. Umgekehrt können sich aus GoA auch Verpflichtungen des Geschäftsführers ergeben. So kann *D* dem *G* Ersatz schulden, wenn er diesen grobfahrlässig falsch behandelt hat (§§ 677, 680 mit positiver Forderungsverletzung).

Fall 3 (Die unrichtige Bestellung: Leistungskondiktion)

S will bei *G* Büroartikel mit einer bestimmten Katalognummer bestellen. Die Sekretärin des *S* verschreibt sich jedoch und gibt daher eine andere als die von *S* genannte Nummer an. *G* liefert deshalb andere als die von *S* gemeinten Artikel. Was gilt hier?

Zwischen *S* und *G* ist zunächst eine Einigung und damit ein Kauf über die von der Sekretärin bezeichneten Artikel zustande gekommen. *S* kann diesen Vertrag aber nach § 119 I Alt. 1 wegen Erklärungsirrtums anfechten: Er hat ja eine Erklärung des Inhalts, wie sie dem *G* zugegangen ist, nicht abgeben wollen. Mit einer unverzüglich (§ 121 I) erklärten Anfechtung des *S* ist dessen Willenserklärung und damit der ganze Kaufvertrag von Anfang an nichtig, § 142 I.

Diese Nichtigkeit betrifft aber nur den obligatorischen Kaufvertrag und nicht auch die zu seiner Erfüllung etwa schon erbrachten Leistungshandlungen, also die Lieferung (Übereignung) der Büroartikel und ggf. auch die Zahlung des Kaufpreises. Denn wegen des im deutschen Recht geltenden Abstraktionsprinzips[1] berührt die Unwirksamkeit des Verpflichtungsgeschäfts die Wirksamkeit der Erfüllungsgeschäfte nicht. Mit der Anfechtung fällt also nicht auch die Übereignung der Büroartikel und ggf. die Zahlung des Kaufpreises weg. Beides muß demnach gesondert rückgängig gemacht werden. Hierzu bedarf es eines weiteren gesetzlichen Schuldverhältnisses, weil die beiden schon genannten – unerlaubte Handlung und Geschäftsführung ohne Auftrag – nicht passen.

Dieses gesetzliche Schuldverhältnis ist dasjenige aus ungerechtfertigter Bereicherung (die Kondiktion): § 812 I 1 Alt. 1 bestimmt, daß herausgegeben werden muß, was durch die Leistung eines anderen ohne rechtlichen Grund erlangt worden ist. Das trifft insbesondere auf die Leistungen zu, die zur Erfüllung eines nichtigen Schuldvertrages wirksam ausgetauscht worden sind. Diese müssen also demjenigen zurückübertragen werden, der sie geleistet hat.

Fall 4 (Die falsche Weide: Nichtleistungskondiktion)

Die Kühe des Landwirts S haben eine durch Manövertruppen entstandene Zaunlücke ausgenutzt und die benachbarte Wiese des G abgegrast.

Hier liegt hinsichtlich der Kühe weder eine unerlaubte Handlung noch eine Geschäftsführung ohne Auftrag vor: Tiere können nichts Rechtwidriges tun, und S selbst kann sich hinsichtlich seiner Tierhalterhaftung nach § 833 S. 2 exkulpieren (vgl. u. § 11 Fall 70). An eine Geschäftsführung (durch die Tiere oder durch S) kann man hier schon überhaupt nicht denken. Aber auch § 812 in seiner eben behandelten Anwendung paßt nicht: G hat ja die Nutzung seiner Wiese dem S nicht geleistet, nämlich nicht willentlich zugewendet. Daher paßt nur die andere Alternative des § 812: S hat die Nutzung „in sonstiger Weise" auf Kosten des G ohne rechtlichen Grund erlangt. Man nennt die oben bei *Fall 3* behandelte Anwendung des § 812 „Leistungskondiktion", weil sie eine willentlich und zweckgerichtet erbrachte Vermögensmehrung (eine „Leistung") rückgängig machen soll. Entsprechend dieser Terminologie handelt es sich in *Fall 4* um eine Nichtleistungskondiktion: Ausgeglichen werden soll eine andersartige Vermögensverschiebung.

III. Zusammenfassung

Neben den Schuldverhältnissen, die sich auf Rechtsgeschäft (insbesondere auf Vertrag) gründen, gibt es auch Schuldverhältnisse aus Gesetz. Die wichtigsten sind die drei folgenden, die in diesem Band behandelt werden:

1. Wer einen anderen durch *schuldhaft unerlaubte Handlung* oder be-

---

[1] Vgl. dazu etwa *Löwisch*, AT, § 4 Fall 10; *Medicus*, AT, § 20 II.

stimmte *gefährliche Verhaltensweisen* verletzt, ist ihm zum Schadensersatz
verpflichtet.

2. Wer *ohne Auftrag* oder sonstige Berechtigung *fremde Geschäfte für
einen anderen besorgt,* gerät in das (berechtigende und verpflichtende)
gesetzliche Schuldverhältnis der Geschäftsführung ohne Auftrag,
§§ 677 ff.

3. *Vermögensverschiebungen ohne rechtlichen Grund* werden nach den
§§ 812 ff. ausgeglichen: Vermögensverschiebungen durch Leistung mit
der Leistungskondiktion, andere Vermögensverschiebungen mit den (in
sich verschiedenen) Nichtleistungskondiktionen.

§ 2. Zusammentreffen gesetzlicher und vertraglicher Schuldverhältnisse

I. Die Verschiedenheit der Regelungen

Gesetzliche und vertragliche Schuldverhältnisse unterliegen in mehr-
facher Hinsicht verschiedenen Regeln.

1. Der wichtigste Unterschied besteht hinsichtlich der *Gehilfenhaftung:*
Nach § 278 hat innerhalb bestehender Schuldverhältnisse der Schuldner
für ein Verschulden seiner Erfüllungsgehilfen und gesetzlicher Vertreter
wie für eigenes Verschulden einzustehen; dem Schuldner wird also das
fremde Verschulden ohne weiteres zugerechnet. Dagegen wird nach
§ 831 unabhängig vom Bestehen eines Schuldverhältnisses für die unerlaubte Schadenszufügung durch einen Verrichtungsgehilfen nur dann
gehaftet, wenn der Geschäftsherr bestimmte eigene Sorgfaltspflichten
verletzt hat: nämlich die Pflichten zur sorgfältigen Auswahl und ggf.
auch zur Überwachung des Gehilfen sowie zu dessen Ausstattung mit
Gerät. Diese Unterscheidung kommt überaus häufig vor, insbesondere
auch in juristischen Übungsarbeiten.

Allerdings deckt sich der Unterschied zwischen rechtsgeschäftlichen
und deliktischen Schuldverhältnissen nicht genau mit dem Unterschied
zwischen § 278 und § 831. Denn § 278 setzt lediglich voraus, daß ein
Schuldverhältnis – gleich aus welchem Grund – bereits besteht. Das liegt
bei einem rechtsgeschäftlich begründeten Schuldverhältnis allemal vor.
Ähnlich können Geschäftsführung ohne Auftrag und ungerechtfertigte
Bereicherung ein Schuldverhältnis begründen. Dagegen besteht zwischen einem Deliktstäter und seinem Opfer regelmäßig nicht schon ein
Schuldverhältnis; dieses wird vielmehr durch das Delikt erst begründet.
Daher kommt § 831 im wesentlichen bei der Deliktshaftung vor; die Vor-
schrift steht ja auch in dem BGB-Titel über „unerlaubte Handlungen".

2. Praktisch kaum weniger wichtig sind die Unterschiede hinsichtlich

der *Verjährung*. Diese berechtigt den Schuldner, die Leistung zu verweigern, § 222 I. Die regelmäßige Frist für den Eintritt der Verjährung beträgt 30 Jahre, § 195. Von dieser Normalfrist gibt es aber überaus viele wichtige Ausnahmen, und zwar stets im Sinne einer Verkürzung. Eine solche abgekürzte Verjährung gilt generell im Deliktsrecht (§ 852) und an vielen Stellen im Vertragsrecht. Die dort geltenden Fristen unterscheiden sich untereinander: Für die primären Leistungspflichten (etwa zur Lieferung der Kaufsache und zur Kaufpreiszahlung) sowie für bestimmte Pflichten zum Auslagenersatz gelten die §§ 196, 197, für Ansprüche aus Leistungsstörungen gelten viele Sondervorschriften (vor allem §§ 477, 558, 638).

3. Bei mehreren vertraglichen Schuldverhältnissen wird die *Haftung* eines Partners (zumeist des unentgeltlich Handelnden) gegenüber der Normalhaftung des § 276 I 1 *gemildert* (z. B. für den Schenker nach §§ 521, 523, 524). Gleiches gilt für die Haftung des Schuldners im Gläubigerverzug, § 300 I. Demgegenüber nimmt das Deliktsrecht auf Entgeltlichkeit oder Unentgeltlichkeit keine Rücksicht.

4. Ein weiterer wichtiger Unterschied besteht hinsichtlich des Umfangs des zu leistenden Schadensersatzes: Bei unerlaubten Handlungen wird in bestimmten Fällen eine *Geldentschädigung auch für Nichtvermögensschäden* geschuldet. Das ist das sog. Schmerzensgeld. Es erreicht jetzt bei schwersten Dauerschäden Beträge bis zu etwa 300 000 DM und hat daher praktisch große Bedeutung. Dagegen gibt es ein solches Schmerzensgeld bei Vertragsverletzungen nach der Regel des § 253 grundsätzlich nicht; eine Ausnahme bildet seit 1979 nur § 651 f II (Geldentschädigung für nutzlos aufgewendete Urlaubszeit, vgl. u. § 19 Fall 114).

5. Endlich gibt es einen Unterschied auch hinsichtlich der *Beweislast:* Nach §§ 282, 285 liegt für Schadensersatzansprüche wegen Unmöglichkeit oder Schuldnerverzugs die Beweislast insofern beim Schuldner, als dieser nachweisen muß, daß er die Störung nicht zu vertreten hat. Diese Beweislastverteilung wird auch auf bestimmte – freilich in ihrem Umfang zweifelhafte – Fallgruppen der positiven Forderungsverletzung entsprechend angewendet.[1] Dagegen kennt das Deliktsrecht keine derart allgemeine Beweislastumkehr. Allerdings muß sich nach den §§ 831–838 BGB, 18 StVG der auf Schadensersatz in Anspruch Genommene ebenfalls von einem vermuteten Verschulden entlasten (= „exkulpieren" von lat. *culpa* = Schuld), vgl. dazu u. § 11. Aber die Grundnormen der Deliktshaftung, nämlich die §§ 823–826, 839, kennen eine solche Verschuldensvermutung nicht. Hier wird also eine Ersatzklage regelmäßig abgewiesen, wenn der geschädigte Kläger ein Verschulden des Beklagten nicht nachzuweisen vermag.

---

[1] Dazu *Löwisch*, SAT, § 11 Fall 92, ausführlich *Larenz*, SAT, § 24 I b mit Nachweisen.

II. Zusammentreffen verschiedenartiger Ansprüche

Fall 5 (Der unvorsichtige Taxifahrer: Anspruchskonkurrenz)

F, der angestellte Fahrer des Taxiunternehmers *S*, gerät durch zu schnelles Fahren von der Fahrbahn. Der Wagen überschlägt sich; dabei wird der Fahrgast *G* verletzt.

Hier bestand zwischen *G* und *S* ein Beförderungsvertrag (Werkvertrag nach § 631; beim Abschluß war *S* durch *F* vertreten). Hinsichtlich dieses Vertrages liegt eine Schlechterfüllung (positive Vertragsverletzung) vor. Zugleich bedeutet aber die Verletzung des *G* auch eine unerlaubte Handlung (wenigstens eine Körperverletzung nach § 823 I). Endlich war *S* regelmäßig auch Halter des Taxis, bei dessen Betrieb der *G* verletzt worden ist. Daher kommt auch eine Gefährdungshaftung des *S* nach § 7 StVG in Betracht.

(1) Man kann hier zunächst fragen, wie man sich die auf mehrere Gründe gestützte Haftung des *S* vorstellen soll: Hat *G* nur einen einzigen Schadensersatzanspruch gegen *S*, der sich auf drei verschiedene Gründe stützt (sog. *Anspruchsnormenkonkurrenz*)? Oder hat *G* mehrere verschiedene Ersatzansprüche gegen *S*, von denen sich einer auf die §§ 831, 823 I, 847 stützt,[2] ein anderer auf § 7 StVG, noch ein anderer schließlich auf positive Forderungsverletzung mit § 278 *(Anspruchskonkurrenz)*?

Gewiß kann *G* seinen Schaden insgesamt nur einmal ersetzt verlangen. Daher scheint die eben an erster Stelle genannte Anspruchsnormenkonkurrenz näherzuliegen. Andererseits haben die Ansprüche aus den verschiedenen Haftungsgründen aber verschiedene Entstehungsvoraussetzungen sowie Unterschiede bei Haftungsumfang, Beweislast und Verjährung. Es ist zweifelhaft, wie ein einziger Anspruch aus derart verschiedenen Elementen beschaffen sein sollte. Dagegen bleiben die Unterschiede deutlich, wenn man sich eine Mehrheit von miteinander konkurrierenden Ansprüchen im Sinne der oben an zweiter Stelle genannten Anspruchskonkurrenz vorstellt. Das entspricht der h. M., von der auch im folgenden ausgegangen werden soll.

(2) Im einzelnen gilt danach:

(a) Ein *Anspruch* des *G* gegen *S aus positiver Forderungsverletzung* ergibt sich daraus, daß dem *S* das Verschulden seines Erfüllungsgehilfen *F* nach § 278 zugerechnet wird. Zudem wird das Vertretenmüssen des *S* (und folglich auch ein Verschulden des *F*) analog §§ 282, 285 vermutet. Auch verjährt dieser Anspruch nach § 195 erst in 30 Jahren (§ 638 paßt nach h. M. nicht). Insofern ist der Vertragsanspruch also dem *G* günstig. Andererseits umfaßt dieser Anspruch aber kein Schmerzensgeld.

(b) Ein *Deliktsanspruch* des *G* gegen *S* ist schon dem Grunde nach

---

[2] Wobei man auch einen selbständigen Anspruch aus § 847 annehmen kann. Auch ein Anspruch aus §§ 823 II BGB, 3 I StVO ist möglich.

fraglich. Zwar hat der Unfall zu einer rechtswidrigen Körperverletzung geführt, so daß § 823 I insoweit erfüllt ist. Aber die unmittelbare Ursache hierfür stammt aus dem Handeln des *F,* nicht aus dem Handeln des *S.* Dessen Haftung kann daher regelmäßig nur über § 831 begründet werden, und danach besteht für *S* die Möglichkeit zur Exkulpation. Auch verjährt der Deliktsanspruch nach § 852 in drei Jahren seit der Kenntnis des *G* von den für die Geltendmachung seines Anspruchs wesentlichen Umständen. Für *G* vorteilhaft ist dagegen der Umfang des Deliktsanspruchs: Dieser umfaßt nach § 847 auch ein Schmerzensgeld.

(c) Für einen *Anspruch aus § 7 StVG* endlich kommt es auf die Frage der Gehilfenhaftung nicht an. Vielmehr genügt, daß sich der Unfall beim Betrieb des Kraftfahrzeugs zugetragen hat (§ 7 I StVG) und nicht von einem Schwarzfahrer verursacht worden ist (§ 7 III StVG). Endlich liegt schon wegen der überhöhten Geschwindigkeit des *F* kein unabwendbares Ereignis im Sinne von § 7 II StVG vor. Von den drei zu *Fall 5* erörterten Ansprüchen setzt also derjenige aus Gefährdungshaftung am wenigsten voraus. Die Verjährung dieses Anspruchs richtet sich nach Deliktsrecht, § 14 StVG. Doch droht nach § 15 StVG eine vom Deliktsrecht nicht vorgesehene Verwirkung. Auch umfaßt der Anspruch aus § 7 StVG kein Schmerzensgeld; darüber hinaus ist er wegen des Vermögensschadens nach § 12 StVG durch Höchstbeträge begrenzt.

(3) Die Übersicht zeigt: Jeder der konkurrierenden Ansprüche hat Stärken und Schwächen. Schon aus diesem Grund wird in juristischen Übungen regelmäßig die Erörterung aller in Betracht kommenden Ansprüche verlangt. Dabei ist davon auszugehen, daß *von mehreren konkurrierenden Ansprüchen jeder seinen eigenen Regeln folgt:* So erstreckt sich etwa die abgekürzte deliktische Verjährung (§§ 852 BGB, 14 StVG) nicht auf den Vertragsanspruch. Auch betrifft die Verwirkung nach § 15 StVG bloß den Anspruch aus Gefährdungshaftung; Ansprüche aus Vertrag oder unerlaubter Handlung unterliegen ihr nicht.

Fall 6 (Der ungeschickte Unfallhelfer: Haftungsmilderung)

In § 1 *Fall 2* möge der des Weges kommende *D* den bewußtlos auf der Straße liegenden verletzten *G* leicht fahrlässig falsch behandelt haben, weswegen sich die Verletzung verschlimmert haben möge. Haftet *D* für diesen zusätzlichen Schaden?

Hier kommen Ansprüche aus Geschäftsführung ohne Auftrag (§ 677 mit positiver Forderungsverletzung) und aus Delikt (§ 823 I Körperverletzung) in Betracht. Nach Geschäftsführungsrecht hat *D* aber gemäß § 680 nicht für leichte Fahrlässigkeit einzustehen, weil sein uneigennütziges Handeln eine dem *G* drohende dringende Gefahr abwenden sollte. Dagegen gibt es im Deliktsrecht keine Vorschrift über eine entsprechende Haftungsmilderung. Nach der oben bei *Fall 5* unter (3) formulierten Regel von der Unabhängigkeit konkurrierender Ansprüche voneinander müßte also *D* dem *G* aus § 823 I wegen leicht fahrlässiger Körperverletzung haften. Doch muß hier nach dem Normzweck des § 680 eine Ausnahme gelten: Die Vorschrift will zur Hilfeleistung bei dringender Gefahr ermutigen, indem sie das Risiko des Geschäftsführers mindert. Dieser Zweck würde aber durchkreuzt, wenn der Helfende mit einer Haftung schon wegen leichter Fahrlässigkeit aus einem konkurrierenden Deliktsanspruch rechnen müßte. Daher überträgt man in solchen und ähnlichen Fällen das für einen Anspruch geltende Haftungsprivileg auch auf konkurrierende Ansprüche aus anderen Rechtsgründen.[3]

Fall 7 (Die beschädigte Mietwohnung: Verjährung)

Der Mieter *S* hat in der Mietwohnung unsachgemäß Linoleum auf den Holzfußboden verlegt. Der Vermieter und Hauseigentümer *G* bemerkt erst acht Monate nach dem Auszug des *S*, daß der Holzfußboden unter dem Linoleum verfault ist.

Hier kann *G* einen Schadensersatzanspruch auf Verletzung des Mietvertrages (zu vertretende Unmöglichkeit der nach § 556 geschuldeten ordentlichen Rückgabe der Mietsache) und auf Delikt stützen (§ 823 I Eigentumsverletzung). Nach der bei *Fall 5* unter (3) formulierten Unabhängigkeitsregel dürfte die kurze Verjährung des mietvertraglichen Anspruchs (§ 558) nicht auch für den Deliktsanspruch gelten, so daß dieser nach § 852 noch unverjährt wäre. Auch hier steht aber wieder der Normzweck entgegen: § 558 soll nach dem Vertragsablauf die „rasche Auseinandersetzung der Beteiligten" herbeiführen. Der Vermieter ist aber regelmäßig zugleich Eigentümer oder sonst Berechtigter, so daß die Beschädigung der Mietsache auch ein Delikt nach § 823 I darstellt. Wenn der hieraus entstandene Deliktsanspruch noch längere Zeit unverjährt bliebe, würde der Normzweck des § 558 vereitelt. Daher soll in solchen Fällen die kurze vertragliche Verjährung auch den Deliktsanspruch erfassen.

III. Zusammenfassung

Gesetzliche Schuldverhältnisse können mit rechtsgeschäftlich begründeten zusammentreffen; ähnlich können mehrere gesetzliche Schuldverhältnisse zusammentreffen. Dann nimmt die zutreffende h. M. mehrere Ansprüche nebeneinander an (Anspruchskonkurrenz). Jeder dieser Ansprüche wird grundsätzlich nach seinen eigenen Regeln behandelt (Unabhängigkeitsregel), und zwar etwa hinsichtlich Gehilfenhaftung, Verjährung, Haftungsmaßstab, Anspruchsumfang und Beweislast. Ausnahmsweise wird aber bisweilen ein nur für einen Anspruch bestimmtes Schuldnerprivileg (Haftungsmilderung, kurze Verjährung) auch auf einen konkurrierenden anderen Anspruch erstreckt, wenn das der Zweck der privilegierenden Norm erfordert.

---

[3]　*BGH,* NJW 1972, 475.

2. Teil.
Haftung aus unerlaubter schuldhafter Handlung

§ 3. Die Deliktsnormen

I. Einzelprobleme

Fall 8 (Der Sportunfall: Elemente des § 823 I)

Der 17jährige S und der 18jährige G kämpfen in einem Fußballspiel gegeneinander. G treibt den Ball auf das Tor der gegnerischen Mannschaft; deren Verteidiger S greift den G hart an. Dabei erleidet G einen komplizierten Bruch des Unterschenkels. G fordert von S Schadensersatz.

Ein Ersatzanspruch müßte sich hier aus Delikt ergeben. Denn auch wenn sich G und S zu dem Spiel verabredet hätten, bedeutete das keinen rechtswirksamen Vertrag, weil bei solchen Verabredungen regelmäßig der Rechtsbindungswille fehlt.[1] Und für ein anderes gesetzliches Schuldverhältnis fehlt jeder Anhalt.

Von den Deliktsnormen kommt in erster Linie § 823 I mit der Alternative „Körperverletzung" in Betracht. Dabei sind die folgenden Problemkreise zu unterscheiden:

(1) An erster Stelle steht der *objektive Tatbestand* der Deliktsnorm. Er ist hier unzweifelhaft erfüllt: S hat den Körper des G verletzt.

(2) Nach § 823 I muß diese Verletzung auch *widerrechtlich* (rechtswidrig) gewesen sein. Das ist hier zweifelhaft: Zwar sind die Fußballregeln keine Rechtsnormen. Daß S die Regeln beachtet (also kein „Foul" begangen) hat, kann ihn daher nicht ohne weiteres rechtfertigen. Aber die Verabredung von G und S könnte doch ein Einverständnis mit denjenigen Verletzungen bedeuten, die trotz Einhaltung der sportlichen Regeln (oder bei nur geringfügigen Regelverstößen) entstehen. Zumindest könnte man es als unzulässige Rechtsausübung ansehen, daß G aus einem Verhalten des S Ansprüche herleiten will, das ihm ebensogut hätte unterlaufen können. Im letzten Sinn hat in der Tat der *BGH* entschieden.[2]

(3) Wenn man die Rechtswidrigkeit bejaht (etwa weil dem S ein schwerer Regelverstoß unterlaufen ist), bleibt das *Verschulden* zu prüfen. Dabei lassen sich zwei Teilfragen trennen:

(a) Zunächst kann man fragen, ob S *verschuldensfähig* (deliktsfähig)

---

[1] Vgl. etwa *Medicus,* AT, Rdnrn. 191 ff.
[2] *BGHZ* 63, 140.

ist. Zu diesem Problemkreis ist zu unterscheiden: Die §§ 827 S. 1, 828 I
ergeben gänzliche Deliktsunfähigkeit; wer unter diese Vorschriften fällt,
haftet nur ausnahmsweise nach der Billigkeitsnorm des § 829. Dagegen
begründet § 828 II eine beschränkte Deliktsfähigkeit; ob der beschränkt
Deliktsfähige haftet, richtet sich nach dessen Einsicht in die Verantwortlichkeit für das konkrete Delikt. § 828 II paßt für den 17jährigen S. Danach wird dessen Deliktsfähigkeit vermutet, wenn ihm nicht bei der Körperverletzung „die zur Erkenntnis der Verantwortlichkeit erforderliche
Einsicht gefehlt" hat. Dieser Nachweis wird für einen fast Volljährigen
bei einfachen Kausalabläufen kaum gelingen.

(b) Wenn die Deliktsfähigkeit bejaht worden ist, muß man weiter nach
dem konkreten Vorliegen von *Vorsatz oder Fahrlässigkeit* fragen. Davon
kommt bei Sportverletzungen regelmäßig nur Fahrlässigkeit in Betracht.
Für sie gilt regelmäßig auch im Deliktsrecht die Formel von § 276 I 2:
Fahrlässig handelt, wer die im Verkehr (das heißt hier: beim Fußballspiel) erforderliche Sorgfalt außer acht läßt. Daran kann es ausnahmsweise bei Regelverstößen selbst dann fehlen, wenn diese (oder genauer:
die sie darstellenden Handlungen) nicht gerechtfertigt sind.

(4) Das bisher Erörterte erinnert an den klassischen Aufbau bei Straf-
rechtsfällen. Als eigenständiges Erfordernis zivilrechtlicher Schadensersatzansprüche kommt endlich noch das Vorliegen eines *ersatzfähigen
Schadens* hinzu. Daran ist hier für *G* nicht zu zweifeln.

Fall 9 (Anonyme Briefe: Deliktische Generalklauseln)

G erhält mehrfach anonyme Briefe mit wüsten Beschimpfungen. Die polizeilichen Er-
mittlungen bleiben erfolglos. Schließlich beauftragt G einen Privatdetektiv; dieser ermittelt als Schreiber der Briefe den S. Kann G von S den Betrag verlangen, den er der
Privatdetektei als Honorar zahlen muß?

Auch hier kommt als Anspruchsgrundlage wieder nur unerlaubte
Handlung in Betracht. Doch liegen die Probleme im einzelnen anders als
bei *Fall 8*. Denn in *Fall 9* läßt sich wenigstens nicht ohne weiteres ein
Rechtsgut finden, das objektiv verletzt im Sinne von § 823 I ist. Ehre und
Vermögen sind nämlich in § 823 I – und zwar mit voller Absicht des Ge-
setzgebers – nicht genannt. Und das Eigentum des *G* hat *S* hier nicht verletzt: Selbst wenn *G* die Detektei in bar (und nicht durch Überweisung
von seinem Bankkonto) bezahlt haben sollte, hat er doch sein Eigentum
an den bezahlten Geldzeichen selbst aufgegeben und damit zugleich seine wirksame Verpflichtung erfüllt.

Auch die spezielle Deliktsnorm in § 824 paßt nicht: Sie schützt nur gegen unrichtige Tatsachenbehauptungen, die den Kredit gefährden oder
andere Nachteile für Erwerb oder Fortkommen herbeiführen. Sowohl an
Tatsachenbehauptungen wie an solchen Nachteilen fehlt es hier.

Wegen dieses Fehlens einer speziellen Anspruchsgrundlage muß man
nach einer deliktischen Generalklausel suchen. Von ihnen gibt es drei:

(1) das „sonstige Recht" in § 823 I,
(2) die Verweisung auf ein Schutzgesetz in § 823 II,
(3) die Regelung der vorsätzlichen sittenwidrigen Schädigung in § 826.

Für *Fall 9* kommen in der Tat alle drei genannten Generalklauseln in Betracht: Bei den sonstigen Rechten in § 823 I wird das allgemeine Persönlichkeitsrecht untergebracht (vgl. u. § 8 *Fall 52*), das man hier womöglich als verletzt ansehen kann. Zu den Schutzgesetzen des § 823 II gehören die Strafvorschriften über Beleidigung, § 185 StGB. Und schließlich bilden anonyme Schimpfbriefe eine unter § 826 fallende vorsätzliche sittenwidrige Schädigung. Zweifeln kann man bei der Anwendung des § 826 freilich, ob der Schädigungsvorsatz des *S* auch die Detektivkosten umfaßt hat.

Fall 10 (Die verletzte Sängerin: Fehlen einer „großen" Generalklausel)

Der Konzertagent *G* hat die berühmte Sängerin *D* zu einem Konzert verpflichtet. Am Abend vor dem Konzert wird *D* von dem zu schnell fahrenden Kraftfahrer *S* angefahren und erheblich verletzt. Daher muß das Konzert ausfallen; *G* muß die bereits eingenommenen Eintrittsgelder zurückzahlen.

Daß *S* hier der verletzten *D* Schadensersatz schuldet (wenigstens aus § 823 I Körperverletzung), ist unproblematisch (vgl. schon o. § 1 *Fall 1*). Dieser Ersatz umfaßt nach §§ 252, 842 auch die Gage, die der *D* durch den Ausfall ihres Konzerts entgangen ist.

Schwierigkeiten bereitet jedoch ein Ersatzanspruch des gleichfalls geschädigten *G* gegen *S. G* ist ja – anders als die Sängerin – nicht körperlich verletzt worden. Daher scheidet § 823 I aus, und auch § 823 II scheitert am Fehlen eines passenden Schutzgesetzes. § 826 kommt nicht in Betracht, weil *S* den *G* nicht schädigen wollte. Einen Ausweg könnte nur das „sonstige Recht" bei § 823 I bilden. In der Tat wird hierunter das sog. „Recht am eingerichteten und ausgeübten Gewerbebetrieb" gerechnet; dessen Verletzung erfordert jedoch einen betriebsbezogenen Eingriff, an dem es hier fehlt (vgl. u. § 8 *Fall 55*). *G* bleibt also ohne Ersatz: Bei ihm ist bloß ein sog. „primärer Vermögensschaden" entstanden, den unser Deliktsrecht nur ausnahmsweise ersetzt.

Trotz der Vielzahl der deliktischen Anspruchsgrundlagen ist der durch sie gewährte Schutz also nicht allumfassend. Man kann fragen, ob die Versagung von Ansprüchen in allen Fällen sachgerecht ist, und ob die hieraus sich ergebenden Schwierigkeiten nicht durch eine große deliktische Generalklausel zu vermeiden gewesen wären. Diese Funktion könnte etwa eine Norm folgenden Wortlauts wahrnehmen: „Wer einen anderen rechtswidrig und schuldhaft schädigt, muß ihm Schadensersatz leisten". In der Tat haben beispielsweise der französische code civil von 1803 (art. 1382) und das ZGB der DDR von 1975 (§ 330 ZGB) entsprechende Normen.

Doch führen solche Generalklauseln in anderer Richtung zu Schwierigkeiten: Sie ergeben nämlich mehr Schadensersatzansprüche, als man praktisch gebrauchen kann.[3] Das zeigt der folgende

Fall 11 (Der verletzte Arbeitnehmer: Folgen einer „großen" Generalklausel)

D, der in der Reparaturwerkstatt des *G* arbeitet, wird von *S* fahrlässig verletzt und ist vier Wochen arbeitsunfähig. Durch den Ausfall des *D* bleiben dringende Reparaturen unerledigt. Dadurch erleidet *G* erhebliche Einnahmeausfälle; einige wegen der Verzögerung verärgerte Kunden bleiben ganz weg. Auch haben einige Kunden durch die Verzögerung Verdienstausfall, den sie von *G* ersetzt verlangen.

Eine große deliktische Generalklausel könnte den *S* auch für die primären Vermögensschäden des *G* ersatzpflichtig machen. Darüber hinaus kämen sogar eigene Ersatzansprüche der geschädigten Kunden gegen *S* in Betracht. *S* sähe sich also unter Umständen einer sehr großen Zahl von Gläubigern gegenüber. Auch wäre die Höhe der Entschädigungsforderungen kaum übersehbar. Die Abwicklung eines alltäglichen Unfalls würde so außerordentlich umständlich und für den Schädiger unter Umständen existenzgefährdend. Daher müßten zur Abhilfe einschränkende Kriterien gesucht werden (wie es § 332 des ZGB der DDR auch tut). Angesichts solcher Schwierigkeiten ist der abweichende Standpunkt des BGB zumindest verständlich: Dieses ersetzt nur die Heilungskosten und den Verdienstausfall des körperlich verletzten *D*. Drittgeschädigte können allenfalls indirekt einen gewissen Ersatz bekommen, indem sie an den Ersatzansprüchen des *D* beteiligt werden (vgl. u. § 5 *Fall 17*). Aber ihr eigener primärer Vermögensschaden wird ihnen regelmäßig nicht ersetzt.

II. Zusammenfassung

1. Das Deliktsrecht des BGB hat neben speziellen Tatbeständen *drei* „kleine" Generalklauseln: das „sonstige Recht" in § 823 I, die Verweisung auf die Schutzgesetze in § 823 II und die vorsätzliche sittenwidrige Schädigung in § 826.

2. Dagegen hat das BGB aus guten Gründen *keine „große" deliktische Generalklausel*. Daher wird insbesondere nicht jeder schuldhaft zugefügte primäre Vermögensschaden ersetzt. Insbesondere ist das Vermögen auch kein „sonstiges Recht" im Sinne des § 823 I.

3. Bei der Prüfung zumindest des wichtigsten Deliktstatbestandes, nämlich des § 823 I, empfiehlt sich die Einhaltung einer *Reihenfolge:* Zunächst ist der objektive Verletzungstatbestand zu prüfen. Anschließend muß die Rechtswidrigkeit erörtert werden. Darauf folgt die Erörterung

---

[3] Dazu *Stoll*, Richterliche Fortbildung und gesetzliche Überarbeitung des Schuldrechts, 1984.

der Schuld, und zwar in zwei Schritten: zunächst die Schuld-(Delikts)fähigkeit (§§ 827 f.) und dann Vorsatz oder Fahrlässigkeit. An diesen sog. Haftungsbegründungstatbestand schließt sich dann die sog. Haftungsausfüllung: Bei ihr geht es um das Vorliegen eines nach der Haftungsnorm zu ersetzenden Schadens.

§ 4. Die Tötung eines Menschen

I. Einzelprobleme

Fall 12 (Der Tod des Rentners: Erblasserschaden)

Der Rentner G wird bei einem Verkehrsunfall durch die Fahrlässigkeit des S schwer verletzt. Trotz einer wochenlangen intensiven Behandlung im Krankenhaus stirbt G schließlich. Schadensersatzansprüche der Erben gegen S?

Hier hat S – in der Sprache des § 823 I – rechtswidrig und fahrlässig das Leben des G verletzt. Die Ersatzpflicht des S ist also dem Grunde nach unzweifelhaft. Fraglich ist aber ein ersatzfähiger Schaden: Seit G gestorben ist, kommt er selbst nicht mehr als Geschädigter (und mangels Rechtsfähigkeit auch nicht als Gläubiger eines Ersatzanspruchs) in Betracht. Geschädigt sind zwar die Erben des G, weil sie die für ihren Erblasser entstandenen Behandlungskosten zumindest aus dem Nachlaß bezahlen müssen. Aber diese Erben sind nicht an einem durch § 823 I geschützten Rechtsgut verletzt, sondern sie haben bloß einen primären Vermögensschaden erlitten.

Diese Betrachtungsweise ist aber unvollständig. Sie übersieht nämlich: Solange G noch am Leben war, konnte er nach §§ 823 I, 249 S. 2 die erforderlichen Behandlungskosten ersetzt verlangen (vgl. u. § 5 *Fall 15*). Dabei spielt es selbstverständlich keine Rolle, daß die Heilung schließlich doch mißlungen ist. Dieser Ersatzanspruch war vererblich und ist daher mit dem Tod des G auf dessen Erben übergegangen, § 1923 I. Diese können also den Anspruch aus dem Recht des (zunächst) verletzten Erblassers geltend machen. Übrigens erwähnt § 10 I StVG ausdrücklich auch die „Kosten der (erfolglos) versuchten Heilung".

Fall 13 (Der Tod des Familienvaters: Hinterbliebenenschaden)

G ernährt als Alleinverdiener seine Ehefrau und drei minderjährige Kinder. Bei einem von S verschuldeten Unfall wird G getötet. Schadensersatzansprüche gegen S?

Hier geht es um den Unterhaltsschaden der Witwe und der Kinder. Dieser Schaden ist – anders als der Schaden in *Fall 12* – nicht schon zu Lebzeiten des G entstanden; der entsprechende Ersatzanspruch kann daher auch nicht von G vererbt worden sein. Der geschilderte Sachverhalt läßt zudem offen, ob G nicht die gesetzliche Erbfolge seiner Witwe und seiner Kinder durch ein Testament ausgeschaltet hat.

Ohne Sonderregelung wäre der Unterhaltsschaden daher nicht zu ersetzen: Die Witwe und die Kinder sind nicht körperlich verletzt worden, und der Wegfall ihres Unterhaltsschuldners bedeutet nur einen primären Vermögensschaden. Doch greift hier § 844 II ein: Wer gegen den Getöteten kraft Gesetzes Unterhaltsansprüche hatte oder (als *nasciturus*) erwerben konnte, kann von dem Deliktstäter den durch den Verlust dieser Ansprüche entstandenen Schaden ersetzt verlangen. Solche gesetzlichen Unterhaltsansprüche ergeben sich für die Ehefrau aus §§ 1360 f. und für die Kinder aus §§ 1601, 1602 II, 1603 II. S muß also an die Witwe und die Kinder so lange Unterhalt zahlen, wie G voraussichtlich zur Unterhaltsleistung verpflichtet gewesen wäre: das bedeutet für die Witwe oft bis zum voraussichtlichen Tod des G (oder, seltener, bis zu ihrem eigenen Tod) und für die Kinder, bis diese nach dem Ende ihrer Ausbildung selbst ausreichend verdienen oder anderweitig versorgt sind (§§ 1602 I, 1608).

Fall 14 (Der Tod des Fabrikanten: Erbenschaden)

Bei einem von S verschuldeten Unfall wird der Fabrikant G getötet. Dieser hatte einen Magenlikör nach einem Rezept hergestellt, das nur ihm bekannt war. Nach dem plötzlichen Tod des G ist die gewinnbringende Produktion nicht mehr möglich; auch haben die Produktionsanlagen nur noch Schrottwert. Die Erben verlangen hierfür wie für die von ihnen nach § 1968 zu tragenden Bestattungskosten von S Ersatz.

Beide Schäden, der Entwertungsschaden ebenso wie die Beerdigungskosten (so § 844 I; erfaßt werden aber auch die Kosten einer Feuerbestattung), sind ebenso wie in *Fall 13* erst durch den Tod des G entstanden. Daher kommt für die Erben ein von G ererbter Schadensersatzanspruch wieder nicht in Betracht.

Die Bestattungskosten bilden also einen primären Vermögensschaden der Erben und wären als solcher nicht ersatzfähig. Doch greift hier die Sondervorschrift des § 844 I ein. Diese ersetzt übrigens nicht bloß ausnahmsweise primären Vermögensschaden, sondern sie hat noch eine weitere Eigenart: Die Beerdigungskosten wären ja ohnehin einmal entstanden und dann von den Erben zu tragen gewesen; der Unfalltod des Erblassers hat nur bewirkt, daß diese Kosten früher bezahlt werden mußten. Trotzdem spricht § 844 I vollen Ersatz zu und nicht bloß den Ersatz des „Verfrühungsschadens".

Für den Schaden aus dem Unmöglichwerden der Produktion und der Entwertung der Betriebseinrichtung dagegen fehlt eine Sondernorm. Insoweit bleibt es daher bei der allgemeinen Regel: Dieser Schaden wird als primärer Vermögensschaden der Erben nicht ersetzt. Das läßt sich auch verstehen: Ein nur einer Person bekanntes Geheimverfahren und eine nur für dieses geeignete Betriebseinrichtung haben bloß einen unsicheren Wert. Denn man muß stets damit rechnen, daß der „Geheimnisträger" aus irgendeinem Grund stirbt. Die Erben vollends haben kein Recht darauf, daß der Nachlaß gemehrt oder nicht entwertet wird.

II. Zusammenfassung

Wer für den Tod eines Menschen verantwortlich ist, muß ersetzen

(1) den Erben die bis zum Tod entstandenen Behandlungskosten, §§ 249 S. 2, 1923 I;

(2) den kraft Gesetzes Unterhaltsberechtigten ihren Unterhaltsschaden, § 844 II,

(3) den Erben die Bestattungskosten, § 844 I.

Nicht zu ersetzen ist dagegen ein Schaden, den der Tod durch die Entwertung des Nachlasses verursacht.

§ 5. Die Verletzung eines Menschen

I. Anspruchsumfang

Fall 15 (Die Verletzung des Rentners: Heilungskosten und Schmerzensgeld)

Der Rentner *G* wird bei einem von *S* verschuldeten Verkehrsunfall verletzt. Er muß drei Monate im Krankenhaus und anschließend noch ambulant behandelt werden. Ersatzansprüche gegen *S*?

Die rechtswidrige und schuldhafte Körperverletzung fällt unter § 823 I. Dem Grunde nach ist die Ersatzpflicht des *S* also gegeben.

Daß dieser Ersatz die Behandlungskosten umfaßt, wird zwar im Deliktsrecht (§§ 842 ff.) nicht ausdrücklich gesagt. Es folgt aber schon aus der allgemeinen – also für alle Arten von Schadensersatzansprüchen geltenden – Vorschrift des § 249 S. 2. Allerdings umfaßt der dort genannte „zur Herstellung erforderliche Geldbetrag" bei einer Körperverletzung – anders als bei einer Sachbeschädigung (vgl. u. § 7 *Fall 33*) – nach der zutreffenden h. M. nur die wirklich aufgewendeten Kosten. Es kann also z. B. niemand die Kosten eines bloß hypothetischen Krankenhausaufenthalts mit der Begründung ersetzt verlangen, seine Verletzung sei so schwer gewesen, daß er eigentlich ein Krankenhaus hätte aufsuchen müssen.

Zudem kann *G* von *S* nach § 847 I 1 ein Schmerzensgeld verlangen. Doch ist dieser Anspruch nach § 847 I 2 erst dann durch Zession (§§ 398 ff.) oder Erbgang (§ 1923 I) übertragbar, wenn er vertraglich anerkannt oder rechtshängig geworden ist. Dabei bedeutet „Rechtshängigkeit": Die Ersatzklage muß erhoben worden sein (§ 261 I ZPO), was durch Zustellung der Klageschrift an den Beklagten erfolgt (§ 253 I ZPO). Stirbt der Geschädigte vorher, so erlischt sein Schmerzensgeldanspruch. Damit will das Gesetz verhindern, daß die Schmerzen des tödlich Verletzten allein seinen Erben zugute kommen. Freilich führt diese an sich vernünftige Regelung nicht selten zu einem unerfreulichen Wettlauf zwischen der Klageerhebung und dem Tod. In diesen Wettlauf wird der Sterbende insofern hineingezogen, als er für eine wirksame Klageerhebung zunächst eine Prozeßvollmacht erteilen muß.

Fall 16 (Die Verletzung des Fabrikanten: Verdienstausfall)

Der Fabrikant *G* wird bei einem von *S* verschuldeten Unfall verletzt. Während der Genesungszeit kann *G* nicht wie gewohnt in seinem Unternehmen mitarbeiten. Ersatzansprüche gegen *S*?

Der Ersatzanspruch beruht hier wieder auf § 823 I; danach sind ebenso wie bei o. *Fall 15* die Behandlungskosten der Heilung und nach § 847 I auch ein Schmerzensgeld zu zahlen. Aber anders als dem Rentner wird dem Fabrikanten wie überhaupt jedem selbständig Tätigen durch die Beeinträchtigung seiner Arbeitskraft auch ein Verdienstausfall entstehen. Diesen hat der für den Unfall verantwortliche *S* zu ersetzen. Das ergibt sich allgemein schon aus den §§ 249 S. 1, 252 und wird für das Deliktsrecht in § 842 noch einmal besonders ausgesprochen („Nachteile für den Erwerb oder das Fortkommen").

Regelmäßig wird ein solcher Gewinnausfall durch einen Rückgang des Gewinns beziffert und nachgewiesen. Aber diese Methode ist unzuverlässig. Denn einerseits kann ein Gewinnrückgang andere Ursachen haben als den Ausfall der Mitarbeit des Verletzten: So können ein allgemeiner Rückgang der Konjunktur oder das Auftreten eines neuen Konkurrenten eine Rolle spielen. Andererseits mag ein unfallbedingter Gewinnrückgang aber auch durch andere Faktoren verdeckt werden, etwa durch ein Anziehen der Konjunktur oder ein gewinnbringendes neues Produkt. Bisweilen wird sich der Gewinnrückgang auch erst mit großem zeitlichen Abstand von dem Ausfall der Mitarbeit zeigen. So war in einem vom *BGH*[1] entschiedenen Fall der Verletzte mit der Entwicklung neuer Produkte beschäftigt gewesen: Das Unterlassen dieser Entwicklung mag den Gewinn erst nach vielen Jahren beeinflussen.

In dem vom *BGH* entschiedenen Fall hatte der Verletzte daher seinen Verdienstausfall nach denjenigen Kosten berechnen wollen, die für eine angestellte Ersatzkraft zu zahlen gewesen wären. Der *BGH* hat diese Art der Schadensberechnung jedoch nicht zugelassen; m. E. zu Unrecht.[2]

---

[1] *BGHZ* 54, 45.
[2] Vgl. *Herm. Lange,* Schadensersatz, 1979, § 6 IX 3 S. 206.

Fall 17 (Die Verletzung des Arbeiters: normativer Erwerbsschaden)

Bei einem von *S* verschuldeten Unfall wird der Arbeiter *G* derart verletzt, daß er vier Wochen arbeitsunfähig ist. Ersatzansprüche gegen *S*?

Gäbe es keine dienstvertraglichen Sonderregeln, so könnte *G* für die Zeit seiner Arbeitsunfähigkeit nach § 323 keinen Lohn beanspruchen. Sein von *S* zu ersetzender Erwerbsschaden bestünde dann in diesem Lohnausfall (wobei man freilich fragen kann, wie die Lohnsteuer, die Sozialversicherungsbeiträge und bestimmte andere Nebenposten wie anteiliges Weihnachtsgeld und anteilige Urlaubsvergütung zu behandeln sind).

In Wahrheit entsteht dem *G* jedoch infolge der dienstvertragsrechtlichen Sonderregeln kein Lohnausfall. Vielmehr muß der Arbeitgeber nach §§ 616 BGB, 1 I LFZG den Lohn in den ersten sechs Wochen einer Arbeitsunfähigkeit unverändert weiterzahlen. Danach sieht es so aus, als ob *G* keinen ersatzfähigen Erwerbsschaden hätte. Damit käme im Ergebnis die Lohnfortzahlung dem außerhalb des Arbeitsverhältnisses stehenden *S* zugute, obwohl sie doch allein im Interesse des Arbeiters bestimmt worden ist.

Eine solche Entlastung des Drittschädigers hat der Gesetzgeber nicht gewollt. Das zeigt deutlich § 4 LFZG: Danach geht der Ersatzanspruch, den der Arbeiter „wegen des Verdienstausfalls" gegen einen Dritten hat, im Umfang der Lohnfortzahlung auf den Arbeitgeber über. Mit dieser Anordnung eines gesetzlichen Forderungsübergangs (Legalzession, *cessio legis*) wird vorausgesetzt, daß der Ersatzanspruch des verletzten Arbeiters trotz der Lohnfortzahlung entsteht und fortbesteht (denn sonst könnte er nicht übergehen). Die rechtliche Wertung weicht hier also von der Wirklichkeit ab. Daher spricht man in solchen Fällen von einem fiktiven oder normativen Schaden.

Natürlich soll mit dieser Konstruktion dem verletzten Arbeiter nicht mehr ersetzt werden als sein wirklicher Schaden. Vielmehr soll die Schadensfiktion nur den Rückgriff des Arbeitgebers gegen den Drittschädiger ermöglichen und damit dessen unverdientes Freiwerden verhindern.

Fall 18 (Das verletzte Kind: normativer Heilungsschaden)

Bei einem von *S* verschuldeten Unfall wird das Kind *G* verletzt. Die Eltern sorgen auf ihre Kosten für Heilung. Ersatzansprüche gegen *S*?

Die Ausgangssituation ist hier ähnlich wie bei *Fall 17:* Wie dort ein wirklicher Erwerbsschaden des *G* durch die Lohnfortzahlung vermieden wurde, sind hier dem verletzten Kind die Heilungskosten durch die Eltern bezahlt worden. Das schuldeten diese auch kraft ihrer gesetzlichen Unterhaltspflicht (§§ 1601, 1610 II). Doch gelangt man auch hier wieder zu einem sinnwidrigen Ergebnis, wenn man einen Schaden des verletzten

Kindes verneint: Dann entlastete nämlich das familienrechtlich begründete Eingreifen der Eltern den Drittschädiger zumindest dem Kind gegenüber.

Allerdings bestimmt das BGB – anders als § 4 LFZG – nicht den Übergang des Ersatzanspruchs, der für das Kind entstanden ist, auf die den Unterhalt leistenden Eltern. Vielmehr bestimmt § 843 IV bloß, der Ersatzanspruch (des verletzten Kindes) werde durch die Unterhaltspflicht der Eltern nicht ausgeschlossen. Das wird allgemein auf den Fall erstreckt, daß die Eltern den Unterhalt bereits geleistet haben. Andererseits soll aber das Kind die Heilung nicht doppelt gezahlt bekommen, nämlich zuerst als Unterhalt von den Eltern und dann noch einmal als Schadensersatz von dem Schädiger. Daher muß im Ergebnis auch hier der Anspruch gegen den Schädiger oder das von diesem Geleistete an die Eltern gelangen. Dafür enthält das BGB freilich keine spezielle Norm; am ehesten paßt § 1648.

Fall 19 (Der verletzte Angestellte: normativer Erwerbsschaden mit Abtretungsrückgriff)

Der bei einem von *S* verschuldeten Unfall verletzte *G* ist nicht als Arbeiter, sondern als Angestellter beschäftigt; seine Arbeitsunfähigkeit dauert 4 Wochen. Ersatzansprüche gegen *S*?

Ebenso wie bei Arbeitern (vgl. o. *Fall 17*) scheint auch bei Angestellten ein Erwerbsschaden zu fehlen: Für sie ist in § 616 II zwingend bestimmt, daß der Arbeitgeber die Vergütung bis zu 6 Wochen weiterzahlen muß. Aber ebenso wie bei Arbeitern und Beamten[3] soll diese sozial motivierte Pflicht nicht den Drittschädiger *S* entlasten. Daher muß auch für *G* trotz der Gehaltsfortzahlung ein normativer Erwerbsschaden angenommen werden.[4]

Anders als für Arbeiter gibt es aber für Angestellte keine Norm, die den Schadensersatzanspruch des Verletzten auf den Arbeitgeber übergehen läßt (wie es § 4 LFZG tut). Sachlich ist ein solcher Übergang aber unverzichtbar, weil selbstverständlich auch ein Angestellter nicht „doppelt entschädigt" werden soll. Tatsächlich fehlt für Angestellte eine gesetzliche Zessionsanordnung auch nur wegen historischer Zufälligkeiten der Gesetzgebung. Die so entstandene Lücke ließe sich durch eine Gesetzesanalogie zu den vorhandenen Anordnungen einer Legalzession ausfüllen. Die Praxis bevorzugt stattdessen den Weg über eine vereinbarte Abtretung oder über § 281: Der Angestellte muß seinen Anspruch gegen den Drittschädiger dem Arbeitgeber rechtsgeschäftlich abtreten. Häufig

---

[3] Für Beamte gibt es – dem § 4 LFZG entsprechende – Legalzessionsanordnungen im Bundesrecht und den Landesbeamtengesetzen.

[4] Allgemeine Ansicht spätestens seit der – freilich noch sehr mühsam begründeten – Leitentscheidung *BGHZ* 7, 30.

erfolgt eine solche Abtretung schon im voraus bei Abschluß des Arbeitsvertrages. Dann verschwindet der Unterschied zur Legalzession fast ganz.

Fall 20 (Der verletzte Aussteiger: Arbeitskraft als Vermögenswert?)

Der 40jährige Computerfachmann *G* hat seinen Arbeitsplatz aufgegeben und sich in ein altes Bauernhaus zurückgezogen; dort lebt er von seinen Ersparnissen. Dieser *G* wird bei einem von *S* verschuldeten Unfall verletzt; hat er Schadensersatzansprüche?

Im Unterschied zu den *Fällen 16, 17* und *19* entgeht dem verletzten *G* hier kein Einkommen; auch hat *G* keine Vergütungsansprüche gegen Dritte, auf die sein Ersatzanspruch übergeleitet werden könnte. Daher käme man zu einem Erwerbsschaden hier nur, wenn man bereits die verwertbare Arbeitskraft als Vermögenswert (und daher ihre Beeinträchtigung als Vermögensschaden) verstünde. Das tut die h. M.[5] aber mit Recht nicht. *G* kann daher nur den Ersatz der Heilungskosten und ein Schmerzensgeld verlangen. Dagegen hat er für die Zeit, in der er seine Arbeitskraft nicht einsetzen wollte, keine Ersatzansprüche wegen deren Beeinträchtigung.

Fall 21 (Die verletzte Hausfrau: Sonderfall des Erwerbsschadens)

Die *G* versorgt als Hausfrau ihren Ehemann und ihre drei Kinder. Bei einem von *S* verschuldeten Unfall wird sie derart verletzt, daß sie vier Wochen stationär behandelt und auch dann noch weitere zwei Wochen das Bett hüten muß. In dieser Zeit behelfen sich Mann und Kinder notdürftig. Schadensersatzansprüche gegen *S?*

Nach der patriarchalischen Familienauffassung von 1900 hatte das BGB für solche Fälle den § 845 vorgesehen: Der Ehemann hatte kraft Gesetzes Anspruch auf die Haushaltsführung durch die Ehefrau. Wenn dem Ehemann diese Dienste durch das Verschulden eines Dritten entgingen, sollte der (als der Geschädigte angesehene) Ehemann von diesem Dritten Ersatz verlangen dürfen.

Dieses Verständnis verträgt sich nicht mit der von dem Gleichberechtigungsgebot (Art. 3 II GG) geprägten neuen Eheauffassung: Nach dieser bedeutet die Haushaltsführung (gleichgültig ob durch die Frau oder den Mann) einen gleichwertigen Beitrag zum Familienunterhalt, § 1360 S. 2. Daher hat man in dem Ausfall der Fähigkeit, diesen Beitrag zu leisten, einen eigenen Erwerbsschaden des den Haushalt führenden Ehegatten nach § 842 gesehen. Der Ersatzanspruch wegen dieses Schadens ist in gewissem Sinn normativ bestimmt worden: Maßgeblich sein sollen die Kosten für eine staatlich geprüfte Haushälterin, auch wenn eine solche nicht wirklich genommen worden ist.[6] Durch die unbezahlte Mehrarbeit von

---

[5] Vgl. *Herm. Lange* (o. Fn. 2), § 6 XIII 1.
[6] *BGHZ* 38, 55; 51, 109. Nicht zu vereinbaren ist damit freilich m. E. die „Chemikerentscheidung" *BGHZ* 54, 45, vgl. o. Fn. 1.

Familienmitgliedern kann dieser Schaden nach dem Grundgedanken von § 843 IV (vgl. o. *Fall 18*) nicht ausgeglichen werden.

Fall 22 (Der verletzte Student: Ermittlung des entgehenden Gewinns)

Bei einem von S verschuldeten Unfall wird der Jurastudent G so erheblich verletzt, daß er sein Studium nicht zu Ende führen kann und dauernd arbeitsunfähig bleibt. Welchen Ersatz schuldet S wegen des Erwerbsschadens?

Nach § 249 S. 1 muß S den G so stellen, wie dieser ohne die Verletzung stünde. Das weiß man aber nicht einigermaßen genau: Hätte G die Staatsexamina bestanden? Welchen juristischen Beruf hätte er ergriffen und ergreifen können? Was hätte er dabei verdient? Die Antwort auf diese Fragen verlangt ein Maß an Prophetie, das menschliche Fähigkeiten übersteigt. Daher besteht die Gefahr, daß nach der regelmäßigen Beweislastverteilung alle Zweifel zu Lasten des Geschädigten gehen, weil dieser seinen Schaden beweisen muß.

In dieser Situation kommt das BGB dem Geschädigten mit zwei Vorschriften zu Hilfe: Nach § 252 S. 2 wird als entgangen der Gewinn vermutet (d.h. er braucht nicht bewiesen zu werden), der nach dem gewöhnlichen Lauf der Dinge oder nach den besonderen Umständen, insbesondere nach den getroffenen Vorkehrungen, mit Wahrscheinlichkeit erwartet werden konnte. Und nach § 287 ZPO entscheidet das Gericht über Entstehung und Ausmaß eines zu ersetzenden Schadens „unter Würdigung aller Umstände nach freier Überzeugung". Das bedeutet für *Fall 22:* Vom Bestehen der juristischen Examina kann regelmäßig ausgegangen werden. Anders wäre nur bei Vorliegen besonderer Umstände zu entscheiden, etwa wenn G auffallend schlechte Schulzeugnisse hatte und auch in seinem Studium bisher weithin erfolglos geblieben war. Wenn das Bestehen der Examina anzunehmen ist, wird dann bei Fehlen besonderer Umstände von demjenigen Verdienst auszugehen sein, das sich in den juristischen Berufen durchschnittlich erzielen läßt. In dieser Höhe kann G regelmäßig eine Rente (§ 843 I) verlangen, deren Einzelraten entsprechend der mit Ausbildungsstand und Lebensalter zunächst anwachsenden Verdienstmöglichkeiten zunehmen.

Fall 23 (Die verletzte Prostituierte: gesetz- oder sittenwidrig zu erzielendes Einkommen)

Von S schuldhaft verletzt worden ist die Prostituierte G. Welchen Ersatz kann sie wegen ihres Verdienstausfalls verlangen, wenn sie zwei Monate „arbeitsunfähig" war?

Das Problem dieses Falles liegt darin, daß der entgangene Verdienst moralisch mißbilligt war und die von der G abzuschließenden Verträge auch rechtlich (§ 138) keinen Bestand hatten. Man spricht hier vom *lucrum inhoneste captatum* (dem unehrenhaft erstrebten Gewinn). Soll er trotzdem ersetzt werden, weil er doch wirklich entgangen ist? Man denke etwa auch an den extremen Fall, daß ein verletzter Rauschgifthändler einen hohen Verdienstausfall aus entgangenen Rauschgiftverkäufen geltend macht.

Dieser letzte Fall wird freilich praktisch schon deshalb nicht eintreten, weil sich der Verletzte mit seiner Forderung das ihm unerwünschte Interesse der Staatsanwaltschaft zuzöge. Jedenfalls aber wäre ein Ersatzanspruch hier zu verneinen, weil der Rauschgifthandel schlechthin verboten ist und auch von Rechts wegen nach Kräften unterbunden wird. Dagegen wird die Prostitution immerhin geduldet. Vielleicht hat deswegen der *BGH*[7] für den entgangenen Dirnenlohn einen Mittelweg gesucht: Dieser soll zwar als solcher nicht zu ersetzen sein. Ersetzt werden soll dagegen der Betrag eines existenzdeckenden Einkommens, „das auch in einfachen Verhältnissen von jedem gesunden Menschen erfahrungsgemäß zu erreichen ist". Dogmatisch läßt sich dieser Kompromiß freilich kaum einordnen.

II. Sonderfälle: Fragen der Rechtswidrigkeit

Fall 24 (Ärztliche Behandlung: Einwilligung und Aufklärung)

Der Architekt *G* begibt sich wegen eines Ohrenleidens zu dem Facharzt *S*. Dieser eröffnet dem *G*, ohne eine Operation könne es zu einer Ertaubung kommen; andererseits könnten infolge der Operation für einige Zeit Gleichgewichtsstörungen eintreten. Daraufhin läßt *G* die Operation vornehmen. Danach erleidet er häufig Schwindelanfälle, die ihn auch an der Ausübung seines Berufs hindern (Besteigen von Baugerüsten!). Ersatzansprüche gegen *S*?[8]

Wenn eine ärztliche Behandlung unerwünschte Nebenfolgen hat und insbesondere den Zustand des Patienten verschlechtert statt verbessert, wird zunächst gewöhnlich an einen Behandlungsfehler gedacht. Ein solcher Fehler macht bei Vorliegen von Verschulden den Arzt ersatzpflichtig: nach § 823 I wegen Körper- oder Gesundheitsverletzung, zudem wegen Schlechterfüllung des Dienstvertrags mit dem Patienten. Allerdings fällt der regelmäßig bloß durch Sachverständige zu erbringende Nachweis eines schuldhaften Behandlungsfehlers häufig schwer.

Daher weichen die Patienten im Prozeß oft auf den Vorwurf einer mangelhaften Aufklärung aus. Auch der ärztliche Eingriff wird nämlich von der h. M. tatbestandsmäßig als Körperverletzung angesehen. Das ist wohl auch unvermeidlich, solange es keine Vorschriften gegen eine eigenmächtige Heilbehandlung gibt. Ein solcher verletzender Eingriff bedarf folglich einer Rechtfertigung. Diese kann sich bei Bewußtlosigkeit des Patienten aus berechtigter Geschäftsführung ohne Auftrag ergeben (vgl. u. § 30 *Fall 192/3*). Bei geistiger Präsenz des Patienten ist dagegen

---

[7] *BGHZ* 67, 119.
[8] Fall nach dem Sachverhalt von *BGH*, NJW 1976, 363.

eine Einwilligung nötig. Diese setzt zu ihrer Wirksamkeit regelmäßig eine ausreichende Aufklärung des Patienten voraus. Über das Maß und die Art der danach erforderlichen Aufklärung besteht Streit, hauptsächlich zwischen Medizinern und Juristen. Die Mediziner machen vor allem geltend, eine umfassende Aufklärung selbst über fernliegende Risiken könne den Patienten in Angst versetzen und entweder diesen zu unrichtigen Entscheidungen veranlassen oder doch den Behandlungserfolg gefährden. Dagegen wollen die Juristen sichern, daß der Patient Herr über das bleibt, was der Arzt an seinem Körper unternimmt, und daß ihm diese Herrschaft nicht ohne seinen Willen abgenommen wird. Als Synthese beider Standpunkte bildet sich jetzt das Gebot der Stufenaufklärung heraus: Der Arzt braucht den Patienten zunächst nur allgemein auf die Risiken der Behandlung hinzuweisen. Der Patient kann dann – wie es häufig geschieht – zu erkennen geben, er überlasse das Nötige vertrauensvoll dem Arzt und wolle keine Einzelheiten erfahren. Das genügt für eine wirksame Einwilligung. Der Patient kann aber auch nach Einzelheiten fragen; dann muß der Arzt diese regelmäßig offenbaren. Ausnahmen hiervon kommen aber bei ganz bösartigen Leiden und schwacher Konstitution des Patienten in Betracht.

In *Fall 24* hat *S* den *G* objektiv unrichtig aufgeklärt, weil er die für *G* gerade wegen seines Berufs wichtige Operationsfolge falsch dargestellt hat. Das wird auch von den Regeln über die Stufenaufklärung nicht gedeckt: Wenn die Alternative zwischen der Gefahr einer Ertaubung und der Gefahr dauernder berufshindernder Gleichgewichtsstörungen bestand, mußte dem *G* selbst die Wahl eröffnet werden. Das hat *S* schuldhaft unterlassen, wenn die dauernden Gleichgewichtsstörungen voraussehbar waren. Er schuldet dann wegen der Unwirksamkeit der Einwilligung Schadensersatz. Freilich erlaubt der *BGH*[9] demgegenüber den – schwer zu führenden – Nachweis, der Patient hätte sich auch bei vollständiger Aufklärung für die Operation entschieden, der Aufklärungsmangel sei also nicht kausal geworden.

Fall 25 (Der Sportunfall: Anspruchsausschluß beim Mannschaftssport)

Wie in *Fall 8* von o. § 3: Beim Fußballspiel verletzt ein Spieler *S* durch harten Einsatz einen Spieler *G* der Gegenpartei. Bestehen Schadensersatzansprüche?

Hier hat *S* den objektiven Tatbestand der Körperverletzung und damit des § 823 I verwirklicht. Zweifeln kann man aber an der Rechtswidrigkeit, und zwar ähnlich wie in *Fall 24* unter dem Gesichtspunkt einer Einwilligung. Doch hat der *BGH* in einem solchen Fall angenommen, die Einwilligung beschränke sich auf die Gefährdung und erfasse nicht auch

---

[9] Etwa *BGH,* NJW 1980, 1333, wo aber mit Recht eine generalisierende Betrachtung abgelehnt wird.

die hieraus folgende Verletzung. Dennoch ist der *BGH*[10] zur Verneinung von Schadensersatzansprüchen gelangt, wenn der Verletzer sich regelgerecht verhalten hatte: Dann bedeute es einen unzulässigen Selbstwiderspruch, wenn „der Geschädigte den beklagten Schädiger in Anspruch nimmt, obwohl er ebensogut in die Lage hätte kommen können, in der sich nun der Beklagte befindet". Im Ergebnis läuft das auf einen Verzicht auf Schadensersatzansprüche hinaus. Mit der vom *BGH* gegebenen Begründung läßt sich dieser Verzicht wohl auch auf solche Verletzungen erstrecken, die auf ein leicht regelwidriges, aber übliches Verhalten zurückgehen. Zudem muß allemal der Verletzte einen Regelverstoß beweisen. Dieser Beweis fällt oft überaus schwer, wenn nicht gerade Film- oder Fernsehaufnahmen vorliegen.

Fall 26 (Die gefährliche Baustelle: Verkehrssicherungspflichten für befugten Verkehr)

Der Bauunternehmer *S* errichtet auf einem ihm gehörenden Grundstück einen Neubau; das bebaute Grundstück soll später verkauft werden. Während der Bauzeit ist eine Öffnung im Boden des Obergeschosses, in die später eine Treppe eingebaut werden soll, nicht abgedeckt. *G*, der sich für den Erwerb interessiert, besichtigt das Haus und fällt dabei durch die Öffnung. *G* wird schwer verletzt; haftet *S?*

Fall 27 (Die gefährliche Baustelle: Sicherungspflichten für unbefugten Verkehr)

Wie *Fall 26*, doch sind jetzt trotz einer Verbotstafel spielende Kinder in das Haus eingedrungen. Ein Kind *G* fällt durch die Öffnung; haftet *S?*

In beiden Fällen ist schon der objektive Tatbestand des § 823 I fraglich: Kann man wirklich sagen, *S* habe den *G* verletzt? Hat *G* sich nicht vielmehr die Verletzung durch sein eigenes Verhalten zugezogen, so daß § 823 I schon im Ansatz nicht in Betracht kommt?

Man hat die Eigenart dieser Fälle (bei denen es sich auch um eine Tötung oder eine Sachverletzung handeln kann) früher vielfach in der Schädigung durch Unterlassen gesehen (hier: durch Unterlassen des Abdeckens der Öffnung). Aber das ist nicht ganz genau: Zunächst hat *S* ja auch gehandelt, nämlich gebaut, und erst hierdurch hat sich das Bedürfnis nach der unterlassenen Sicherung ergeben. Heute arbeitet man daher vielfach[11] mit dem Begriff der mittelbaren Verletzung. Für diese ist kennzeichnend, daß der Verletzungserfolg (hier: der Sturz durch die Öffnung) außerhalb des Handlungsablaufs (hier: der Errichtung des Neubaus) liegt.

In solchen Fällen kann man anders als bei einer unmittelbaren Verletzung (z.B. einem Stich mit einem Messer) nicht einfach aus dem Verletzungserfolg auf die Rechtswidrigkeit der Verletzungshandlung schließen

---

[10] *BGHZ* 63, 140.
[11] Vgl. etwa *Larenz*, SBT, § 72 I c, d.

und diese nur bei Vorliegen besonderer Rechtfertigungsgründe verneinen. Denn solche mittelbaren Verletzungen lassen sich fast überall finden: Wer etwa Motorräder produziert oder mit ihnen handelt, weiß, daß
damit Menschen zu Tode kommen. Trotzdem kann man die Produktion
oder den Handel nicht einfach für rechtswidrig erklären. Vielmehr tritt
diese Rechtswidrigkeit erst durch die Verletzung besonderer Sicherungspflichten ein, welche die Gefahren aus dem an sich erlaubten Tun so gering wie möglich halten sollen. Diese Pflichten nennt man Verkehrssicherungspflichten oder Verkehrspflichten. Ihre Entwicklung gehört zu
den wichtigsten richterlichen Fortbildungen des bürgerlichen Rechts; sie
ähneln den aus Treu und Glauben (§ 242) hergeleiteten Schutzpflichten
im Recht der Sonderverbindungen. Zahlreiche Verkehrssicherungspflichten sind inzwischen auch gesetzlich festgelegt worden: So besteht
etwa die StVO weithin aus der Normierung solcher Pflichten.

Bezogen auf die *Fälle 26* und *27* bedeutet das: Der Bauunternehmer *S*
war sicherungspflichtig, soweit er durch den unfertigen Bau eine nen-
nenswerte Gefahr geschaffen hat. Das ist in *Fall 26* zu bejahen, soweit er
schon (etwa durch Zeitungsanzeigen) um Interessenten geworben und
diese auf das Baugrundstück hingewiesen hatte: Wenn *S* infolgedessen
mit Hausbesichtigungen rechnen mußte („Verkehrseröffnung"), hatte er
für die Sicherheit der Besucher zu sorgen. Freilich wird die Sicherheit in
einem unfertigen Gebäude immer nur unvollkommen sein können (z. B.
fehlende Treppengeländer). Aber nicht abgedeckte Öffnungen im Fuß-
boden gehen über solche unvermeidbaren Sicherheitsmängel hinaus; *S*
haftet also dem Interessenten *G* aus § 823 I (und womöglich auch aus
Verschulden bei Vertragsverhandlungen).

Im *Fall 27* dagegen war ein Unbefugter zu Schaden gekommen. Ihm
gegenüber wird eine Verkehrssicherungspflicht regelmäßig zu verneinen
sein (etwa wenn ein Erwachsener in dem Neubau Installationsmaterial
stehlen will). Abweichendes gilt aber gegenüber Kindern, wie man sich ja
auch im Straßenverkehr auf das vorschriftsmäßige Verhalten von Kindern nicht verlassen darf (ihnen gegenüber gilt der sog. „Vertrauens-
grundsatz" nicht). Wenn mit dem Eindringen von Kindern in die Baustelle zu rechnen war (etwa wegen eines benachbarten Spielplatzes),
mußten also die Öffnungen abgedeckt werden; *S* haftet dann dem verletzten *G* aus § 823 I.

III. Zusammenfassung

1. Bei der schuldhaften Verletzung von Menschen wird aus § 823 I geschuldet
   a) Ersatz der notwendigen *Heilungskosten* nach § 249 S. 2,
   b) ein *Schmerzensgeld* nach § 847 I,

c) Ersatz von *entgangenem Gewinn* (§ 252) oder – in der Formulierung des § 842 – der Nachteile für Erwerb und Fortkommen. Die Einzelheiten richten sich nach der Lebensstellung und dem Beruf des Verletzten. Doch ist Einkommen, das durch einen Gesetz- oder Sittenverstoß erzielt werden sollte, regelmäßig nicht zu ersetzen.

2. Soweit ein Schaden zum Schutz des Verletzten von einem Dritten übernommen wird (z. B. die Heilungskosten von den Eltern oder der Sozialversicherung, der Erwerbsschaden vom Arbeitgeber), geht die Rechtsordnung trotzdem von einem Schaden des Verletzten aus (sog. *normativer Schaden*). Die Ersatzleistung des Verletzers wird dann letztlich an den Dritten geleitet. So wird eine Doppelentschädigung des Verletzten vermieden.

3. Der in einer *ärztlichen Behandlung* liegende Eingriff in Körper oder Gesundheit des Patienten bedarf einer Rechtfertigung. Hierfür kommt in erster Linie die Einwilligung des Patienten in Betracht. Sie setzt eine Aufklärung über Umfang und mögliche Folgen des Eingriffs voraus. Doch genügt eine *Stufenaufklärung*, bei welcher der Patient auf die Mitteilung von Einzelheiten verzichten kann.

4. Verletzungen bei der Ausübung eines *Mannschaftssports* verpflichten wenigstens dann nicht zum Ersatz, wenn sie trotz *Einhaltung der Regeln* eingetreten sind. Eine Erstreckung auf übliche leichte Regelverstöße ist zu erwägen.

5. Wenn der Verletzungserfolg außerhalb des Ablaufs der zur Verletzung führenden Handlung liegt, spricht man von einer *mittelbaren Verletzung*. Hier wird die Rechtswidrigkeit der Handlung nicht durch den von ihr verursachten Verletzungserfolg indiziert. Vielmehr ergibt sie sich erst aus der Verletzung von *Verkehrssicherungspflichten (Verkehrspflichten)*. Diese Pflichten bezwecken die Geringhaltung von Gefahren aus erlaubtem Tun. Zahlreiche solche Pflichten sind inzwischen gesetzlich geregelt worden.

§ 6. Eigentumsverletzung: Der Haftungsgrund

I. Einzelprobleme

Fall 28 (Das unterschlagene Fahrrad: Eigentumsverletzung durch Entziehung des Rechts)

G verleiht sein Fahrrad an *S*. Dieser veräußert das Rad an den gutgläubigen *D*, indem er sich als Eigentümer ausgibt. Ersatzansprüche des *G* gegen *S*?

Weil das Fahrrad dem Eigentümer *G* nicht abhanden gekommen

(§ 935) war, konnte *D* es nach § 932 gutgläubig erwerben. Damit hat *G* sein Eigentum verloren; dieses ist im Sinne von § 823 I verletzt. Da auch Rechtswidrigkeit und Verschulden (Vorsatz!) des *S* vorliegen, schuldet dieser Schadensersatz.

Allerdings war der Schädiger *S* bei der Veräußerung Besitzer des Fahrrads. In solchen Fällen muß man stets bedenken, ob das allgemeine Deliktsrecht nicht durch die Sonderregeln des Eigentümer-Besitzer-Verhältnisses (§§ 987 ff.)[1] ausgeschlossen ist. Das trifft hier aber nicht zu: *S* war durch den Leihvertrag zum Besitz berechtigt (§ 986) und daher nicht der Vindikation (§ 985) des *G* ausgesetzt. Solche rechtmäßigen (zum Besitz berechtigten) Besitzer unterfallen den §§ 987 ff. selbst dann nicht, wenn sie ihr Besitzrecht überschreiten (sich im Fremdbesitzerexzeß befinden, so hier *S:* Der Entleiher darf nicht veräußern!). *S* haftet daher dem *G* aus § 823 I (und zudem aus § 280 wegen schuldhaften Unvermögens zu der aus dem Leihvertrag geschuldeten Rückgabe).

Fall 29 (Das gestohlene Fahrrad: Eigentumsverletzung durch Entziehung des Besitzes)

S stiehlt dem *G* dessen Fahrrad. Ersatzansprüche des *G*?

Anders als in *Fall 28* schützt hier zwar § 935 den *G* vor dem Verlust seines Eigentums als Recht. Aber solange *G* den Besitz nicht hat, ist dieses Recht für ihn praktisch wertlos. Daher wird auch die Entziehung des Besitzes als Eigentumsverletzung im Sinne von § 823 I angesehen. Durch die §§ 987 ff. wird § 823 I hier schon wegen § 992 nicht verdrängt.

Fall 30 (Bruteier: Eigentumsverletzung durch mittelbare Sachverletzung)

G betreibt eine Geflügelzucht, in deren Rahmen Eier in einem elektrisch geheizten Apparat ausgebrütet werden sollen. Durch ein Verschulden des *S* stürzt ein gefällter Straßenbaum auf die zu dem Betrieb des *G* führende Freileitung. Wegen der dadurch bewirkten Stromunterbrechung verderben in dem Brutapparat 3600 Eier. Kann *G* von *S* Ersatz verlangen?

Hier ist nicht das Eigentum des *G* an den Eiern als Recht betroffen, sondern dessen Gegenstand, nämlich die Eier selbst. Auch solche schädlichen Einwirkungen auf die Sachsubstanz erfüllen den objektiven Tatbestand der Eigentumsverletzung nach § 823 I (dies ist sogar die weitaus häufigste Verletzungsform). Allerdings liegt in *Fall 30* insofern nur eine mittelbare Verletzung vor, als der fallende Baum unmittelbar bloß die dem *G* nicht gehörende Freileitung getroffen hat. Aber hier wird auch die mittelbare Verletzung dem *S* zugerechnet, weil er eine Verkehrssicherungspflicht verletzt hat: Beim Baumfällen muß gerade auch wegen der Strombezieher auf elektrische Leitungen geachtet werden. Damit

---

[1] Vgl. dazu *Gerhardt*, SaR, § 10.

liegt Rechtswidrigkeit vor. Weil Fahrlässigkeit hinzutritt, haftet S dem G wegen der Eier aus § 823 I.[2]

Fall 31 (Stromkabelfälle: Eigentumsverletzung durch Betriebsunterbrechung?)

Der von S geführte Bagger zerreißt bei Ausschachtungsarbeiten ein zur Fabrik des G führendes Stromkabel. Der Betrieb der auf Strom angewiesenen Fabrik liegt daher für drei Tage still; dem G entsteht ein hoher Gewinnausfall. Schadensersatzpflicht des S?

Diesen Fall kann man unter zwei Gesichtspunkten sehen: Erstens kann man fragen, ob die Unterbrechung der Stromzufuhr einen Eingriff in den eingerichteten und ausgeübten Gewerbebetrieb bedeutet; vgl. dazu u. § 8 *Fall 54*. Zweitens kann man aber auch auf das Eigentum des Unternehmers G an den einzelnen zum Unternehmen gehörenden Sachen abstellen: Soweit diese mit Strom zu betreiben sind (z. B. Glühlampen, Elektromotoren), ist der Gebrauch des Eigentums für die Dauer der Stromunterbrechung praktisch unmöglich. Trotzdem hat der *BGH*[3] eine Entschädigung verweigert, wenn nicht (wie in *Fall 30*) bestimmte konkrete Sachen verdorben waren: Die bloße Unterbrechung der Produktion bedeute nur eine primäre Vermögensverletzung.

Fall 32 (Fleetfall: Eigentumsverletzung durch Gebrauchsbehinderung?)

An einem zu einer Mühle führenden Fleet war durch ein Verschulden des Eigentümers S ein Stück der Ufermauer eingestürzt. Dadurch konnte ein Motorschiff des G, das an der Mühle lag, das Fleet nicht mehr verlassen. Andere Schiffe des G, der die Mühle zu beliefern hatte, konnten diese nicht erreichen und dort nicht entladen werden. G verlangt von S den Verdienstausfall hinsichtlich aller Schiffe ersetzt.

Der *BGH*[4] hat eine Ersatzpflicht hinsichtlich des eingesperrten Motorschiffs bejaht: Eine Eigentumsverletzung könne auch ohne Eingriff in die Sachsubstanz dadurch erfolgen, daß die Sache ihrem bestimmungsgemäßen Gebrauch entzogen werde. Das treffe hier für das eingesperrte Schiff zu, weil es „als Transportmittel praktisch ausgeschaltet" worden sei. Dagegen seien die ausgesperrten Schiffe in ihrer Eigenschaft als Transportmittel nicht betroffen und damit ihrem „natürlichen Gebrauch" nicht entzogen. Die Behinderung dieser Schiffe beschränke nur den G in der Ausübung seines Gemeingebrauchs an dem Fleet; dieser stelle aber kein „sonstiges Recht" im Sinne von § 823 I dar.

Die Argumentation des *BGH*, die etwa auch das Zuparken eines Autos als Eigentumsverletzung erscheinen läßt, paßt nicht ohne weiteres zu der Entscheidung der Stromkabelfälle (o. Fall 31). Denn z. B. auch eine Glühlampe ist „ihrem natürlichen Gebrauch entzogen" und „als Be-

---

[2] *BGHZ* 41, 123.
[3] *BGHZ* 29, 65; 41, 123 (127).
[4] *BGHZ* 55, 153.

leuchtungsmittel praktisch unbrauchbar", wenn es keinen Strom gibt. Diesen Widerspruch hat der *BGH* bisher noch nicht aufgelöst.

II. Zusammenfassung

Eine Eigentumsverletzung kann erfolgen
1. durch die *Verletzung* (Entziehung, Belastung) *des Rechts* „Eigentum",
2. durch *Eingriffe in die Sachsubstanz* (z.B. Beschädigung der Sache),
3. indem *die Sache dem Eigentümer entzogen* wird (z.B. durch Diebstahl),
4. nach einer in der Abgrenzung noch unklaren Rechtsprechung auch durch *Störung der Umweltbeziehungen* derart, daß die Sache ihrem natürlichen Gebrauch entzogen wird.

§ 7. Eigentumsverletzung: Der Haftungsumfang

Probleme des Haftungsumfangs treten vor allem auf bei der Eigentumsverletzung durch Eingriff in die Sachsubstanz, wie sie sich etwa bei Verkehrsunfällen mit Sachschaden massenhaft ereignen. Dabei muß man für einen Teil der Probleme danach unterscheiden, ob die verletzte Sache noch reparaturfähig ist oder nicht.

I. Herstellung durch Reparatur

Fall 33 (Der Heckschaden I: erforderliche Reparaturkosten)

Durch Unachtsamkeit fährt *S* mit seinem Wagen auf den vor einem Fußgängerüberweg haltenden Wagen des *G* auf. Dabei wird der Wagen des *G* am Heck beschädigt. Welchen Ersatz schuldet *S* dem *G*?

Hier ist der Haftungsgrund „Eigentumsverletzung" des § 823 I wegen des schuldhaften Eingriffs in die Sachsubstanz unzweifelhaft gegeben. Das Deliktsrecht enthält aber für den Umfang des Schadensersatzes bei Sachverletzungen – anders als bei Personenverletzungen – keine eigenen Vorschriften. Daher sind allein die auch für alle anderen Haftungsgründe geltenden §§ 249 ff. anzuwenden.

Nach der Grundregel in § 249 S. 1 hat der Ersatzpflichtige denjenigen Zustand herzustellen, der jetzt ohne das zum Ersatz verpflichtende Ereignis bestünde. Danach müßte *S* den Heckschaden am Wagen des *G* ausbessern lassen. Diese Schadensbeseitigung durch den Schädiger selbst ist aber ganz unüblich. Sie ist auch dem Geschädigten kaum zumutbar, weil er dazu die beschädigte Sache erst einmal dem Schädiger überlassen müßte.

Darum sieht § 249 S. 2 bei Sachverletzungen (und Personenverletzungen, vgl. o. § 5 *Fall 15*) noch eine andere, üblicherweise gewählte Art der Schadensbeseitigung vor: nämlich die Zahlung des zur Herstellung erforderlichen Geldbetrags an den Geschädigten. *G* kann also von *S* die erforderlichen Reparaturkosten verlangen.

Praktisch wird die Abrechnung eines Unfalls aber meist erst erfolgen, wenn die Reparatur schon durchgeführt worden ist: Der Geschädigte legt dann die hierüber erteilte Rechnung vor. Dann kann die Ersatzpflicht in Höhe des Rechungsbetrages noch mit zwei Argumenten bestritten werden: Erstens kann der Ersatzpflichtige sagen, nicht alle berechneten Leistungen seien durch den von ihm zu verantwortenden Unfall verursacht gewesen. Das stellt ein reines Beweisproblem dar, macht aber materiellrechtlich keine Schwierigkeit: Selbstverständlich braucht der Schädiger nur für die von ihm verursachten Schäden aufzukommen. Und zweitens kann gegen den Rechnungsbetrag eingewendet werden, die Reparatur sei unnötig aufwendig gewesen (z. B. eine Ganzlackierung, wo eine Teillackierung genügt hätte). Das ist eine Frage des § 254; vgl. u. § 20.

§ 249 S. 2 eröffnet aber noch eine andere Möglichkeit als diese Abrechnung der wirklich entstandenen Kosten: Die erforderlichen Kosten können auch unabhängig davon verlangt werden, ob sie real aufgewendet worden sind. Der Geschädigte kann also die Zahlung schon vor der Reparatur verlangen, und nach ganz h. M. braucht er das erhaltene Geld dann auch nicht für die Reparatur zu verwenden.[1] *G* könnte also etwa den von *S* für die Reparatur eines Lackschadens erhaltenen Betrag für eine Reise ausgeben.

Fall 34 (Der Heckschaden II: Reparaturkosten trotz Ersatzbeschaffung)

Wie o. *Fall 33*, doch möge *G* jetzt die Gelegenheit des Unfalls zur Anschaffung eines anderen Wagens (gleich ob neu oder gebraucht) genutzt und dabei den beschädigten Wagen in Zahlung gegeben haben. Kann *G* danach noch mit *S* „auf Reparaturkostenbasis" (also nach § 249 S. 2) abrechnen?

Im Unterschied zu Fall 33 steht hier bei der Abrechnung schon fest, daß jedenfalls *G* die Reparatur nicht wirklich ausführen wird, meist wohl sogar, daß diese überhaupt unausgeführt bleibt. Ob dann noch die Reparaturkosten verlangt werden können, ist heftig umstritten.[2] Viele verneinen die Frage vor allem mit dem Argument, da dem *G* die Herstellung unmöglich sei, greife § 251 I Alt. 1 ein (vgl. u. *Fall 37*). Auch der Sinn des § 249 S. 2 passe nicht: Die Vorschrift diene dem Interesse des Ersatzgläubigers, seine beschädigte Sache durch Reparatur wiederherzustellen

---

[1] Vgl. MünchKomm-*Grunsky*, § 249 Rdnrn. 17 ff. (der selbst für Nichtvermögensschäden anders entscheidet).

[2] Vgl. MünchKomm-*Grunsky*, § 249 Rdnrn. 14 ff.

(Herstellungsinteresse, Integritätsinteresse). Dieses Interesse entfalle aber, wenn der Ersatzgläubiger seine beschädigte Sache selbst weggegeben und damit auf die Reparatur verzichtet habe.

Der für das Deliktsrecht regelmäßig zuständige *VI. ZS des BGH*[3] ist dieser Ansicht aber nicht gefolgt, wohl mit Recht. Man kann dem § 249 S. 2 nämlich noch eine weitere Funktion zuerkennen, die auch bei *Fall 34* bedeutsam bleibt: Dem Geschädigten soll eine Berechnung seines Schadens ermöglicht werden, die unabhängig von späteren Ereignissen ist. Das hat deshalb guten Sinn, weil eine andere Schadensberechnung sehr schwierig sein kann: Man darf ja auch nicht von der – überdies oft schwer zu ermittelnden – Wertminderung ausgehen, die der Wagen durch den Unfall erlitten hat. Denn diese Wertminderung betrifft den Geschädigten deshalb nicht direkt, weil er den Wagen weggegeben hat. Was ihm als Schaden bleibt, ist vielmehr derjenige Betrag, der dem Geschädigten bei der Inzahlunggabe deshalb weniger gutgeschrieben ist, weil der Wagen beschädigt war. Dieser Betrag wird sich aber regelmäßig kaum feststellen lassen.

Danach ist die Schadensberechnung über § 249 S. 2 („auf Reparaturkostenbasis") auch dann zulässig, wenn feststeht, die Reparatur werde nicht stattfinden. Freilich macht der BGH eine Ausnahme für den Fall, daß die Reparaturkosten den wirklichen Schaden übersteigen. Doch trägt die Beweislast dafür der Ersatzpflichtige.

Fall 35 (Schwere Sachschäden: merkantiler Minderwert)

Bei einem von *S* verschuldeten Unfall wird der Wagen des *G* erheblich beschädigt. Die Schäden können zwar dem Anschein nach technisch behoben werden. *G* meint aber, sein Wagen sei jetzt minderwertig, und verlangt deshalb von *S* außer den Reparaturkosten eine zusätzliche Entschädigung. Mit Recht?

Wenn ein Wagen erheblich beschädigt worden ist, gilt er auch nach der Reparatur hinfort als „Unfallwagen". Bei einem Verkauf muß der Verkäufer diese Eigenschaft sogar ungefragt offenbaren. Der Verkehr befürchtet nämlich, daß bei der Reparatur nicht entdeckte oder nicht vollständig behobene Mängel noch später hervortreten werden. Daher haben Unfallwagen regelmäßig einen geringeren Verkaufswert. Man spricht hier vom „merkantilen Minderwert".

In einer früheren Entscheidung[4] hatte der *BGH* den merkantilen Minderwert nur dann ersetzen wollen, wenn dieser wirklich bei einem Verkauf des Unfallwagens spürbar geworden war. Damit wäre aber entgegen dem eben zu *Fall 34* Gesagten die Schadensberechnung doch noch von späteren Ereignissen abhängig; es könnte noch lange Zeit nach dem Unfall zu Nachforderungen kommen. Das widerspräche auch dem In-

---

[3] *BGHZ* 66, 239, bestätigt durch *BGH,* VersR 1985, 593; 865.
[4] *BGHZ* 27, 131.

teresse der Haftpflichtversicherer an einer raschen Erledigung von Versicherungsfällen. Wohl auch aus diesem Grund hat der *BGH* seine Ansicht schon wenige Jahre später geändert:[5] Der merkantile Minderwert soll schon gleich nach dem Unfall und unabhängig von einem Verkauf ersetzt werden müssen. Rechtlich stützt sich das auf § 251 I Alt. 2: Der Ersatz der Reparaturkosten allein entschädigt den Gläubiger nicht ausreichend. Der *BGH* begründet das mit der Erwägung, der den Wagen nicht verkaufende Geschädigte habe jetzt selbst ein minderwertiges – weil schadensanfälliges – Fahrzeug. Allerdings wird damit wohl die Perspektive verschoben: Es geht jetzt nicht mehr um den merkantilen, sondern um den nach der Reparatur verbliebenen technischen Minderwert.

Fall 36 (Die neue Stoßstange: Abzug neu für alt)
Bei einem von *S* verschuldeten Unfall wird an dem alten Wagen des *G* eine Stoßstange zerdrückt. Bei der Reparatur wird eine fabrikneue Stoßstange angebracht. *S* will nicht die vollen Kosten ersetzen, weil die neue Stoßstange mehr wert sei als die alte. Mit Recht?

Ersatz für gebrauchte Sachen oder Sachteile kann oft nur durch neue geleistet werden, weil entsprechende gebrauchte nicht im Handel sind. Dann entsteht die (praktisch häufige) Frage nach einem Abzug neu für alt: Muß der Geschädigte einen Teil der Reparaturkosten selbst tragen, weil die Reparatur ihm mehr verschafft hat als bloß den Ersatz seines Schadens? Bei der Antwort muß man unterscheiden:[6] Wo die Reparatur den Geschädigten wirklich besser gestellt hat, als er jetzt ohne das haftungsbegründende Ereignis stünde, ist ein solcher Abzug regelmäßig zu bejahen. Zu verneinen ist er dagegen, wenn der Mehrwert bloß einen wirtschaftlich nicht verwertbaren Luxus darstellt.

Fall 36 gehört regelmäßig in die zweite Kategorie: Meist werden weder der Verkaufswert noch die Nutzungsdauer eines alten Wagens durch eine neue Stoßstange erhöht. *G* braucht sich daher keinen Abzug gefallen lassen. Anders wäre es aber z.B., wenn bei der Reparatur ein Austauschmotor anstelle eines schon abgefahrenen alten Motors eingebaut wird: Damit wachsen regelmäßig Verkaufswert und Nutzungsdauer des Wagens.

II. Totalschäden

Fall 37 (Das zertrümmerte Auto: technischer Totalschaden)
Aus einem von der Bundesbahn verschuldeten Grund funktioniert die Warnanlage an einem Bahnübergang nicht. Daher wird das Auto des *G* von einem Zug erfaßt und völlig zertrümmert. Ansprüche des *G*?

---

[5] *BGHZ* 35, 396.
[6] Vgl. *BGHZ* 30, 29.

Hier ist eine Reparatur des zertrümmerten Autos technisch unmöglich (technischer Totalschaden). Daher muß G nach § 251 I Alt. 1 in Geld entschädigt werden. Doch begründet hier nicht der Umstand, daß Geld gezahlt wird, den wesentlichen Unterschied zu den bisher behandelten Reparaturfällen: Auch bei ihnen wird ja regelmäßig (nach § 249 S. 2) Geld gezahlt. Vielmehr besteht die Besonderheit bei § 251 I in der Berechnung der Geldsumme: Diese kann hier nicht gleich dem Betrag der erforderlichen Reparaturkosten sein, weil eine Reparatur ja unmöglich ist. Vielmehr geht es bei § 251 I um die Wertminderung, die das Vermögen des Geschädigten infolge des zum Ersatz verpflichtenden Umstands erlitten hat. Das ist das Wert-(Summen)interesse im Gegensatz zu dem Herstellungs-(Integritäts)interesse von § 249 (vgl. o. Fall 34).

Bei der Zerstörung eines Kraftfahrzeugs besteht das Wertinteresse regelmäßig im sog. Wiederbeschaffungswert. Darunter versteht man denjenigen Betrag, den der Geschädigte aufwenden muß, um einen Gebrauchtwagen zu beschaffen, der dem zerstörten Wagen etwa gleichwertig ist. Dabei ist freilich zu bedenken: Ein Gebrauchtwagenkauf birgt Risiken, weil der Gebrauchtwagen unerkannte Mängel haben kann, die der zerstörte Wagen nicht hatte. Zum Ausgleich hierfür erlaubt der BGH[7] die Beschaffung bei einem seriösen Händler, der zugleich eine Werkstattgarantie gewährt (was zu einem etwas höheren Preis führt). Auch rechnet der BGH[8] noch die Mehrwertsteuer hinzu, die anfällt, wenn der Händler im eigenen Namen (und nicht namens des privaten Vorbesitzers) verkauft. Endlich wird noch ein Pauschbetrag für die Zulassungskosten und die Auslagen für die Beschaffung gewährt. Ob der Geschädigte den ihm danach zustehenden Betrag wirklich für den Kauf eines Gebrauchtwagens beim Händler verwendet, bleibt nach der wohl zutreffenden Ansicht des BGH[9] gleich.

Fall 38 (Die teure Reparatur: wirtschaftlicher Totalschaden)

G fährt einen alten Wagen, der schon erhebliche Rostschäden aufweist. Die Wiederbeschaffung eines entsprechenden Gebrauchtwagens wäre für 2000 DM möglich. Bei einem von S verschuldeten Unfall wird der Wagen schwer beschädigt; die Reparatur würde 3000 DM kosten. Ansprüche des G gegen S?

Hier könnte G nach § 249 S. 2 als Herstellungsinteresse 3000 DM verlangen, während sein nach § 251 I zu ersetzendes Wertinteresse nur 2000 DM betrüge. § 249 enthält zwar eine Grundentscheidung des BGB für die Herstellung oder den Ersatz des Herstellungsinteresses. Doch bringt demgegenüber § 251 II die Interessen des Ersatzpflichtigen zur Geltung: Dieser soll den Gläubiger in Geld (d. h. mit dem Wertinteresse)

---

[7] BGH, NJW 1966, 1454.
[8] BGH, NJW 1982, 1864.
[9] Wie o. Fn. 8, aber sehr str.

entschädigen können, wenn „die Herstellung nur mit unverhältnismäßigen Aufwendungen möglich ist".

Wenn nur Vermögensinteressen gegeneinanderstehen, nimmt die Rechtsprechung eine solche Unverhältnismäßigkeit bei Mehrkosten der Herstellung von mindestens 30% an.[10] G kann also die Reparaturkosten nur verlangen, wenn diese unter 2600 DM bleiben. Da sie hier 3000 DM betragen, kann G nur den Wiederbeschaffungswert von 2000 DM fordern. Man spricht in solchen Fällen von einem wirtschaftlichen Totalschaden: Unter wirtschaftlichen Gesichtspunkten ist der Wagen als zerstört zu behandeln, obwohl er technisch noch repariert werden könnte.

Fall 39 (Der verletzte Hund: Unverhältnismäßigkeit und immaterielle Interessen)

Durch ein Verschulden des S wird der alte, treue Hund des G verletzt. Ein ähnlicher Hund könnte unentgeltlich aus einem Tierheim beschafft werden. G läßt seinen Hund jedoch durch einen Tierarzt heilen und wendet dafür 300 DM auf. Diesen Betrag verlangt er von S ersetzt; dieser meint, nicht für die Tierliebe des G aufkommen zu müssen.

Wollte man hier einfach § 251 II anwenden, so wäre das Verlangen des G unbegründet. Aber bei der in dieser Vorschrift genannten Unverhältnismäßigkeit müssen nach der zutreffenden h. M. auch nichtwirtschaftliche Gesichtspunkte berücksichtigt werden. Dahin gehört hier erstens die Anhänglichkeit des G gegenüber seinem Hund, die nicht einfach auf einen anderen Hund übertragen werden kann. Eine Rolle spielt aber zweitens auch die Wertung des Tierschutzgesetzes, nach der auch das Leben von Tieren möglichst zu erhalten ist. Daher kann G hier die geforderten 300 DM ersetzt verlangen. Wo in solchen Fällen die Grenze zur Unverhältnismäßigkeit liegt, ist freilich schwer zu entscheiden.

Fall 40 (Der beschädigte Neuwagen: uneigentlicher Totalschaden)

G hat gerade seinen sehnlichst erwarteten Neuwagen vom Verkäufer erhalten. S beachtet die Vorfahrt nicht; dabei wird der neue Wagen erheblich beschädigt. Ansprüche des G gegen S?

Hier scheint G neben dem Ersatz der Raparaturkosten nur den merkantilen Minderwert fordern zu können. Doch hält man das für unzumutbar, weil ein erheblich reparierter Unfallwagen eben nicht der von G gewünschte Neuwagen ist. Darum wird auch hier § 251 I Alt. 2 angewendet mit der Folge, daß G „auf Neuwagenbasis" abrechnen darf: Er kann gegen Überlassung des beschädigten Wagens den Preis für einen neuen verlangen. Freilich wird das regelmäßig nur bis zu einer Laufleistung von

---

[10] Vgl. *BGH*, NJW 1972, 1800; MünchKomm-*Grunsky* § 249 Rdnr. 7.

etwa 1000 km und bis zu einer Besitzzeit von wenigen Wochen zugelassen.[11]

III. Weitere Probleme des Haftungsumfangs bei Eigentumsverletzung

Fall 41 (Der Kraftfahrer ohne Wagen: Mietwagenkosten)

Bei einem von S verschuldeten Unfall wird der Wagen des G schwer beschädigt. Die Reparatur (oder, soweit schadensrechtlich nötig, die Beschaffung eines Ersatzwagens) dauert vier Wochen. G hat während dieser Zeit einen Mietwagen genommen und verlangt die Kosten von S ersetzt. Mit Recht?

Ohne das zum Ersatz verpflichtende Ereignis hätte der Geschädigte seinen eigenen Wagen fortwährend benutzen können. Der Ersatz bloß der Reparatur- oder der Wiederbeschaffungskosten stellt daher nicht voll den Zustand her, der ohne dieses Ereignis bestünde (§ 249 S. 1). Deshalb kann G regelmäßig auch die entstandenen Mietwagenkosten ersetzt verlangen, allerdings abzüglich eines kleinen Bruchteils (etwa 15%) für die ersparte Abnutzung des eigenen Wagens (vgl. u. § 21 *Fall 122*). Fraglich kann nur sein, ob G seinen Fahrbedarf nicht zumutbarerweise wesentlich billiger durch Taxifahrten hätte decken können (vgl. u. § 20 *Fall 117*).

Fall 42 (Der sparsame Kraftfahrer ohne Wagen: abstrakte Nutzungsentschädigung)

Wie bei *Fall 41*, doch geht G jetzt zu Fuß oder behilft sich mit öffentlichen Verkehrsmitteln. Was kann er dann von S verlangen?

Dieser Fall führt zu einem der seit gut zwei Jahrzehnten meistumstrittenen Probleme des Zivilrechts. Es gibt im wesentlichen drei Lösungsvorschläge:[12]

(1) G soll nur die ihm wirklich entstandenen Kosten ersetzt verlangen dürfen (für Fahrkarten usw.): Ein höherer Vermögensschaden sei ihm durch den Ausfall seines Wagens nicht entstanden, und die aus diesem Ausfall sich ergebenden Unbequemlichkeiten bedeuteten nur einen in Geld nicht ersetzbaren (§ 253) Nichtvermögensschaden (vgl. u. § 19).

(2) G soll ersetzt bekommen, was er während der Reparaturzeit für seinen Wagen nutzlos aufgewendet hat (Steuer, Versicherung, Garagenmiete, Verzinsung des in dem Wagen steckenden Kapitals): Die Nutzlosigkeit dieser Aufwendungen stelle einen durch das Schadensereignis verursachten Vermögensschaden dar (sog. Frustrationsschaden von lat. *frustra* = vergeblich).

(3) G soll Mietwagenkosten (allerdings mit erheblichen Abschlägen, die insgesamt etwa 70% ausmachen) auch dann ersetzt bekommen, wenn er sich ohne Mietwagen beholfen hat. Denn die Möglichkeit, jederzeit einen Wagen gebrauchen zu können, werde von der Verkehrsanschauung als Vermögenswert angesehen, und die Basis die-

---

[11] Etwa *BGH*, VersR 1983, 658.
[12] Ausführlich etwa *Larenz*, SAT, § 29 II c; *Esser-Eike Schmidt*, SAT, § 31 II, III und jetzt der Vorlagebeschluß des *V. ZS* des *BGH*: VersR 1986, 189.

ser Kommerzialisierung liege bei den Mietwagenkosten. Auch sei es unbillig, wenn der Vorteil aus der Sparsamkeit des Geschädigten dem Schädiger zufließe.

Der *BGH*[13] hat sich seit 1963 mit einigen Schwankungen zu Einzelfragen für die Lösung (3) entschieden. Die Praxis insbesondere der Kraftfahrzeughaftpflichtversicherer hat sich darauf eingestellt und sehr differenzierte Tabellen über den ersatzfähigen Nutzungswert errechnet.[14] Das dogmatische Fundament dieser Lösung ist freilich zweifelhaft geblieben. Diese Zweifel zeigen sich daran, daß der *BGH* die gewählte Lösung im wesentlichen auf Kraftfahrzeuge beschränkt hat. Dagegen ist bei eher dem Luxus dienenden Gebrauchsgütern und auch bei Wohnungen eine abstrakte Nutzungsentschädigung verweigert worden,[15] obwohl zumindest für Wohnungen das Argument aus der Kommerzialisierung nicht weniger zutrifft als für Kraftwagen.

Nach meiner Ansicht läßt sich die Lösung (3) eher rechtspolitisch begründen: Es ist insbesondere für die Haftpflichtversicherer sinnvoll, dem Geschädigten einen Anreiz zu sparsamem Verhalten zu gewähren. Dieser Anreiz würde fehlen, wenn der auf einen Mietwagen Verzichtende im Sinne von Lösung (1) gar nichts erhielte. Als solcher Anreiz ist ein Betrag von gut einem Drittel der sonst zu ersetzenden Mietwagenkosten auch von der Höhe her geeignet, zumal sich so etwa gleichgroße Beträge ergeben wie nach der (gleichfalls nicht allgemein durchführbaren) Lösung (2).

Fall 43 (Die beschädigte Straßenbahn: Vorhaltekosten)

Bei einem von *S* verschuldeten Unfall wird ein Straßenbahntriebwagen der städtischen Verkehrsbetriebe *G* erheblich beschädigt. Während der Reparaturzeit von zwei Monaten setzt *G* einen Reservewagen aus dem eigenen Bestand ein. Was muß *S* außer den Reparaturkosten als Schadensersatz leisten?

Straßenbahntriebwagen pflegen nicht vermietet zu werden. Daher fehlt ein marktüblicher Mietzins, an dem sich hier eine Entschädigung für den Nutzungsausfall orientieren könnte. Und einen konkreten Nutzungsentgang hat *G* durch den Einsatz des Reservefahrzeugs vermieden. Deshalb scheint insoweit ein Schaden zu fehlen. Damit käme aber im Ergebnis die kostspielige Reservehaltung durch *G* dem Schädiger *S* zugute.

Der *BGH* hat in einem solchen Fall den Schädiger zum Ersatz der sog. Vorhaltekosten verurteilt,[16] also der zeitanteiligen Kosten des Reservewagens (Abschreibung, Verzinsung, Unterhaltung). Dagegen könnte man einwenden wollen, diese Kosten seien nicht durch den konkreten

---

[13] Vor allem *BGHZ* 40, 345; 45, 212; 56, 214, doch vgl. die vorige Fn.

[14] *Sanden-Danner*, zuletzt VersR 1985, 417; frühere Zahlen auch bei MünchKomm-*Grunsky*, Anh. § 249 Rdnr. 5.

[15] Für Wohnungen etwa *BGHZ* 66, 277; 71, 234; 75, 366, für ein privates Schwimmbad *BGHZ* 76, 179, 186 f. (dort die Betonung des Luxus-Gesichtspunkts).

[16] *BGHZ* 32, 181, zur Berechnung *Klimke*, VersR 1985, 720.

Unfall verursacht: Man könne diesen hinwegdenken, ohne daß die Kosten entfielen. Wirklich ist der Zusammenhang zwischen den Vorhaltekosten und dem Unfall nur allgemein: Weil man mit Unfällen rechnet, wird das Reservefahrzeug vorgehalten. Daß der *BGH* wenigstens diesen allgemeinen Zusammenhang für nötig hält, folgt aus einer späteren Entscheidung:[17] Dort ist eine Entschädigung versagt worden, weil das Ersatzfahrzeug nicht gerade aus einer Reserve für von anderen zu verantwortende Unfälle stammte, sondern aus dem wegen einer Konjunkturflaute zeitweise unbeschäftigten Teil des Fahrzeugparks.

Dementsprechend muß *S* in *Fall 43* anteilige Vorhaltekosten nur dann ersezten, wenn der Reservewagen gerade für von anderen zu verantwortende Unfälle vorgehalten wurde.

Fall 44 (Der Ladendiebstahl: Ersatz von Überwachungs- und Folgekosten)

S kauft in dem bedienungslosen Laden („Selbstbedienungsladen") des *G* ein. Dabei packt sie in diebischer Absicht Lebensmittel für insgesamt 15 DM nicht in den Einkaufswagen, sondern in ihre Tasche. Beim Verlassen des Ladens wird sie gestellt. *G* verlangt von *S:* (1) den Ersatz der Fangprämie, die er für die Ergreifung von Ladendieben ausgelobt und konkret ausgezahlt hat; (2) einen Anteil an den Überwachungskosten; (3) den Ersatz der Kosten für die Bearbeitung des Diebstahls (Arbeitslohn für das damit beschäftige Personal). Was muß *S* ersetzen?

Fälle solcher Art sind viel diskutiert worden, bis schließlich kunstreich eine Entscheidung des *BGH* herbeigeführt worden ist.[18] Dieser hat den Ersatz der Fangprämie (Posten 1) im Prinzip zugesprochen: Zu der Auszahlung sei *G* durch den konkreten Diebstahl gezwungen worden. Allerdings hat der *BGH* den zu ersetzenden Betrag auf regelmäßig 50 DM begrenzt: Eine höhere Prämie diene nicht mehr der Ergreifung eines konkreten Diebs, sondern allgemein der Abschreckung vor Ladendiebstählen. Dafür müsse *S* ebensowenig aufkommen wie für einen Anteil an den Überwachungskosten (Posten 2). Dem widerspreche auch nicht die Entscheidung zu den Vorhaltekosten in oben *Fall 43:* Diese dienten auch dem Schädiger, indem sie den Schaden gering hielten; demgegenüber sei die Überwachung gegen den Schädiger gerichtet und gehöre zu der dem Geschädigten selbst obliegenden Wahrung seiner eigenen Interessen. Das überzeugt: Ein Hauseigentümer kann ja auch nicht die Kosten seiner Sicherheitsschlösser auf einen ertappten Einbrecher abwälzen.

Schließlich hat der *BGH* auch einen Anspruch auf Ersatz der Bearbeitungskosten (Posten 3) verneint, und zwar im wesentlichen unter Hinweis auf eine frühere Entscheidung. Diese betraf den folgenden

---

[17] *BGH,* NJW 1976, 286.
[18] *BGHZ* 75, 230. Schwierig war das Erreichen des *BGH* hier wegen der regelmäßig geringen Streitwerte (vgl. § 23 Nr. 1 GVG).

Fall 45 (Die beschädigte Autobahn: Kosten der Schadensbearbeitung)

Der Landschaftsverband Westfalen-Lippe verwaltet die in seinem Bereich verlaufenden Strecken der Bundesautobahn. In den Jahren 1971 bis 1973 hatten insgesamt 89 Fahrzeuge, deren Halter bei der Allianz haftpflichtversichert waren, Anlagen der Autobahn (vor allem die Leitplanken) beschädigt. Der Landschaftsverband verlangt von der Allianz einen entsprechenden Teil (etwa 3000 DM) der von ihm für die Schadensbearbeitung insgesamt aufgewendeten Kosten ersetzt. Mit Recht?

Der *BGH*[19] hat den Anspruch verneint: In der Regel müsse der Geschädigte den Aufwand für die Durchsetzung von Ersatzansprüchen, soweit dieser nicht zu den Prozeßkosten gehöre und nach § 91 ZPO erstattet werde, selbst tragen. Das gelte jedenfalls für denjenigen Zeitaufwand, den ein Privatmann für die Rechtsdurchsetzung machen müsse. Dann dürfe aber auch ein Unternehmen oder eine Verwaltung nicht besser stehen, wo für die Rechtsdurchsetzung bezahltes Personal verwendet werde.

Mich überzeugt dieses Billigkeitsargument nicht: Regelmäßig muß ein Schädiger den Geschädigten so nehmen, wie er ist, insbesondere auch mit seiner eigenartigen Schadensanfälligkeit. Wer ein Unternehmen schädigt, das wegen der Häufigkeit der von ihm zu bearbeitenden Schäden hierfür bezahltes Personal einsetzt, kann also nicht die Gleichstellung mit einem Schädiger verlangen, der einen die Schadensbearbeitung in seiner Freizeit erledigenden Privatmann geschädigt hat. Daher hätten nach meiner Ansicht in *Fall 45* die Allianz und in *Fall 44* der Ladendieb in die abgrenzbaren Kosten der Rechtsdurchsetzung verurteilt werden müssen.

Fall 46 (Das gestörte Staatsarchiv: Prüfungskosten)

S war als Elektriker im Hauptstaatsarchiv Nordrhein-Westfalen beschäftigt. Dabei stahl er in großem Umfang Urkunden und andere Sachen. Das Land verlangt von *S* außer dem Diebstahlsschaden auch den Ersatz von fast 18 000 DM Personalkosten: Das sei der Preis des Zeitaufwandes für eine zusätzliche Revision, die zur Feststellung des Umfangs der Entwendungen und zur Wiederherstellung der Ordnung des Archivs nötig gewesen sei. Dagegen verweigert *S* die Zahlung: Das Land sei mit unbezahlter Mehrarbeit seines Personals ohne zusätzliche Kosten ausgekommen.

Der *BGH* hat hier trotz seiner früheren, bei den Fällen 44 und 45 mitgeteilten Entscheidungen die umstrittenen 18 000 DM zugesprochen: Die durch *S* notwendig gewordene zusätzliche Prüfung habe „unmittelbar dazu gedient, eine ... Eigentumsstörung zu beseitigen (§ 249 S. 1)". Das Archiv sei auch als Sachgesamtheit verletzt worden. Hierauf müsse § 249 S. 2 entsprechend angewendet werden. Und nach dieser Vorschrift seien die erforderlichen Kosten zu ersetzen ohne Rücksicht darauf, wie

---

[19] *BGHZ* 66, 112.

der Geschädigte sich beholfen habe. Insbesondere sei diesem eine eigene Mühewaltung „nicht zur Entlastung des Schädigers zuzumuten".[20] Mich hat diese Abgrenzung zu den beiden anders lautenden Entscheidungen bei den *Fällen 44* und *45* nicht voll überzeugt: Immerhin hat auch der Prüfungsaufwand von *Fall 46* der Rechtsverfolgung gedient. Doch dürfte die Entscheidung dieses Falles, die ich für richtig halte, eher Zweifel an den beiden abweichenden anderen Entscheidungen wecken.

IV. Zusammenfassung

1. Der Schadensersatz für eine *Beschädigung* von Sachen umfaßt in erster Linie die *für die Reparatur erforderlichen Kosten,* § 249 S. 2. Dem Geschädigten steht es nach h. M. frei, ob er das Geld für die Reparatur verwendet. Auch eine Weggabe der beschädigten Sache beeinträchtigt den Anspruch auf Ersatz der Reparaturkosten regelmäßig nicht. Soweit die Reparatur den Schaden nicht wirksam behebt, hat der Geschädigte daneben einen *Anspruch auf Geldersatz,* § 251 I Alt. 2. Bei Kraftfahrzeugen bildet einen wichtigen Anwendungsfall der Ersatz des *merkantilen Minderwerts*. Bei verbessernden Reparaturen kommt ein *Abzug neu für alt* in Betracht, soweit die Verbesserung das Vermögen des Geschädigten erhöht.

2. Der Schadensersatz für eine *Sachzerstörung* umfaßt regelmäßig den Betrag, der zur Anschaffung einer gleichartigen Ersatzsache nötig ist, § 251 I 1 Alt. 1 *(Wiederbeschaffungswert)*. Diesen Ersatz kann der Schädiger nach § 251 II auch dann wählen, wenn die Reparatur zwar möglich ist, aber unverhältnismäßig teuer käme. Bei dem Urteil über die Unverhältnismäßigkeit sind auch nichtvermögensrechtliche Interessen zu berücksichtigen.

3. Während der Reparaturzeit oder bis zur Neubeschaffung eines Kraftfahrzeugs kann der Geschädigte regelmäßig auch die ihm entstandenen *Mietwagenkosten* ersetzt verlangen. Hat sich der Geschädigte ohne einen Mietwagen beholfen, so ersetzt ihm der *BGH* etwa 30% der Mietwagenkosten. Dieser Ersatz wird aber auf Kraftfahrzeuge beschränkt. Beim Fehlen von Mietpreisen kommt der anteilige Ersatz von *Vorhaltekosten* in Betracht.

4. Die *Kosten der Schadensbearbeitung* sollen nach der Rechtsprechung selbst dann nicht ersetzt werden, wenn sie abgrenzbar sind und sich so einem einzelnen Schadensfall zuordnen lassen. Dagegen ist vereinzelt der für die Schadensermittlung erforderliche Betrag selbst dann ersetzt worden, wenn diese ohne effektive Mehrkosten für den Geschädigten

---

[20] *BGHZ* 76, 216.

gelungen ist. Der Ladendieb muß den für eine angemessene *Fangprämie* aufgewendeten Betrag ersetzen.

§ 8. Gesundheit und sonstige Rechte

Mit Leben (o. § 4), Körper (o. § 5) und Eigentum (o. §§ 6, 7) sind unter den in § 823 I genannten Schutzgütern diejenigen behandelt, deren Verletzung am häufigsten begegnet. Die weiter dort genannte Freiheit wird eng als Freiheit zur Bestimmung des Aufenthaltsorts interpretiert; ihre Verletzung ist kaum problematisch. Daher bleiben von § 823 I noch die Gesundheit und die „sonstigen Rechte".

I. Einzelprobleme

Fall 47 (Die schädliche Infusion: Beeinträchtigung werdenden Lebens)

Einer Frau wird luetisches Blut übertragen. Bald darauf wird die Frau schwanger; das Kind kommt mit angeborener Lues zur Welt. Hat es Ersatzansprüche gegen den für die Infusion Verantwortlichen?

Hier ist durch die Infusion zunächst die Gesundheit der Frau verletzt, nämlich diese krank gemacht worden. Dafür wird aus Verschulden aus § 823 I auf Schadensersatz gehaftet. Darüber hinaus hat der *BGH* aber auch dem Kind einen Anspruch wegen Gesundheitsverletzung zuerkannt: Daß dieses nie gesund gewesen sei, spreche nicht dagegen. Denn der gesunde Zustand sei „von Schöpfung und Natur für den lebenden Organismus eines Menschen vorausgegeben. Die Rechtsordnung ist in dieser Hinsicht an das Phänomen der Natur gebunden".[1] Dem stimmt man mit Recht heute allgemein zu.

Fall 48 (Die nicht erkannten Röteln: wrongful life)

Eine Frau erkrankt während der Schwangerschaft. Sie fragt ihren Arzt, ob es sich um Röteln handeln könne, und ob dem Kind Gefahr drohe. Der Arzt verneint das aufgrund einer schuldhaft falschen Diagnose. Das Kind kommt mit schweren Mißbildungen zur Welt. Hat es Schadensersatzansprüche gegen den Arzt?

Ebenso wie in *Fall 47* geht es auch hier um ein wegen fremden Verschuldens krank geborenes Kind. Trotzdem besteht ein sehr wesentlicher Unterschied: In *Fall 48* hat der Arzt nicht die Krankheit der Mutter (und damit auch diejenige des Kindes) verschuldet. Vielmehr hat er nur die aus anderer Ursache erkrankte Mutter falsch beraten und diese damit gehindert, die Geburt des kranken Kindes durch einen Abbruch der Schwangerschaft (vgl. § 218 a II Nr. 1 StGB) zu vermeiden. Die Alternati-

---

[1] *BGHZ* 8, 243 (248).

ve für das Kind lautete also nicht (wie in *Fall 47*), krank oder gesund auf der Welt zu sein. Vielmehr war die Alternative zu dem kranken Leben *(wrongful life)* nur, überhaupt nicht geboren worden zu sein. Und daß dies ein Vorteil – das kranke Leben also ein Schaden – bedeute, hat der *BGH*[2] mit Recht nicht festgestellt: Hier endet das menschliche Beurteilungsvermögen. Daher hat der *BGH* in *Fall 48* dem Kind eigene Schadensersatzansprüche mangels eines Schadens versagt.

Fall 49 (Der riskante Hausabbruch: Verletzung einer Grundschuld)

E ist Eigentümer eines Grundstücks, auf dem vier Reihenhäuser im Rohbau stehen. *G* hat an dem Grundstück eine Grundschuld. *E* beauftragt den Architekten *S*, auf dem Grundstück eine Kuranstalt zu errichten. Dazu läßt *S* zunächst die Reihenhäuser zum Teil abbrechen. Dann gerät *E* in Vermögensverfall; der Zwangsversteigerungserlös deckt die Grundschuld des *G* nicht voll. *G* verlangt daher von *S* Ersatz; mit Recht?

In § 823 I wird das „sonstige Recht" im Anschluß an das Eigentum genannt. Daraus kann man schließen, daß das sonstige Recht dem Eigentum ähneln muß. Das trifft für die beschränkten dinglichen Rechte und damit auch für die Grundschuld zu. Verletzt werden kann diese – entsprechend dem Eigentum – durch einen Eingriff in die Substanz der für die Grundschuld haftenden Sache. Einen solchen Eingriff hat *S* hier objektiv vorgenommen. Die Rechtswidrigkeit wird auch nicht durch das Einverständnis des *E* ausgeschlossen: Dieser konnte eine Verletzung der Grundschuld nicht erlauben. Daher kommt es für die Ersatzpflicht des *S* nur auf dessen Verschulden an. Hierzu hat der *BGH*[3] gesagt, ein Architekt müsse regelmäßig mit dem Vorhandensein von Grundstücksbelastungen rechnen.

Fall 50 (Der Eigentumsvorbehalt: Anwartschaftsrecht und Eigentum)

G kauft bei *V* ein Kraftfahrzeug gegen Raten unter Eigentumsvorbehalt. Noch bevor *G* die letzte Kaufpreisrate gezahlt hat, wird das Fahrzeug durch ein Verschulden des *S* zerstört. Ansprüche des *G* gegen *S*?

Hier war *G* wegen des noch nicht erledigten Eigentumsvorbehalts nicht Eigentümer des zerstörten Fahrzeugs. Daß er von *V* aus dem Kauf die spätere Übereignung verlangen konnte, genügt für § 823 I nicht: Einem bloß obligatorischen, also nicht gegen Dritte wirkenden Anspruch fehlt die für ein „sonstiges Recht" nötige Ähnlichkeit mit dem Eigentum (vgl. o. *Fall 49*). Doch hatte *G* durch die Übergabe des Fahrzeugs und die bedingte Einigung über den Eigentumsübergang schon mehr erhalten als bloß einen Anspruch, nämlich ein Anwartschaftsrecht auf Eigentumserwerb.[4] Ein solches Anwartschaftsrecht wird weithin ebenso behandelt wie das Eigentum, insbesondere genießt es nach § 161 Drittschutz. Da-

---

[2] *BGHZ* 86, 240.
[3] *BGHZ* 65, 211.
[4] Vgl. etwa *Gerhardt,* SaR, § 14, 3; *Baur,* SaR, § 59 V.

her wird es zutreffend als „sonstiges Recht" im Sinne von § 823 I angesehen.[5]

Eine Schwierigkeit ergibt sich aber aus dem fortbestehenden Eigentum des *V:* Auch dieses Eigentum fällt ja unter § 823 I, so daß *V* und *G* nebeneinander Schadensersatzansprüche gegen *S* haben könnten. Auf den ersten Blick scheint eine Trennung der Schadensteile möglich: Soweit *G* den Kaufpreis schon gezahlt hat, scheint der Schaden bei ihm zu liegen, im übrigen bei *V.* Doch trifft das nicht zu: Nach § 446 I trägt der Käufer *G* seit der Übergabe die Preisgefahr; er bleibt also den Kaufpreisrest trotz der Zerstörung der Sache schuldig. Daher muß *S* dem *G* das Fahrzeug voll ersetzen. Dagegen bedeutete das vorbehaltene Eigentum für *V* bloß ein Sicherungsmittel. *S* muß dem *V* deshalb als Schadensersatz nur Sicherheit dafür leisten, daß *G* die noch offenen Kaufpreisraten zahlt.

Fall 51 (Der Abzahlungskauf nach Rücktritt: Besitzerschaden)

Wie *Fall 50,* doch möge *G* schon vor der Zerstörung des Fahrzeugs mit mehreren Kaufpreisraten in Verzug gewesen und *V* daraufhin vom Kauf zurückgetreten sein. Ansprüche des *G* gegen *S?*

Hier hat der Rücktritt die Kaufpreisforderung des *V* beendet. Die Bedingung vollständiger Kaufpreiszahlung konnte also nicht mehr eintreten; das Anwartschaftsrecht des *G* war erloschen. Dieser hatte folglich bei der Zerstörung der Sache nur noch den unmittelbaren Besitz.

Für den Besitz ist schon fraglich, ob dieser überhaupt ein Recht darstellt. Jedenfalls aber wird man ihn nicht für eigentumsähnlich halten dürfen: Der Besitz als solcher berechtigt weder zu Verfügungen über die Sache noch zu deren Nutzung. Daher darf man den Besitz nur dann bei § 823 I einordnen, wenn er durch eine Befugnis verstärkt wird. Diese kann sich insbesondere aus einem Recht zum Besitz ergeben (so z. B. für den Mieter). *G* hat zwar kein solches Recht, aber doch das Zurückbehaltungsrecht nach § 3 AbzG: Er darf das Fahrzeug zurückbehalten, bis *V* ihm die geleisteten Kaufpreisraten abzüglich der nach § 2 I 2 AbzG geschuldeten Nutzungsvergütung erstattet. Soweit die Zerstörung des Fahrzeugs dieses Zurückbehaltungsrecht vereitelt hat, muß *S* dessen Wert ersetzen. Im übrigen steht der Ersatzanspruch nur dem *V* zu.

Fall 52 (Ginsengwurzel: Allgemeines Persönlichkeitsrecht, Geldentschädigung)

G ist Universitätsprofessor für Völker- und Kirchenrecht. Aus Korea hatte er einem befreundeten Pharmakologen *D* einige Ginsengwurzeln mitgebracht. Dieser bedankte sich in einem wissenschaftlichen Aufsatz dafür, daß er „durch die liebenswürdige Unterstützung" des *G* echte Gingsengwurzeln zur Verfügung habe. In einem populärwis-

---

[5] *BGHZ* 55, 20 (25 f.).

senschaftlichen Aufsatz wurde *G* daraufhin neben *D* als „einer der bekanntesten Ginsengforscher Europas" bezeichnet. Schließlich wurde *G* auch in einem Werbeprospekt des ein Ginsengpräparat vertreibenden *S* erwähnt: Nach Ansicht des bedeutenden Wissenschaftlers *G* wirke Ginseng „. . . aufbauend bei Drüsen- und Potenzschwäche". *G* fühlt sich hierdurch in der Öffentlichkeit und vor allem bei den Studenten lächerlich gemacht und verlangt von *S* als Entschädigung 10 000 DM.

Diese wahre Geschichte eines „Aufstiegs" vom Kirchenrechtler zum bedeutenden Ginsengforscher ist gewiß ein eindrucksvolles Beispiel für die schlampige Sorglosigkeit in Populärwissenschaft und Werbung. Trotzdem läßt sich hier nicht ohne weiteres eine deliktische Anspruchsgrundlage angeben: Eine vorsätzliche sittenwidrige Schädigung (§ 826) wird keinem der Beteiligten nachzuweisen sein. Beleidigung oder üble Nachrede (§§ 185, 186 StGB mit § 823 II) dürften kaum vorliegen. Von den in § 823 I ausdrücklich genannten Schutzgütern ist keines verletzt. Von den „sonstigen Rechten" scheint am ehesten das durch § 12 mit absolutem Schutz ausgestattete Namensrecht zu passen. Aber die dort als Verletzungstatbestand anerkannte unbefugte Verbindung des Namens mit einer Ware erfaßt das hier gegen *G* verübte Unrecht nur unvollständig. Daher hat der *BGH*[6] bei der Entscheidung dieses Falles auf eine Argumentation zurückgegriffen, die er schon bei früherer Gelegenheit[7] entwickelt hatte: Da nach Art. 1 GG das Recht des Menschen auf Achtung seiner Würde und auf freie Entfaltung seiner Persönlichkeit von jedermann zu achten sei, müsse es auch privatrechtlich anerkannt werden. Die Werbung des *S* bedeute eine Verletzung dieses Rechts, weil sie geeignet gewesen sei, den *G* „in der Gesellschaft lächerlich zu machen und seinen wissenschaftlichen Ruf zu mindern".

Damit allein ist dem *G* aber noch nicht geholfen. Denn der von ihm geltend gemachte Schaden ist kein Vermögensschaden (wie es etwa die Detektivkosten von o. § 3 *Fall 9* sind). Und für Nichtvermögensschäden kann Geldersatz nach § 253 nur in den gesetzlich bestimmten Fällen verlangt werden. Zwar enthält gerade das Deliktsrecht in § 847 solche Ausnahmen. Aber von den dort enthaltenen Tatbeständen paßt keiner. Gegenüber dieser Gesetzeslage hat der *BGH*[8] seine auf Art. 1 GG gestützte Argumentation noch erweitert: Der durch das GG gebotene Persönlichkeitsschutz wäre unvollständig, wenn er „keine der ideellen Beeinträchtigung adäquate Sanktion auslösen würde". Daher müsse auch für Nichtvermögensschaden ein Geldersatz zugesprochen werden, wenn den Verletzer der Vorwurf schwerer Schuld treffe oder wenn die Beeinträchtigung objektiv erheblich ins Gewicht falle. *BVerfG* 34, 269, hat diese Rechtsfortbildung als verfassungsgemäß gebilligt.

Im Ausgangsfall hat der *BGH* schwere Schuld und eine erhebliche Be-

---

[6] *BGHZ* 35, 363.
[7] *BGHZ* 13, 334 (338).
[8] *BGHZ* 35, 363 (367).

einträchtigung bejaht. Dem *G* sind daher 8000 DM zugesprochen worden.

Fall 53 (Der aufbewahrte Fragebogen: Interessenabwägung)

G hat sich bei *S* um eine Anstellung beworben und dabei einen Personalfragebogen ausgefüllt. Darin war u. a. nach dem beruflichen Werdegang, Wehrdienstzeiten, Unfallschäden und Körperbehinderungen gefragt. Nach Erfolglosigkeit der Bewerbung fordert *G* die Vernichtung des Fragebogens. *S* dagegen will diesen für den Fall einer erneuten Bewerbung des *G* aufbewahren. Wer hat recht?

In dem berühmten „Volkszählungsurteil" vom 15. 12. 1983 hat das *BVerfG*[9] zum Allgemeinen Persönlichkeitsrecht auch das Recht des einzelnen auf „informationelle Selbstbestimmung" gerechnet: Der einzelne müsse „grundsätzlich selbst über die Preisgabe und Verwendung seiner persönlichen Daten bestimmen" können. Doch ergibt sich für *Fall 53* zunächst die Frage, inwieweit diese vom BVerfG für das Verhältnis Staat – Bürger aufgestellte Regel auch für das Privatrecht paßt (übliches Stichwort: „Drittwirkung der Grundrechte").[10] Zudem kann wenigstens ein moderner Staat und insbesondere ein Sozialstaat nicht ohne umfangreiche Datenerhebungen und -sammlungen geführt werden; man denke nur an die Besteuerung einerseits und die Sozialleistungen andererseits. Daher hat schon das *BVerfG* in weitem Umfang Ausnahmen von dem Recht auf informationelle Selbstbestimmung anerkannt.

Das *BAG*, das über einen dem *Fall 53* entsprechenden Sachverhalt zu entscheiden hatte,[11] hat die Frage nach der Drittwirkung der Grundrechte nicht ausdrücklich gestellt. Vielmehr ist es einer Argumentationslinie gefolgt, die das Allgemeine Persönlichkeitsrecht von Anfang an begleitet hat und sich auch beim Recht am eingerichteten und ausgeübten Gewerbebetrieb wiederfindet (vgl. u. *Fall 56*): Umfang und Grenzen des generalklauselartigen Rechts (Rahmenrechts) müßten durch eine Abwägung gegenüber entgegenstehenden Interessen und Rechten anderer Personen bestimmt werden. Ähnlich wie bei einer mittelbaren Verletzung der klassischen Schutzgüter des § 823 I kann also auch hier die Rechtswidrigkeit der Verletzungshandlung nicht durch den eingetretenen Verletzungserfolg indiziert sein (vgl. o. § 5 *Fall 26*).

Konkret hat das *BAG* erwogen, ob der Arbeitgeber ein berechtigtes Interesse an der Aufbewahrung des Fragebogens dargetan habe. Das hat es verneint, weil insbesondere nicht dargetan sei, der Arbeitgeber werde an dem Bewerber später noch Interesse haben. Daher ist der Arbeitgeber zur Vernichtung des Fragebogens verurteilt worden.

---

[9] *BVerfG*, NJW 1984, 419 ff.
[10] Dazu letztens *Canaris*, AcP 184 (1984), 201 ff.
[11] *BAG*, NJW 1984, 2910.

Fall 54   (Stromkabel- und Fleetfall: Verletzung des Rechts am Gewerbebetrieb)

Wie o. § 6 *Fall 31/32:* Der Gewerbebetrieb des *G* wird in Konsequenz einer fahrlässigen Unterbrechung seiner Verkehrsanbindung oder der Stromzufuhr durch *S* zeitweise stillgelegt; Ansprüche des *G* gegen *S?*

Fall 55   (Blockade gegen „Bild"): Verletzung des Rechts am Gewerbebetrieb)

Mitte April 1968 fanden gewalttätige Demonstrationen statt, mit denen u. a. die Auslieferung der Bild-Zeitung verhindert werden sollte. *S* forderte auf einer Versammlung in der Frankfurter Universität dazu auf, sämtliche Ein- und Ausgänge des Frankfurter Druckhauses des *G* zu blockieren. Das geschah dann auch fast zehn Stunden lang. *G* verlangt von *S* Ersatz der ihm durch die Blockade entstandenen Erlöseinbußen und Mehraufwendungen. Mit Recht?

Hier überall kann man zunächst fragen, ob das Eigentum des *G* an den ihm gehörenden Sachen des Betriebsvermögens verletzt ist. Bei bloß gemieteten (oder „geleasten") Sachen kann man auch an eine Verletzung des berechtigten Besitzes denken. Doch würde diese Betrachtung den Sachverhalt nur unvollständig erfassen: Es geht ja nicht so sehr um einzelne Sachen als vielmehr um die Störung der Funktion des Betriebs, die durch das Zusammenwirken von Sachen, Arbeitskraft und weiteren Faktoren bestimmt wird. Daher hatte schon das *RG* bei den „sonstigen Rechten" bei § 823 I auch ein „Recht am eingerichteten und ausgeübten Gewerbebetrieb" untergebracht. Von diesem Recht hat sich aber zunehmend ergeben, daß es zu weit gefaßt ist: Es kann nicht schon jede fahrlässige Verletzung schadensersatzpflichtig machen. Denn andernfalls würden viele sinnvollen Beschränkungen der Ersatzpflicht hinfällig, die sich daraus ergeben, daß primäre Vermögensverletzungen nicht unter § 823 I subsumiert werden. Darum hat die neuere Rechtsprechung eine wichtige (wenn auch in der Abgrenzung unklare) Einschränkung entwickelt: Der Eingriff in den Gewerbebetrieb muß, um unter § 823 I zu fallen, „unmittelbar" oder „betriebsbezogen" sein. Das läuft weithin auf die Frage hinaus, ob die Verletzungshandlung vorsätzlich gegen den Gewerbebetrieb gerichtet oder ob dieser nur gleichsam zufällig in Mitleidenschaft gezogen worden ist.

Danach ist in den beiden Varianten von *Fall 54* eine Ersatzpflicht aus § 823 I auch unter dem Gesichtspunkt eines Eingriffs in den Gewerbebetrieb verneint worden.[12] Ähnlich bedeutet es auch keinen Eingriff in den Gewerbebetrieb, wenn bei einem Verkehrsunfall ein wichtiger Mitarbeiter des Betriebs getötet oder verletzt wird. Dagegen hat der *BGH*[13] in

---

[12] *BGHZ* 29, 65; 41, 123 (127), vgl. auch *BGHZ* 69, 128 (138 f.).
[13] *BGHZ* 59, 30.

Fall 55 eine Ersatzpflicht den *S* bejaht: Dieser wollte mit seiner Blockade ja gerade den Betrieb treffen.

Fall 56 (Die mangelhafte Sicherheitsbindung: Haftung bei Warentest)

Die verklagte Stiftung Warentest veröffentlichte im November 1969 die Ergebnisse eines vergleichenden Tests von Ski-Sicherheitsbindungen. Dabei schnitten zwei Erzeugnisse des klagenden Herstellers mit „nicht zufriedenstellend" ab. Mit der Klage ist u. a. Schadensersatz verlangt worden.

Hier muß man zunächst nach der passenden Anspruchsgrundlage fragen. Dafür kommt nämlich außer § 823 I (Gewerbebetrieb) auch der speziellere § 824 in Betracht: Die Veröffentlichung über den Test enthält ja Tatsachenbehauptungen, die den Erwerb des Klägers beeinträchtigen können. Nach § 824 II wäre die Beklagte dann möglicherweise nur bei Vorsatz ersatzpflichtig. Doch hat der *BGH*[14] den § 824 verneint: Bei der Veröffentlichung der Testergebnisse überwiege der Charakter der Wertung deutlich gegenüber der Tatsachenbehauptung. Wertungen aber gehörten nicht unter § 824.

Übrig blieb danach § 823 I. Und hier findet sich jetzt beim Gewerbebetrieb wieder, was schon oben bei *Fall 53* beim Allgemeinen Persönlichkeitsrecht begegnet ist: Auch die Verletzung eines Gewerbebetriebs kann vielfach erst durch eine Abwägung der widerstreitenden Interessen ermittelt werden. Das sind hier einerseits das Interesse des Klägers am ungestörten Absatz seiner Produkte und andererseits das Interesse der verklagten Stiftung an der satzungsgemäß wahrzunehmenden „Verbraucheraufklärung".

Der *BGH* hat diesem letztgenannten Interesse weithin den Vorrang eingeräumt: Es widerspreche den Erfordernissen der Verbraucheraufklärung, wenn die im Rahmen eines Tests nötigen Prüfungen streng beurteilt würden. So müsse etwa das Erfordernis, jeweils mehrere Exemplare eines Artikels zu prüfen, damit der Test nicht durch vereinzelte „Ausreißer" bestimmt werde, die Prüfung erschweren und verteuern. Das hat der *BGH* nicht verlangt. Vielmehr brauche die Untersuchung nur neutral und sachkundig durchgeführt worden zu sein; zudem sei Objektivität nötig.[15] Für diese stehe aber nicht die Richtigkeit des Ergebnisses im Vordergrund, sondern nur das Bemühen um Richtigkeit: Die Art des Vorgehens und die gezogenen Schlüsse müßten als vertretbar („diskutabel") erscheinen. Mit dieser Begründung ist die Klage des Bindungsherstellers abgewiesen worden.

---

[14] *BGHZ* 65, 325.
[15] *BGHZ* 65, 325 (334 f.).

II. Zusammenfassung

1. Bei der *Gesundheitsverletzung* ergibt sich das Problem der Beeinträchtigung werdenden Lebens. Dabei steht es Ersatzansprüchen nicht entgegen, daß ein Kind schon bei der Geburt krank – also nie gesund – war. Dagegen hat ein krank geborenes Kind keine Ersatzansprüche, wenn durch das Verschulden des in Anspruch Genommenen nicht die Krankheit bewirkt worden ist, sondern die Geburt als Kranker.

2. Die *„sonstigen Rechte"* bei § 823 I müssen wenigstens regelmäßig *dem Eigentum ähneln.* Das trifft zu für die beschränkten dinglichen Rechte, die Anwartschaftsrechte auf den Erwerb eines dinglichen Rechts und für den mit einer Befugnis verbundenen Besitz. Dagegen fallen der Besitz ohne solche Befugnis, die Forderung und das Vermögen nicht unter § 823 I.

3. Eine gewisse Sonderstellung bei § 823 I nehmen die beiden *„Rahmenrechte"* ein: Allgemeines Persönlichkeitsrecht und Recht am eingerichteten und ausgeübten Gewerbebetrieb. Diesen Rechten fehlen die relativ bestimmten Konturen der „klassischen" Schutzgüter des § 823 I. Denn über die rechtswidrige Verletzung kann regelmäßig erst durch eine Abwägung der einander widerstreitenden Interessen entschieden werden. Speziell das Recht am Gewerbebetrieb wird durch das Erfordernis eines „unmittelbaren" oder „betriebsbezogenen" Eingriffs erheblich eingeschränkt.

4. Verletzungen des *Allgemeinen Persönlichkeitsrechts* führen entgegen § 253 auch zu einem *Anspruch auf Geldentschädigung wegen eines Nichtvermögensschadens,* wenn die Beeinträchtigung schwer wiegt oder der Verletzer grob schuldhaft gehandelt hat.

§ 9. Verletzung eines Schutzgesetzes

I. Einzelprobleme

Fall 57 (Fahrlässige Körperverletzung: die beiden Absätze des § 823)

S verletzt fahrlässig den G. Grundlagen für Schadensersatzansprüche?

Daß G hier einen Ersatzanspruch aus § 823 I hat, ist schon oben in § 5 überall zugrunde gelegt worden. Hierzu tritt aber regelmäßig noch ein Ersatzanspruch aus § 823 II: Die Strafbestimmung gegen fahrlässige Körperverletzung (§ 230 StGB) ist nach allgemeiner Ansicht ein Schutzgesetz. Freilich bringt dieser zusätzliche Anspruch dem G nichts, was dieser nicht schon aus § 823 I verlangen könnte. Vielmehr sind die Voraussetzungen des Anspruchs aus §§ 823 II BGB, 230 StGB sogar etwas strenger: Wie sich aus § 823 II 2 ergibt, muß bei § 823 II auch der subjektive Tatbestand des Schutzgesetzes erfüllt sein. Dies richtet sich nach den Regeln desjenigen Rechtsgebiets, dem das Schutzgesetz angehört, hier also des Strafrechts. Folglich kommt es bei Jugendlichen auf die Strafmündigkeit nach § 1 JGG und nicht auf die Deliktsfähigkeit nach § 828 an. Auch muß strafrechtliche Fahrlässigkeit im Sinne einer echten persönlichen Vorwerfbarkeit vorliegen und nicht bloß die mit Garantieelementen durchsetzte zivilrechtliche Fahrlässigkeit nach § 276 I 2.

In solchen Fällen, in denen der Anspruch aus § 823 II neben demjenigen aus § 823 I praktisch keine Bedeutung hat, braucht man ihn bei der Bearbeitung juristischer Aufgaben bloß kurz zu erwähnen. Doch sollte man sich dabei keineswegs zu unvorsichtigem Umgang mit dem Schutzgesetz veranlaßt sehen; so findet sich immer wieder der Fehler, daß § 303 StGB im Rahmen von § 823 II bei bloß fahrlässiger Sachbeschädigung angewendet wird!

Fall 58 (Zu schnelles Fahren: verhaltensbezogenes Schutzgesetz)

S verletzt den *G*, indem er vorsätzlich in einer geschlossenen Ortschaft die Höchstgeschwindigkeit überschreitet. Ersatzansprüche gegen *G*?

Hier kommt für § 823 II als verletztes Schutzgesetz außer § 230 StGB auch § 3 III Nr. 1 StVO in Betracht. Und für dieses Schutzgesetz zeigen sich jetzt zwei Abweichungen gegenüber den Voraussetzungen des Anspruchs aus § 823 I wegen Körperverletzung: Erstens braucht sich das Verschulden jetzt bloß noch auf die Verletzung des § 3 III Nr. 1 StVO zu beziehen und nicht auch auf die daraus folgende Körperverletzung. Und zweitens liegt in Bezug auf dieses Schutzgesetz sogar Vorsatz vor und nicht nur – wie hinsichtlich der Körperverletzung – Fahrlässigkeit.

Praktisch ist die Bedeutung dieser Unterschiede freilich geringer, als es auf den ersten Blick scheinen mag. Denn die Vorverlegung des Verschuldensbezugs wirkt beinahe nie: In aller Regel bedeutet die schuldhafte Verletzung eines Schutzgesetzes auch ein Verschulden hinsichtlich der Verletzung derjenigen Güter, die das Gesetz schützen soll. So wird etwa bei vorschriftswidrig schnellem Fahren die Verletzung eines Menschen fast immer voraussehbar und damit bei ihrem Eintritt auch verschuldet sein. Und der Verschuldensgrad – also ob Vorsatz vorliegt oder bloß Fahrlässigkeit – spielt im Zivilrecht – anders als im Strafrecht – eine bloß untergeordnete Rolle. Zudem soll in einigen wichtigen Fällen das Verschulden hinsichtlich des Verletzungserfolgs (also in *Fall 58* hinsichtlich der Körperverletzung) entscheiden und nicht dasjenige hinsichtlich der Pflichtverletzung: so bei §§ 61 VVG, 636 ff. RVO.

Fall 59 (Der hinderliche Unfall: Schutzgesetz bei primären Vermögensschäden I)

Infolge eines von S durch zu schnelles Fahren verursachten Unfalls wird G über eine Stunde lang aufgehalten. Daher versäumt er ein Flugzeug und muß 100 DM für eine Hotelübernachtung aufwenden. Ersatzansprüche gegen S?

Hier scheint jetzt § 823 II seine Eigenständigkeit gegenüber § 823 I beweisen zu können. Denn wenn G bei dem Unfall nicht selbst an Körper oder Eigentum verletzt worden ist, bedeuten die ihm entstandenen Mehrkosten bloß einen primären Vermögensschaden, und dieser wird von § 823 I nicht erfaßt. Insofern könnte § 823 II BGB mit § 3 III Nr. 1 StVO weiterreichen.

Doch genügt es für einen Ersatzanspruch aus § 823 II nach allgemeiner Ansicht nicht, daß überhaupt ein Schutzgesetz verletzt worden ist. Vielmehr muß der Schutzzweck des Gesetzes auch gerade Verletzungen wie die wirklich eingetretene umfassen. Das bedeutet dreierlei:

(1) Der Verletzte muß sich im Schutzbereich des Gesetzes befinden;
(2) gleiches muß für das bei ihm betroffene Rechtsgut gelten;
(3) endlich muß auch die Art der Verletzung von dem Schutzgesetz erfaßt sein.

Auf *Fall 59* angewendet bedeutet das: § 3 III Nr. 1 StVO will – ebenso wie es auch die weiteren Vorschriften dieses Gesetzes wollen – die anderen Verkehrsteilnehmer schützen. Da G zu diesen gehört, wird er also vom persönlichen Schutzbereich im Sinne von oben 1 erfaßt. Dagegen läßt sich wohl kaum behaupten, die StVO wolle die Verkehrsteilnehmer auch vor primären Vermögensverletzungen bewahren und nicht bloß vor Körper- oder Eigentumsverletzungen. Ganz sicher aber dienen die Vorschriften über Höchstgeschwindigkeiten nicht auch dem Vermögensschutz. Damit fehlt es von den oben genannten Voraussetzungen an (2) oder (3). G kann also für seinen Zeitverlust und die damit verbundenen Kosten von S keinen Ersatz verlangen.

Fall 60 (Der verzögerte Konkursantrag: Schutzgesetz bei primären Vermögensschäden)

S ist Geschäftsführer einer GmbH. Da die Geschäfte schlecht laufen, wachsen die Schulden über den Bestand der Aktiva hinaus. Aber statt Konkurs zu beantragen (§§ 63, 64 GmbHG), vertröstet S den Hauptgläubiger G immer weiter. Schließlich sind die Aktiva ganz verbraucht; die Eröffnung des nun endlich von S beantragten Konkurses wird mangels Masse abgelehnt (vgl. § 107 KO). Welche Ansprüche hat G?

Ansprüche gegen die vermögenslose GmbH nutzen hier nichts. Aber da S persönlich zu dem Konkursantrag verpflichtet war und § 64 I GmbHG ein Schutzgesetz für die Gläubiger darstellt, kommen nach § 823 II Ansprüche gegen S in Betracht. In *Fall 60* sind auch die drei oben bei *Fall 59* genannten Voraussetzungen erfüllt: § 64 I GmbHG will die Gläubiger vor primären Vermögensschäden aus der Verzögerung des Konkursantrags schützen. *G* kann also von *S* den Betrag ersetzt verlangen, den er bei rechtzeitiger Stellung des Konkursantrags aus der Masse der GmbH erhalten hätte.

Danach hat § 823 II in Verbindung mit denjenigen Schutzgesetzen, die das Vermögen schützen sollen, eine wichtige Funktion: Die hiermit erfaßten Fälle liegen außerhalb des § 823 I, und für einen Anspruch aus § 826 wäre der Nachweis von Vorsatz nötig (vgl. u. § 10 *Fall 62*). Ob man den § 823 II bei solchen Vermögensverletzungen wirklich braucht, ist freilich nur eine Frage der Gesetzestechnik: Im Gegensatz zu § 64 GmbHG hat das BGB für den rechtsfähigen Verein in § 42 II 2 (gilt nach § 86 S. 1 entsprechend bei der Stiftung) die Ersatzpflicht aus schuldhafter Verzögerung des Konkursantrags gleich selbst bestimmt. Insoweit braucht man den § 823 II nicht mehr.

Fall 61 (Der nicht abgemeldete Kraftwagen: Voraussetzungen eines Schutzgesetzes)

Die über den Kraftwagen des *S* bestehende Haftpflichtversicherung ist abgelaufen. *S* versäumt jedoch, den Wagen – wie in § 29 d I 1 StVZO vorgeschrieben – bei der Zulassungsstelle abzumelden. Stattdessen veräußert *S* den Wagen an *D*, der den Abschluß einer Haftpflichtversicherung verspricht. Entgegen § 27 III 1 StVZO wird auch diese Veräußerung der Zulassungsstelle nicht angezeigt. Bevor *D* Versicherungsschutz hat, verursacht er mit dem Wagen einen Unfall, bei dem *G* schwer verletzt wird. *D* ist zahlungsunfähig; welche Ansprüche hat *G* gegen *S*?

Hier hat *S* den Wagen auf Dauer an *D* veräußert und damit seine Eigenschaft als Halter verloren (vgl. u. § 14 *Fall 81*). Eine Haftung des *S* aus § 7 StVG kommt also nicht in Betracht. Auch kann man nicht sagen, den *S* treffe an der Verletzung des *G* ein Verschulden; folglich scheidet § 823 I aus. Für § 826 endlich ist schon das Erfordernis eines Schädigungsvorsatzes nicht erfüllt. Daher bleibt nur § 823 II mit den genannten Vorschriften der StVZO.

Diese Vorschriften sollen auch vermeiden, daß Kraftfahrzeuge am Verkehr teilnehmen, derentwegen keine Haftplichtversicherung besteht. Und diese Zwangsversicherung für Kraftfahrzeughalter dient auch in erster Linie den Unfallopfern; das zeigt sich schon daran, daß diese nach § 3 PflVG einen eigenen Anspruch gegen den Versicherer haben. Trotzdem hat der *BGH*[1] in einem entsprechenden Fall einen Anspruch *G – S* aus § 823 II verneint: Ein Schutzgesetz liege nur dann vor, wenn die Interessen des Gläubigers nicht schon auf andere Weise ausreichend gesichert seien. Eine solche andere Sicherung hat der *BGH* hier bejaht: In bestimmten Fällen hafte der Versicherer oder die Zulassungsstelle, not-

---

[1] *BGH*, NJW 1980, 1792.

falls nach § 12 I 1 Nr. 2 PflVG auch der Fonds der Verkehrsopferhilfe.[2]
Dabei halte ich zwar den Ausgangspunkt des *BGH* für überzeugend: Ein
Schutzgesetz braucht man nicht anzunehmen, wo das zu sichernde Interesse schon anderweitig ausreichend geschützt ist. Ob hier ein solcher
hinreichend umfassender Schutz vorlag, ist mir freilich zweifelhaft.

II. Zusammenfassung

1. Die Bedeutung des § 823 II hängt von der *Art des Schutzgesetzes* ab,
mit dem sich die Vorschrift verbindet: Bei Gesetzen, die bloß die Verletzung der schon durch § 823 I geschützten Rechtsgüter betreffen (wie
§ 230 StGB), hat Abs. 2 neben Abs. 1 des § 823 keine selbständige Bedeutung. Bei Schutzgesetzen, die ein bestimmtes solche Rechtsgüter gefähr-
dendes Verhalten verbieten (wie § 3 StVO), wird gegenüber § 823 I der
Verschuldensbezug verändert. Doch ist auch insoweit die praktische Bedeutung eher gering. Gebraucht wird § 823 II dagegen vor allem, wenn das
Schutzgesetz die durch § 823 I nicht erfaßten Vermögensinteressen sichert
oder die Haftung aus einer Rechtsverletzung auf einen Dritten erstreckt.

2. Die eigentliche Problematik des § 823 II liegt bei den Fragen, ob ein
Gesetz überhaupt ein Schutzgesetz ist[3] sowie nach seinem *Schutzbereich*:
Welche Personen und Rechtsgüter soll es gegen welche Arten von Schä-
digungen schützen? Hierüber ist durch Auslegung des Gesetzes zu entscheiden. Für den Charakter als Schutzgesetz hat u. a. Bedeutung, ob das
verletzte Interesse nicht schon auf andere Weise ausreichend geschützt ist.

§ 10. Vorsätzliche sittenwidrige Schädigung

I. Einzelprobleme

Fall 62 (Das falsche Zeugnis: Vorsatz und Sittenwidrigkeit)

Der Arbeitnehmer *D* hat bei seinem Arbeitgeber *S* einen höheren Geldbetrag verun-
treut. Als *D* das entdeckt, entläßt er den *S* fristlos, dieser wird auch angezeigt und zu
einer Bewährungsstrafe verurteilt. Trotzdem stellt *S* dem *D* auf Bitten von dessen Be-
währungshelfer ein Zeugnis aus, das keine Beanstandung erkennen läßt: *D* habe seine
Aufgaben stets einwandfrei erfüllt. Aufgrund dieses Zeugnisses wird *D* alsbald von *G*
als Buchhalter eingestellt, wo er weitere Veruntreuungen begeht. Ersatzansprüche des
G gegen *S*?

Hier hat *S* kein durch § 823 I geschütztes Rechtsgut des *G* verletzt.
Auch ein Schutzgesetz (§ 823 II) ist nicht verletzt: Die Ausstellung fal-

---

[2] Das ist eine in den §§ 12, 13 PflVG geregelte Anstalt des öffentlichen Rechts. Sie
wird von den Haftpflichtversicherern finanziert und haftet nur höchst subsidiär.
[3] Dazu ausführlich *Canaris*, in: 2. Festschr. f. Larenz, 1983, S. 27 ff.

scher Zeugnisse ist nicht gesetzlich verboten. § 824 kommt gleichfalls nicht in Betracht: Die von S behauptete falsche Tatsache (wenn man nicht überhaupt bloß eine Wertung annehmen will) hat sich nicht auf den geschädigten G bezogen, wie § 824 das nach richtiger Ansicht verlangt.

In Betracht kommt aber § 826. Bei dieser auf die römische *actio de dolo* zurückgehenden Vorschrift läßt sich ein objektiver Tatbestand nicht sinnvoll isolieren. Denn wenn man von der Schuldform (Vorsatz) und der Bewertung (als sittenwidrig) absieht, bliebe bloß die Schadenszufügung übrig. Diese aber ist ganz konturlos. Daher empfiehlt es sich bei § 826, alle Erfordernisse gemeinsam zu prüfen.

Eine Schadenszufügung im Verhältnis S – G ist sicher gegeben. Dagegen kann der Schädigungsvorsatz des S zweifelhaft sein: In erster Linie hat S wohl dem D gefällig sein wollen und gehofft, dieser werde keine weiteren Straftaten begehen. Doch genügt für § 826 bedingter Vorsatz *(dolus eventualis)*. Zudem braucht der Vorsatz nur die Art des Schadens und nicht auch dessen Einzelheiten zu umfassen. Trotzdem bleibt in solchen Fällen die Abgrenzung gegenüber der bewußten Fahrlässigkeit – die für § 826 nicht genügt – schwierig. Insbesondere genügt es für § 826 nicht, daß S bewußt Unwahres bescheinigt hat: Das allein bedeutet ja für G noch keinen Schaden. Insbesondere wird S geltend machen, er habe ebenso wie der Strafrichter bei der Gewährung der Strafaussetzung für die Zukunft ein straffreies Verhalten des D erwartet. Letztlich hängt daher in solchen Fällen die Entscheidung über den Vorsatz von der richterlichen Tatsachenfeststellung ab.[1] Die Bewertung des Verhaltens als sittenwidrig braucht der Vorsatz jedenfalls nicht zu umfassen.

Bejaht man den Vorsatz, so bleibt die Frage nach der Sittenwidrigkeit. Dabei wird zu unterscheiden sein: Wenn der Schädiger ein besonderes Recht ausübt (etwa ein Urteil vollstreckt), kommt Sittenwidrigkeit nur ausnahmsweise in Betracht. Dagegen liegt Sittenwidrigkeit eher vor, wenn sich der Schädiger nur auf die allgemeine Handlungsfreiheit berufen kann. Das zweite trifft für *Fall 62* zu. Zusätzlich spricht hier für Sittenwidrigkeit, daß das Zeugnis besonders weit von der Wahrheit abweicht. Im übrigen hat die Rechtsprechung für viele Fallgruppen konkrete Maßstäbe für die Sittenwidrigkeit entwickelt,[2] die prinzipiell in gleicher Weise wie für § 826 auch für § 138 gelten. Besonders markante Beispiele solcher aus der Sittenwidrigkeit entwickelten Verhaltensmaßstäbe finden sich bei der Kreditsicherung[3] und den Zins für Verbraucherkredite.[4]

---

[1] Vgl. für einen ähnlichen Fall die Erwägungen in *BGH,* NJW 1970, 2291.
[2] Übersichten etwa bei *Larenz,* SBT, § 72 IV; *Palandt-Thomas,* § 826 Anm. 8.
[3] Insbesondere für das Verhältnis Sicherungsglobalzession – verlängerter Eigentumsvorbehalt, vgl. *Baur,* SaR, § 59 VI.
[4] Grundsätzlich *BGHZ* 80, 153, vgl. *Medicus,* AT, § 46 V.

Fall 63 (Der überredete Verkäufer: Eindringen in ein fremdes Schuldverhältnis)

V hat an *G* ein Grundstück notariell (§ 313) verkauft. Die Auflassung (§ 925) oder die Eintragung einer Auflassungsvormerkung (§§ 883, 888) sind jedoch unterblieben. Nun taucht *S* als weiterer Interessent für das Grundstück auf: Er bietet dem *V* einen höheren Kaufpreis und verspricht ihm, ihn von allen Schadensersatzansprüchen des *G* freizustellen. Daraufhin verkauft und übereignet *V* das Grundstück an *S*. Ansprüche *G* – *S*?

Daß hier *V* dem *G* aus dem Kauf wegen vorsätzlich herbeigeführten Unvermögens haftet (§ 325), ist sicher. Dagegen kommt eine kaufvertragliche Haftung des *S* nicht in Betracht. Auch § 823 hilft nicht: *S* hat den *G* nicht an einem der von Abs. 1 erfaßten Rechtsgüter verletzt, sondern an seinem Vermögen. Das Eindringen in fremde Schuldverhältnisse ist auch nicht gesetzlich verboten (Abs. 2). Folglich bleibt bloß § 826 übrig.

Allerdings hat *S* den *G* hier vorsätzlich geschädigt, und er hat das auch ohne besonderes Recht bloß in Ausübung der allgemeinen Handlungsfreiheit getan. Doch wirkt andererseits der Kaufvertrag nur zwischen Verkäufer und Käufer; auch die Sittenordnung hebt diese bloß relative Bindung „nicht auf die Ebene absoluter, gegen jedermann geschützter Rechtspositionen; grundsätzlich verpflichtet sie den außenstehenden Dritten nicht dazu, im Konfliktsfall die eigenen Interessen denen der Vertragspartner nachzusetzen".[5] Daher fällt nach der zutreffenden h. M. das Verleiten eines anderen (hier des *V*) zum Vertragsbruch nicht ohne weiteres unter § 826. Vielmehr wird Sittenwidrigkeit regelmäßig nur dann bejaht, wenn der Schädiger über die bloße Überredung hinaus besondere Mittel eingesetzt hat. So läge es etwa, wenn *S* dem *V* vorgespiegelt hätte, *G* sei zahlungsunfähig. Aber auch in dem Versprechen der Freistellung von Ansprüchen des *G* kann ein solches Mittel wenigstens dann gesehen werden, wenn sich *V* wegen der wirtschaftlichen Stärke des *S* dadurch von jedem Risiko entlastet glauben darf.

Unter dieser Voraussetzung ist in *Fall 63* ein Schadensersatzanspruch *G* – *S* aus § 826 zu bejahen. Mit diesem Anspruch kann *G* übrigens wegen § 249 S. 1 als Herstellung (Naturalrestitution) die Übereignung des Grundstücks verlangen.

II. Zusammenfassung

1. Die Ersatzpflicht aus § 826 kann (vor allem bei Straftaten) mit einer Ersatzpflicht aus den beiden Absätzen des § 823 *zusammentreffen*. Dage-

---

[5] *BGH*, NJW 1981, 2184, 2185.

gen hilft § 826 allein bei primären Vermögensschäden, die nicht unter ein Schutzgesetz fallen.

2. *Der Vorsatz* bei § 826 muß in groben Zügen den Schaden umfassen, jedoch nicht die Bewertung des Schädigerverhaltens als sittenwidrig.

3. Bei dieser Bewertung kann man danach unterscheiden, ob der Schädiger ein besonderes Recht ausübt oder bloß von der allgemeinen Handlungsfreiheit Gebrauch gemacht hat. Im zweiten Fall kommt *Sittenwidrigkeit* eher in Betracht. Doch ist auch hier die Relativität von Schuldverhältnissen zu beachten: Die bloße Überredung des Schuldners zum Vertragsbruch genügt daher nicht.

§ 11. Haftung aus vermutetem Verschulden

I. Haftung für Verrichtungsgehilfen

Fall 64 (Der schadenstiftende Gehilfe: Funktion des § 831)

Der Malermeister *S* schickt seinen Gehilfen *D* zu einem Kunden. Unterwegs zerbricht *D* durch unvorsichtigen Umgang mit einer Leiter, die er zu transportieren hat, bei *G* eine Fensterscheibe. Ersatzansprüche des *G* gegen *S*?

Gewiß haftet hier *D* dem *G* aus § 823 I wegen Eigentumsverletzung. Gewiß ist weiter, daß *S* wegen positiver Forderungsverletzung in Verbindung mit § 278 haften würde, wenn *D* eine Scheibe des Kunden zerbrochen hätte: Insoweit wäre *D* in die Erfüllung der vertraglichen Schutzpflicht des *S* eingeschaltet. Aber gegenüber einer verletzten Person, zu der *S* keine vertraglichen Beziehungen hat, besteht dieser Haftungsgrund nicht.

Man könnte an eine Haftung des *S* aus § 823 I denken: Immerhin hat ja *S*, indem er den *D* mit der Leiter losschickte, eine Ursache für das Zerbrechen der Scheibe gesetzt. Aber daraus hat sich die Verletzung nur mittelbar ergeben, so daß *S* gegen eine Verkehrssicherungspflicht verstoßen haben müßte (vgl. o. § 5 *Fall 26, 27*). Bei § 823 I käme man also zu der Frage, welche Verkehrssicherungspflichten bei der Beauftragung eines Gehilfen bestehen. Auch müßte *G* nach allgemeinen Regeln dem *S* ein Verschulden an dem Pflichtenverstoß nachweisen. Wenn es sich dabei – wie gewöhnlich – um Vorgänge handelt, die im Bereich des *S* liegen, kann dieser Nachweis auf unüberwindliche Schwierigkeiten stoßen.

Hier greift § 831 I mit doppelter Wirkung ein: Erstens stellt die Vorschrift klar, daß der Geschäftsherr bei der Auswahl eines Verrichtungsgehilfen sorgsam vorgehen muß. Ob noch weitere Verkehrssicherungspflichten bestehen, nämlich bei der Beschaffung von Vorrichtungen und Gerätschaften oder bei der Leitung des Gehilfen, läßt § 831 I offen (das kann man eben nicht allgemein entscheiden). Und zweitens kehrt § 831 I in zwei Punkten die Beweislast um: Die schuldhafte Verletzung der Pflicht zu sorgfältiger Auswahl (also eine *culpa in eligendo*) und der etwa sonst noch bestehenden Pflichten wird vermutet. Überdies wird die Kausalität der Pflichtverletzung für den eingetretenen Schaden vermutet. Der Geschäftsherr entgeht der Haftung aus § 831 also nur, wenn er eine dieser beiden Vermutungen durch den Beweis des Gegenteils widerlegt. Das nennt man häufig – ein wenig ungenau – die Exkulpation.

Für *Fall 64* bedeutet das: *D* hat dem *G* in Ausführung der ihm übertragenen Verrichtung widerrechtlich Schaden zugefügt, nämlich dessen Eigentum verletzt. Mehr braucht *G* bei einer Klage gegen *S* nicht zu beweisen. Demgegenüber muß *S* entweder nachweisen, daß er den *D* sorgsam ausgesucht und – sofern das nötig war – im Umgang mit der Leiter unterwiesen hat. Oder *S* muß nachweisen, der Schaden wäre auch durch einen sorgfältig ausgewählten und ggf. unterwiesenen Gehilfen entstanden. Dieser Nachweis des Fehlens der Kausalität kann insbesondere gelingen, wenn *D* sich mit der verkehrserforderlichen Sorgfalt verhalten hat.

Fall 65 (Der überforderte Gehilfe: Organisationsverschulden)

Wie *Fall 64*, doch möge ein einzelner Gehilfe mit dem Transport der unhandlichen Leiter durch die engen Straßen überfordert gewesen sein.

Hier paßt § 831 als Haftungsgrund nicht recht: Das für den Schaden kausale Verschulden des *S* liegt ja weder bei der Auswahl des *D* noch bei der Beschaffung von Geräten oder der Leitung. Vielmehr besteht der Fehler des *S* darin, daß er den *D* allein losgeschickt hat. Das wird als sog. Organisationsverschulden direkt unter § 823 I subsumiert. Hier ist übrigens denkbar, daß *D* selbst mangels eigenen Verschuldens dem *G* nicht aus § 823 I haftet.

Fall 66 (Der sorglose Taxifahrer: Abgrenzung des Verrichtungsgehilfen)

S läßt sich von dem Taxiunternehmer *D* zum Flughafen fahren. Unterwegs ist *D* unaufmerksam und verletzt den Passanten *G*. Hat dieser Ersatzansprüche auch gegen *S*?

Wenn man nur auf den Wortlaut des § 831 schaut, kann man die Vorschrift hier für anwendbar halten: *S* hat ja den *D* zu einer Verrichtung bestellt, und dieser hat in Ausführung der Verrichtung den *G* widerrechtlich verletzt. Doch hat § 831 nach seinem Sinn ein zusätzliches, ungeschriebenes Erfordernis. Man hat dieses früher als soziale Abhängigkeit bezeichnet (die hier für den selbständigen Unternehmer *D* im Verhältnis zu *S* fehlt). Jetzt spricht man häufig von *Weisungsgebundenheit* oder verwendet ähnliche Ausdrücke. Solche Gebundenheit kann man hier nicht ohne weiteres verneinen: Regelmäßig muß der Taxifahrer Weisungen des Fahrgastes befolgen, die sich im Rahmen des Vertrags und der Verkehrsvorschriften halten. Am treffendsten ist wohl die Formulierung, die auf die *Eingliederung des Gehilfen* in Haushalt oder Betrieb des Geschäftsherrn abstellt: Nur der derart Eingegliederte soll Verrichtungsgehilfe sein. Danach scheidet in *Fall 66 D* als Verrichtungsgehilfe des *S* aus; § 831 ist unanwendbar.

Fall 67 (Der alte Fahrer: Einzelheiten zur Exkulpation)

S hat den *D* vor zehn Jahren aufgrund tadelloser Zeugnisse als Fahrer eingestellt. Seitdem hat er sich nicht mehr um die Qualifikation des *D* gekümmert. Darum hat er nicht bemerkt, daß *D* inzwischen mehrfach wegen Trunkenheit im Straßenverkehr verurteilt worden ist. Jetzt verursacht *D* betrunken einen Unfall. Kann *S* sich gegenüber einer Klage des Geschädigten *G* exkulpieren?

Nach dem Wortlaut des § 831 I 2 müßte hier die Exkulpation gelingen. Denn „ausgewählt" worden ist *D* bei seiner Einstellung, und damals war alles in Ordnung. Doch läßt die h. M. mit Recht eine solche einmal angewendete Sorgfalt nicht genügen. Vielmehr muß besonders bei gefährlichen Tätigkeiten das Personal in angemessenen Zeitabständen daraufhin überprüft weren, ob die bei der Einstellung ermittelte Zuverlässigkeit fortbesteht. Auch dies muß *S* also nachweisen; da er das in *Fall 67* nicht kann, haftet er dem *G* nach § 831.

Freilich kann sich das Prinzip einer zu wiederholenden Überprüfung auch zugunsten des Geschäftsherrn auswirken. Das tritt ein, wenn der Gehilfe zwar bei der Einstellung nicht „in Ordnung" war, aber sich inzwischen längere Zeit bewährt hat: Dann kann er im Zeitpunkt einer späteren Schädigung als ordnungsgemäß ausgewählt angesehen werden.

Fall 68 (Der betrunkene Hauswart: allgemeine Aufsichtspflicht)

S hat für sein Mietshaus den sorgfältig ausgewählten *D* als Hauswart angestellt. Dieser betrinkt sich am Faschingsdienstag zum ersten Mal und versäumt es daher am Morgen des folgenden Aschermittwoch, den Bürgersteig bei Glatteis zu streuen. *G* kommt zu Fall und verletzt sich. Hat er Ansprüche gegen *S*?

Nach § 831 könnte *S* sich hier entlasten: *D* war sorgfältig ausgewählt und hatte auch vorher nichts erkennen lassen, was gegen seine Pflichttreue sprach. Doch liegt hier eine Besonderheit vor: Die Verrichtung, zu der *S* den *D* bestellt hatte, betraf die Erfüllung einer den *S* als den Hauseigentümer treffenden Verkehrssicherungspflicht, nämlich der Streupflicht. Hier sagt man, *S* könne seine eigene Sicherungspflicht nicht befreiend auf den *D* übertragen. Auch werde diese Pflicht nicht schon durch die Bestellung eines ordentlich ausgesuchten Gehilfen erfüllt. Vielmehr verwandle sich die Verkehrssicherungspflicht des *S* durch die Bestellung des *D* in eine Aufsichtspflicht. Danach braucht *G* jetzt zwar primär nicht mehr selbst streuen, aber er muß aufpassen, daß der Gehilfe *D* streut.

Freilich ist die Abgrenzung dieser Fälle von § 831 nicht zweifelsfrei. Man kann nämlich auch formulieren, wo der Geschäftsherr durch den

Gehilfen eine eigene Verkehrssicherungspflicht erfüllen wolle, sei er im Rahmen des § 831 aufsichtspflichtig. Jedenfalls aber bleibt immer auch an Verschulden und Kausalität zu denken. Wegen dieser Erfordernisse haftet S in *Fall 69* nicht für den Unfall des G: Auch die sorgfältigste Aufsicht kann nicht verhindern, daß ein Gehilfe einmal versagt.

II. Andere gesetzlich geregelte Fälle

Fall 69 (Der zündelnde Sohn: § 832)

Die Witwe S bewahrt ihre Zündhölzer im obersten Fach ihres Küchenschranks auf. Der 8jährige Sohn D holt sich heimlich eine Schachtel, indem er auf einen an den Schrank gerückten Stuhl steigt. Zunächst trägt D die Schachtel drei Tage lang in seiner Hosentasche herum. Dann spielt er mit den Zündhölzern in der Scheune des G. Diese brennt ab; hat G Ersatzansprüche gegen S?

Ob D selbst aus § 823 I für den Schaden haftet, hängt von seiner nach § 828 II zu beurteilenden Deliktsfähigkeit ab. Unabhängig von einer solchen Eigenhaftung regelt § 832 I die Haftung der kraft Gesetzes (§ 1626) aufsichtspflichtigen Eltern: Diese haften nicht schlechthin für ihre Kinder, sondern nur für eigenes Aufsichtsverschulden. Für dieses gilt aber Entsprechendes wie nach § 831 für das Auswahlverschulden des Geschäftsherrn: Es wird ebenso vermutet wie seine Kausalität für die rechtswidrige Schädigung.

Diese Beweislastverteilung beantwortet jedoch nicht die materiell-rechtliche Vorfrage: Was umfaßt die Aufsichtspflicht der Eltern im einzelnen? Konkret: Durfte S den D unbeaufsichtigt lassen? Waren die Zündhölzer ausreichend verwahrt? Mußte S den Inhalt der Hosentaschen ihres Sohnes kontrollieren? Das BGB gibt auf diese Fragen keine Antwort. Der *BGH* stellt wenig aussagekräftig darauf ab, „was verständige Eltern nach vernünftigen Anforderungen unternehmen müssen, um die Schädigung Dritter durch ihr Kind zu verhindern".[1] Das bedeutet weitgehend eine Verweisung auf die Umstände des Einzelfalls.

Für *Fall 69* kann das etwa bedeuten: Eine unausgesetzte Beaufsichtigung von Kindern ist unmöglich; insoweit kann der S also kein Vorwurf gemacht werden. Ob die Verwahrung der Zündhölzer genügt hat, ist eher fraglich. Regelmäßig dürfte es aber ausreichen, wenn die Zündhölzer der Sicht und der normalen Reichweite des Kindes entzogen werden. Abweichendes würde freilich gelten, wenn D schon vorher durch das Spielen mit Zündhölzern aufgefallen wäre. Nur dann wäre wohl auch eine Kontrolle der Hosentaschen nötig gewesen.

---

[1] *BGH*, NJW 1969, 2139.

Fall 70 (Der schadhafte Weidezaun: §§ 833 S. 2, 834)

Der Bauer *S* hat seine Wiese mit einem elektrisch geladenen Weidezaun umgeben. Der Draht wird von einem Unbekannten zerrissen. Durch die Öffnung gelangt eine Kuh des *S* auf die nahe Autobahn. Dort kann *G* ihr nicht mehr ausweichen; sein Wagen wird schwer beschädigt. Hat *G* Ersatzansprüche gegen *S*?

Hier ist die Kuh ein Haustier, das dem Beruf des Tierhalters *S* dient. Daher besteht für sie nicht die Gefährdungshaftung nach § 833 S. 1 (vgl. u. § 13 *Fall 79*), sondern nur eine Verschuldenshaftung. Freilich setzt § 833 S. 2 eine Aufsichtspflicht des Tierhalters voraus; vermutet werden deren schuldhafte Verletzung und die Kausalität der Pflichtverletzung für den Schaden. Der Tierhalter *S* muß sich also ähnlich exkulpieren wie der Geschäftsherr bei § 831 und die Eltern bei § 832. Und auch bei § 833 S. 2 muß wieder nach den Umständen bestimmt werden, was die Aufsichtspflicht im einzelnen umfaßt.

Für *Fall 70* kann man zunächst fragen, ob ein funktionierender elektrischer Weidezaun überhaupt ausreicht. Das ist regelmäßig zu bejahen. Weiter muß man fragen, in welchen Zeitabständen *S* das Funktionieren des Zauns zu prüfen hatte. Dabei spielt außer der Nähe der Autobahn eine Rolle, ob der Zaun etwa schon vorher einmal versagt hat. Wenn *S* die Erfüllung der sich hiernach ergebenden Prüfungspflicht nicht nachzuweisen vermag, kommt es noch auf die Kausalität seines Versäumnisses für den Schaden an: Hätte dieser durch die Erfüllung der Pflicht vermieden werden können? Da auch diese Kausalität vermutet wird, wirkt sich eine Ungewißheit wieder zu Lasten des *S* aus. Das gilt vor allem, wenn sich nicht feststellen läßt, wann die Lücke in dem Zaun entstanden ist: Liegt dieser Zeitpunkt womöglich schon so lange vor dem Unfall, daß die Lücke bei pflichtgemäßer Kontrolle hätte festgestellt und beseitigt werden können, so haftet *S*.

Eine gleiche Haftung wie den Tierhalter nach § 833 S. 2 trifft übrigens auch den Tierhüter (Tieraufseher) nach § 834.

Fall 71 (Der schädliche Dachziegel: §§ 836–838)

S ist Eigentümer eines Hauses, das *T* gemietet hat. Bei einem heftigen Sturm fällt von dem Hausdach ein Ziegel auf den parkenden Kraftwagen des *G;* der Wagen wird beschädigt. Ersatzansprüche des *G* gegen *S* und *T*?

Nach § 823 I (Eigentumsverletzung) käme man wieder zu der Frage, ob *S* und *T* eine etwa hinsichtlich des Hauses bestehende Verkehrssicherungspflicht schuldhaft verletzt haben. Hierfür bringen die §§ 836–838 jedoch eine Spezialregelung, die außer Gebäuden auch andere „mit einem Grundstück verbundene Werke" (z. B. Strommasten, Baugerüste) umfaßt. Hier überall wird eine Aufsichtspflicht vorausgesetzt und ihre schuldhafte Verletzung vermutet; anders als bei den §§ 831–834 gibt es hier freilich keine Vermutung für die Kausalität. Dabei trifft die Pflicht regelmäßig den Eigenbesitzer (§ 872) des Grundstücks, § 836 I, III, unter Umständen sogar ein Jahr über die Besitzzeit hinaus, § 836 II. Neben dem Eigenbesitzer haften bestimmte Unterhaltungspflichtige, § 838, an seiner Stelle auch ein Teilbesitzer, § 837.

Konkret bedeutet das: S ist trotz der Vermietung (mittelbarer, § 868) Eigenbesitzer geblieben. Er haftet daher, wenn er nicht nachweist, er habe seine Pflicht erfüllt, also insbesondere in angemessenen Abständen das Dach auf lose Ziegel kontrolliert. Dagegen kommt eine Haftung des Mieters *T* nur nach § 838 in Betracht, nämlich wenn er über seine in den §§ 535 ff. bestimmten Mieterpflichten hinaus die Unterhaltung des Hauses übernommen hatte.

Fall 72 (Das unaufklärbare Verschulden des Fahrers: § 18 StVG)

Der Fahrzeughalter *D* verleiht seinen Kraftwagen an *S*. Dieser wird in einen Unfall verwickelt, bei dem *G* Verletzungen erleidet. Was kann *G* von *S* verlangen?

Hier geht es nicht um die verschuldensunabhängige Haftung des Halters *D* (§ 7 StVG, vgl. u. § 14), sondern um die Haftung des vom Halter verschiedenen Fahrers *S*. Dieser haftet nicht schon aus bloßer Gefährdung, sondern nur bei Verschulden. Für Ansprüche aus §§ 823 I, II BGB mit 230 StGB, 847 BGB muß der Geschädigte *G* dieses Verschulden nachweisen. Zusätzlich bestimmt jedoch § 18 StVG eine Haftung aus vermutetem Verschulden: Hier muß *S* also nachweisen, daß ihn kein Verschulden trifft; die Unaufklärbarkeit geht insoweit zu seinen Lasten. Freilich richtet sich diese Haftung in den Einzelheiten primär nicht nach dem BGB, sondern nach dem StVG; sie umfaßt also insbesondere kein Schmerzensgeld. Bei Unaufklärbarkeit der Verschuldensfrage bekommt *G* folglich nur aus § 18 StVG einen beschränkten (vgl. u. § 14 *Fall 84*) Schadensersatz.

III. Die Produzentenhaftung (Produkthaftung) und ähnliches

Fall 73 („Hühnerpest": Haftung für Eigentumsverletzung durch einen Produktmangel)

Der Tierarzt *D* impft auf der Hühnerfarm des *G* dessen Hühner gegen die Hühnerpest. Dazu verwendet *D* ein von dem Hersteller *S* bezogenes Serum. Weil dieses mangelhaft ist, erkranken die Hühner an der Pest, statt gegen sie immun zu werden. Ansprüche des *G*?

Dieser Fall hat zu einer berühmten und überaus folgenreichen Entscheidung des *BGH*[2] geführt, die alle Aspekte gründlich erörtert. Dieses Urteil sollte jeder Student gelesen haben. Hier seien nur die wichtigsten Aspekte angeführt.

---

[2] *BGHZ* 51, 91 v. 26. 11. 1968, VI ZR 212/66.

Vorausgeschickt werden muß, daß Ersatzansprüche gegen den Tierarzt *D* nicht in Betracht kommen. Denn für Vertragsansprüche fehlt es
an einem von *D* zu vertretenden Verschulden: Eigenes Verschulden
kommt regelmäßig nicht in Betracht (anders aber etwa, wenn *D* das Serum gedankenlos weiterverwendet, nachdem es sich einmal als schädlich
erwiesen hat). Und für ein etwa vorliegendes Verschulden bei *S* hat *D*
nicht nach § 278 einzustehen, weil *S* nicht Erfüllungsgehilfe des *D* ist: *D*
schuldet ja nicht die Herstellung des Serums, so daß *S* in die Erfüllung
dieser Pflicht des *D* eingeschaltet wäre. Für Deliktsansprüche gegen *D*
fehlt es gleichfalls regelmäßig an einem Verschulden. Endlich scheitert
auch eine Drittschadensliquidation (*D* macht gegenüber *S* den Schaden
des *D* geltend, vgl. u. § 21 *Fall 129*).

Danach bleiben nur Ansprüche des *G* gegen den Produzenten *S*. Zwischen diesen beiden Personen besteht kein Vertrag. Der *BGH* hat es
auch abgelehnt, Ansprüche des *G* aus dem zwischen *D* und *S* bestehenden Kaufvertrag über das Serum abzuleiten: *G* sei nicht in den Schutzbereich dieses Vertrags einbezogen (vgl. u. § 21 *Fall 131*. Danach blieb für
eine Haftung des *S* nur noch eine deliktische Begründung übrig.

In dem entschiedenen Fall ließ sich nun aber nicht aufklären, wie es bei
S zu dem Mangel des Serums gekommen war. Ein Anspruch *G – S* aus
§ 823 I (Eigentumsverletzung) schien also am Fehlen des Verschuldens-
nachweises zu scheitern. Und die Beweislastumkehr nach § 831 I
(vgl. o. *Fall 64*) nutzte dem *G* deshalb nichts, weil sein Schaden ja nicht
auf einen Verrichtungsgehilfen des *S* zurückgehen mußte. Trotzdem hat
der *BGH* eine Beweislastumkehr angenommen: Hinter den §§ 831–838
stehe überwiegend der Gedanke, „daß der Schädiger eher als der Geschädigte in der Lage ist, die für den Vorwurf der Fahrlässigkeit maßgeblichen Vorgänge aufzuklären". Daher sei es gerecht, den Schädiger das
Risiko einer Unaufklärbarkeit tragen zu lassen. Das treffe auch für den
Produzenten zu: Nur dieser überblicke die Produktionssphäre; er be-
stimme und organisiere den Herstellungsprozeß und die Auslieferungs-
kontrolle der fertigen Produkte. Die verwickelte Organisation und die
Größe der Betriebe mache es dem Geschädigten praktisch unmöglich,
die Ursache des schadenstiftenden Fehlers aufzuklären. Daher brauche
der Geschädigte regelmäßig nur nachzuweisen, „daß ein Schaden im
Organisations- und Gefahrenbereich des Herstellers, und zwar durch einen objektiven Mangel oder Zustand der Verkehrswidrigkeit, ausgelöst
worden" sei. Demgegenüber müsse sich der Hersteller dann entlasten,
also seine Schuldlosigkeit an dem Fehler nachweisen. Die (häufig vorkommende) Unaufklärbarkeit geht folglich zu Lasten des Herstellers.
Dessen Haftung ist durch diese Entscheidung einer verschuldensunabhängigen Gefährdungshaftung erheblich angenähert worden. Insbesondere hat in *Fall 73* der Hersteller des Serums Schadensersatz leisten müssen.

Fall 74 („Schwimmerschalter": Hersteller als Verkäufer; der „weiterfressende Schaden")

S stellt Reinigungs- und Entfettungsanlagen für Industrieerzeugnisse her. In den Geräten wird durch elektrisch erhitzte Drähte eine Chemikalie verdampft. Dabei soll ein Schwimmerschalter den Strom abstellen, wenn die Drähte nach dem Verdampfen der Flüssigkeit freiliegen. *G* kauft eine solche Anlage. Weil der Schwimmerschalter versagt, gerät diese in Brand. Dabei entsteht Schaden an der Anlage selbst und an den Vorräten des *G*. Hat dieser deliktische Ersatzansprüche gegen *S?*

Im Gegensatz zu *Fall 73* besteht hier zwischen dem Hersteller *S* und dem Abnehmer *G* ein Vertrag; die etwa hieraus entstandenen Ansprüche waren aber nach § 477 verjährt. Der *BGH*[3] mußte also zunächst entscheiden, ob die deliktische Produzentenhaftung, die für den Fall des Fehlens eines Vertrages zwischen dem Produzenten und dem Geschädigten entwickelt worden war, auch beim Vorliegen eines solchen Vertrages anwendbar sein sollte. Das hat der *BGH* bejaht: Zwischen Schadensersatzansprüchen aus Vertrag und solchen aus Delikt bestehe eine echte Anspruchskonkurrenz mit der Folge, daß der eine Anspruch unabhängig von dem anderen sei (vgl. o. § 2 *Fall 5*). Dieses Argument überzeugt freilich nicht ganz, weil es den bloß lückenfüllenden Charakter der Produzentenhaftung vernachlässigt.

Fall 74 hat aber noch eine weitere Besonderheit: Ein wesentlicher Teil des Schadens war an der Kaufsache selbst entstanden und nicht an anderen Sachen des Geschädigten. Hier war also das (bloß aus Vertrag zu ersetzende) *Leistungsinteresse* des Käufers gegen dessen (aus Delikt zu ersetzendem) *Integritätsinteresse* abzugrenzen. Der *BGH* läßt vom Integritätsinteresse auch den Fall umfaßt sein, daß zunächst nur ein funktionell abgegrenzter Teil der Kaufsache mangelhaft ist (hier der Schwimmerschalter) und daß dieser Mangel sich dann auf die übrigen Teile der Anlage ausbreitet. Später[4] hat der *BGH* das dahin präzisiert: Entscheidend sei, ob der ursprünglich vorhandene Mangel mit dem später hervorgetretenen Schaden „stoffgleich" sei (dann bloß Vertragsansprüche) oder nicht. Das letzte Wort ist aber auch mit dieser Formulierung gewiß noch nicht gesprochen; die Abgrenzung bleibt zweifelhaft.

Fall 75 („Kupolofen": Erweiterung der Beweislastumkehr über die Produzentenhaftung hinaus)

S betreibt einen Kupolofen zum Einschmelzen von Roheisen und Rohstahl. *G*, der bei einer benachbarten Firma beschäftigt ist, pflegt seinen Pkw auf deren Parkplatz abzustellen. An Lack, Glas und Chrom des Wagens zeigen sich bald Schäden. *G* führt diese auf unzulässig starke Emissionen von Eisenoxyd durch *S* zurück und verlangt von diesem Schadensersatz. *S* bestreitet die übermäßigen Emissionen.

---

[3] *BGHZ* 67, 359.
[4] In *BGHZ* 86, 256 (260 f.); *BGH*, VersR 1983, 346; Betrieb 1985, 1833.

Hier geht es nicht um Produzentenhaftung, weil G nicht durch die Produkte des S geschädigt worden ist. Vielmehr hat der BGH[5] in diesem Fall die Behauptungs- und Beweislast analog § 906 II 1 beurteilt und sich dabei auf seine Rechtsprechung zur Produzentenhaftung bloß unterstützend berufen: So wie der Emittent gegenüber einem Unterlassungsanspruch (§ 1004, vgl. u. § 21 *Fall 132*) seines Nachbarn beweisen müsse, daß die Emission ortsüblich sei und durch zumutbare Maßnahmen nicht verhindert werden könne (§ 906 II 1), gelte das weithin auch gegenüber einem Schadensersatzanspruch aus § 823 I. Denn ebenso wie bei der Produzentenhaftung sei dem Geschädigten „die Einsicht in die Verhältnisse, unter denen der Emittent sein emittierendes Unternehmen betrieben hat, entzogen. Andererseits gehört es zur Verkehrssicherungspflicht des Emittenten, die erforderliche Kontrolle zur Einhaltung unschädlicher Emissionswerte zu schaffen." Mit dieser Begründung ist dem Geschädigten Ersatz unter der Voraussetzung zugesprochen worden, daß die Schäden an seinem Pkw nachweislich von den Emissionen des Kupolofens stammten.

Fall 76 („Apfelschorf": Unwirksamwerden des Produkts; Beobachtungspflicht)

G ist Obstbauer. Nachdem er seine Apfelbäume zunächst mit Kontaktfungiziden gegen Apfelschorf geschützt hat, verwendete er 1974 ein von S hergestelltes systemisches Fungizid. Dieses hatte zwar bisher gut gewirkt, doch verlor es 1974 seine Wirksamkeit: Es hatten sich nämlich resistente Stämme des Apfelschorf-Pilzes gebildet. G verlangt von S den Ersatz seiner Ernteverluste.

Auch hier geht es nicht um einen „einfachen" Fall der Haftung des Produzenten für schädliche Nebenfolgen seines Produkts wie in dem Hühnerpestfall (o. *Fall 73*). Vielmehr beruht der Schaden des G auf der Wirkungslosigkeit des Produkts. Diese allein betrifft das Leistungsinteresse und kann daher Rechtsfolgen bloß nach Kaufrecht auslösen (Wandlung, Minderung, Schadensersatz wegen Nichterfüllung nach § 463). Hier kommt aber noch hinzu, daß sich die Verletzung des Eigentums an den Äpfeln hätte vermeiden lassen, wenn G weiter die Kontaktfungizide verwendet hätte. Daher ist der objektive Tatbestand des § 823 I erfüllt. Doch wird nach allgemeinen Regeln damit die Rechtswidrigkeit noch nicht indiziert, weil es sich bloß um eine mittelbare Verletzung handelt (vgl. o. § 5 *Fall 26*).

Der BGH[6] hat zwar auch hier eine über das Absetzen der Ware hinausreichende Verkehrssicherungspflicht des Produzenten bejaht: Dieser müsse sein Produkt fortlaufend beobachten und nötigenfalls die Verwender warnen (sog. Produktbeobachtungspflicht). Dazu müsse auch

---

[5] *BGHZ* 92, 143 (147 ff.).
[6] *BGHZ* 80, 186; 199 (zwei Entscheidungen!).

der Fortgang der Entwicklung von Wissenschaft und Technik verfolgt
werden; ein Großunternehmen habe hierzu „das gesamte internationale
Fachschrifttum" auszuwerten. In dem Prozeß sind unter diesem Gesichtspunkt denn auch australische, russische und japanische Veröffentli-
chungen erörtert worden.[7] Danach ließ sich aber nicht feststellen, *S* habe
schon im Frühjahr 1974 mit dem Unwirksamwerden seines Fungizids
rechnen müssen. Und eine Umkehr der Beweislast hat der *BGH* für das
Vorliegen eines Instruktionsfehlers abgelehnt. Daher sind Ersatzansprüche des *G* verneint worden.

IV. Zusammenfassung

1. Die in § 831 geregelte Haftung für *Verrichtungsgehilfen* erfaßt Fälle
der mittelbaren Verletzung durch den Geschäftsherrn. Hierfür bestimmt
§ 831 als Minimum eine Verkehrssicherungspflicht des Geschäftsherrn
zur sorgfältigen Auswahl seiner Gehilfen. Weitere Verkehrssicherungspflichten (etwa zur Anleitung) können sich aus den Umständen ergeben.
Doch versteht die h. M. mit Recht auch die Pflicht zur Sorgfalt bei der
Auswahl im Sinne einer Pflicht zu laufender Überwachung.

Die schuldhafte Verletzung der danach bestehenden Verkehrssicherungspflichten und die Kausalität dieser Verletzung für den eingetretenen Schaden werden *vermutet*. Der Geschäftsherr muß sich entlasten
(„exkulpieren"), indem er eine dieser beiden Vermutungen widerlegt.

Die Haftung des Geschäftsherrn für ein *Organisationsverschulden* und
für eine Verletzung der aus einer Verkehrssicherungspflicht entstandenen *allgemeinen Aufsichtspflicht* wird direkt aus § 823 I hergeleitet.

2. Die §§ *832, 833 S. 2, 834, 836–838* enthalten Regelungen, die denjenigen des § 831 ähneln; insbesondere muß sich auch hier ein Verkehrssi-
cherungspflichtiger „exkulpieren".

3. Bei der *Fahrerhaftung* nach § 18 StVG geht es zwar regelmäßig nicht
um mittelbare Verletzungen. Auch hier vermutet das Gesetz aber ein
Verschulden. Aus diesem vermuteten Verschulden wird jedoch nur im
Rahmen des StVG gehaftet. Deshalb bleibt daneben (vor allem wegen
des Schmerzensgeldes) der Verschuldensnachweis sinnvoll, um die Haftung des Fahrers auch aus §§ 823 I, 847 zu begründen.

4. Die Rechtsprechung hat die Beweislastumkehr nach den §§ 831 ff.
auf *Ansprüche gegen den Produzenten* (oder den ihm gleichstehenden Im-
porteur) erweitert, dessen mangelhaftes Produkt zu unter § 823 I fallenden Verletzungen geführt hat. Diese verschärfte Deliktshaftung soll auch
dann gelten, wenn zwischen dem Produzenten und dem Geschädigten
ein Vertrag besteht; sie soll sogar solche Schäden an dem Produkt selbst

---

[7] *BGHZ* 80, 199 (204 f.).

umfassen, die mit dem ursprünglichen Mangel nicht „stoffgleich" sind. Eine ähnlich wirkende Beweislastumkehr soll in Anlehnung an § 906 II 1 auch für Emissionen aus einem Produktionsvorgang gelten. Endlich verpflichtet der *BGH* den Produzenten zu einer fortlaufenden Beobachtung der Produkte und ggf. zu einer Warnung der Abnehmer; insoweit soll aber eine Pflichtverletzung nicht vermutet werden.

§ 12. Amtspflichtverletzung

I. Die Besonderheit der Amtsausübung

Fall 77 (Der unvorsichtige Polizist: Sonderregelung für Amtspflichtverletzungen)

Der Polizist *S* des Landes *T* gibt bei der Verfolgung eines Bankräubers einen Warnschuß ab. Dieser Schuß verletzt den Passanten *G*, den *S* fahrlässig nicht gesehen hatte.

Wenn es keine Sonderregelung gäbe, würde hier *S* ohne Einschränkung nach § 823 I und *T* mit der Exkulpationsmöglichkeit nach § 831 haften. Demgegenüber bestimmt § 839 bloß eine Eigenhaftung des schuldhaft seine Amtspflicht verletzenden Beamten. Dieser Rechtszustand ist aber aus zwei Gründen unbefriedigend: Erstens kann der Geschädigte nur auf den oft nicht sehr zahlungsfähigen Beamten greifen und nicht auf den Staat, mit dessen Aufgaben die Schädigung zusammenhängt. Der durch einen Beamten Verletzte stünde danach schlechter als jemand, den ein gewöhnlicher Verrichtungsgehilfe verletzt hat. Und zweitens muß der Beamte weitreichende Ersatzansprüche fürchten, was seine Amtsausübung negativ zu beeinflussen vermag; daß der fahrlässige Beamte nach § 839 I 2 bloß subsidiär haftet, nutzt ihm nichts, wenn der Geschädigte nicht anderweitig Ersatz erlangen kann.

Die in § 839 angeordnete Rechtslage hat nie unverändert gegolten. Denn schon 1900 beim Inkrafttreten des BGB haftete in einzelnen Ländern neben oder anstelle des Beamten der Staat (vgl. den landesrechtlichen Vorbehalt in Art. 77 EG BGB). Das gilt seit 1910 auch für Reichsbeamte und seit der Weimarer Reichsverfassung von 1919 allgemein. Heute findet sich die einschlägige öffentlichrechtliche Norm in Art. 34 GG: Danach sollen der Staat oder die Körperschaft, in deren Diensten der Schadenstifter steht, grundsätzlich verantwortlich sein, wenn „jemand in Ausübung eines ihm anvertrauten öffentlichen Amtes die ihm einem Dritten gegenüber obliegende Amtspflicht" verletzt.

Dieser Art. 34 GG enthält aber keine vollständige Regelung. Das zeigt sich schon daran, daß dort das Verschuldenserfordernis nicht erwähnt wird. Art. 34 GG muß also zusammen mit § 839 gelesen werden. Dabei verändert der „stärkere" Art. 34 GG den § 839 weithin: Es wird nicht bloß die in § 839 geregelte Eigenhaftung des Beamten durch die Haftung des Staates oder der Körperschaft ersetzt. Vielmehr umfaßt die „Ausübung eines öffentlichen Amtes" auch Dinge, die von Nichtbeamten erledigt werden. Daher ist durch das Zusammenwirken von Art. 34 GG und § 839 eine überaus komplizierte Rechtslage entstanden. Dazu treten noch ähnliche Ansprüche aus Enteignung, enteignungsgleichem Eingriff und Aufopferung. Dies alles wird in einem eigenen Band dieser Reihe behandelt[1] und soll daher hier nicht erörtert werden.

Fall 78 (Straßenausbesserung: Abgrenzung der Amtshaftung)

Bei Straßenausbesserungen durch das Land Baden-Württemberg wird ein von *T* gesteuerter Lastzug des Landes eingesetzt. Der Lastzug kommt, mit leeren Teerfässern beladen, von der Baustelle, um für diese mit Schotter beladen zu werden. Da *T* zu schnell fährt, stößt er mit *G* zusammen, der verletzt wird. Ansprüche des *G* gegen das Land?

Hier haftet das Land jedenfalls nach § 7 StVG als Halter des Lastzugs (diese Haftung besteht auch neben derjenigen aus § 839 BGB, Art. 34 GG). Damit erhält *G* aber kein Schmerzensgeld. Hierfür sind zwei andere Grundlagen denkbar: (1) Haftung des *T* nach §§ 823 I, 847 und des Landes nach §§ 831, 847, also mit der Möglichkeit der Exkulpation; (2) Haftung des Landes nach §§ 839, 847 BGB, Art. 34 GG; eine Eigenhaftung des *T* gegenüber *G* entfällt dann.

Die Wahl zwischen beiden Alternativen hängt davon ab, ob *T* bei dem Transport „in Ausübung eines ihm anvertrauten öffentlichen Amtes" gehandelt hat: Nur dann gelten die §§ 839, 847 BGB, Art. 34 GG. In dem Prozeß war argumentiert worden, der Transport von leeren Teerfässern oder Schotter könne von jedem privaten Unternehmer ausgeführt werden und sei daher allein nach Privatrecht zu beurteilen. Der *BGH*[2] dagegen hat den konkreten Zweck der Tätigkeit berücksichtigt: Die Herstellung und Erhaltung der Verkehrswege bilde einen Teil der öffentlichen Verwaltung und stelle hoheitliche Tätigkeit dar. Daß dabei weithin kein Zwang eingesetzt, sondern im Rahmen der „schlichten Hoheitsverwaltung" vorgegangen werde, sei unerheblich. Auch Tätigkeiten, „die lediglich im inneren Dienstbereich der Vorbereitung der eigentlichen hoheitsrechtlichen Maßnahme dienten", bildeten mit dieser regelmäßig eine Einheit. Daher hat der *BGH* auch die der Straßenausbesserung dienenden Fahrten zur „Ausübung eines öffentlichen Amtes" gerechnet; gehaftet wird dem *G* also nach der Alternative (2).

---

[1] *Ossenbühl*, Staatshaftungsrecht, 1976.
[2] *BGH*, NJW 1967, 796.

II. Zusammenfassung

1. Die in § 839 BGB, Art. 34 GG geregelte Amtshaftung *verdrängt die Haftung nach allgemeinem Privatrecht weithin;* nicht verdrängt wird jedoch die Halterhaftung aus § 7 StVG.

2. Die Amtshaftung kann *durch jeden* (nicht bloß durch einen Beamten) *ausgelöst werden, der ein ihm anvertrautes öffentliches Amt ausübt.* Diese Amtsausübung umfaßt auch Maßnahmen der schlichten Hoheitsverwaltung einschließlich der vorbereitenden Tätigkeiten. Daß diese ebensogut privatrechtlich wahrgenommen werden könnten, spielt keine Rolle.

3. Teil. Haftung aus Gefährdung

§ 13. Die Tierhalterhaftung

I. Einzelprobleme

Fall 79 (Der bissige Hund: Luxustiere, Umfang der Tierhalterhaftung)

G besucht seinen Freund *S* in dessen Einfamilienhaus. Als *G* nach dem Klingeln an der Eingangstür wartet, wird er von dem Hund des *S* angegriffen und verletzt. Ansprüche des *G* gegen *S*?

Hier kommt schon nach dem oben § 11 zu *Fall 70* Gesagten eine Haftung des *S* nach § 833 S. 2 aus vermutetem Verschulden in Betracht: *S* haftet allemal, wenn er nicht nachweist, daß er den Hund ordentlich beaufsichtigt hat oder daß der Schaden auch bei ordentlicher Aufsicht entstanden wäre.

Diese Haftung aus vermutetem Verschulden allein gilt für Haustiere, die dem Beruf, dem Erwerb oder dem Unterhalt des Tierhalters dienen. Auf den Hund des *S* träfe das etwa dann zu, wenn *S* in seinem Haus mit Antiquitäten handelte und der Hund diese bewachen sollte. Wenn der Hund dagegen keinem solchen privilegierten Zweck dient, ist die Haftung nach § 833 S. 1 schärfer: Sie setzt dann kein (auch bloß vermutetes) Verschulden voraus, ja nicht einmal Rechtswidrigkeit. Vielmehr knüpft sie sich allein an diejenige Gefährdung, die mit der Haltung eines Luxustieres oder eines Tieres, das kein Haustier darstellt, verbunden ist. Die Rechtsordnung erlaubt eine solche gefährliche Tierhaltung gleichsam nur um den Preis einer Haftung ohne weitere Voraussetzungen.

Dabei ist die Tierhalterhaftung in den Einzelheiten schärfer als andere Gefährdungshaftungen: Erstens ist sie nämlich ziffernmäßig unbegrenzt (vgl. u. § 14 *Fall 84*). Und zweitens umfaßt sie auch ein Schmerzensgeld: § 847 I verlangt ja kein Verschulden, sondern er sagt nur, daß die Haftung „auch wegen des Schadens" eintritt, „der nicht Vermögensschaden ist". Für § 847 genügt also eine Haftung wegen der Verletzung von Körper, Gesundheit oder Freiheit nach den §§ 823 ff. BGB, auch wenn diese Haftung kein Verschulden erfordert.

Fall 80 (Reiterstolz: Schutzzweck der Tierhalterhaftung)

S übt mit seinem Pferd das „Angaloppieren im Außengalopp", das jedoch nicht recht klappt. *G*, ein erfahrener Turnierreiter, der das Pferd zudem von früher kennt, beobachtet die Bemühungen des *S* etwa eine Viertelstunde lang. Dann ruft er dem *S* zu: „Laß mich mal". Daraufhin überläßt *S* das Pferd dem *G*; dieser wird beim Aufsteigen von dem Tier verletzt. Ersatzansprüche des *G* gegen *S*?

Der bloße Wortlaut des § 833 S. 1 läßt keinen Grund erkennen, dessentwegen S hier nicht zu haften bräuchte. Insbesondere enthält die Vorschrift – anders als das StVG (vgl. u. § 14 *Fall 83*) – keine Ausnahme zu Lasten des Benutzers. Es bedeutete auch eine Unterstellung, hier einen zwischen G und S stillschweigend (konkludent) vereinbarten Haftungsausschluß anzunehmen. Endlich liegt zwischen G und S auch keine Leihe des Pferdes vor, so daß die Haftungsmilderung nach §§ 599, 600 womöglich auch den Anspruch aus § 833 S. 1 verdrängen könnte (vgl. o. § 2 *Fall 6*). Vielmehr bildet die Überlassung hier bloß eine außervertragliche Gefälligkeit.[1]

Dennoch hat der *BGH*[2] in einem solchen Fall die Tierhalterhaftung verneint: G habe die Herrschaft über das Pferd vorwiegend im eigenen Interesse (nämlich um seine überlegenen Reitkünste zu beweisen) und in Kenntnis der damit verbundenen Tiergefahr übernommen. Dieses eigene Interesse kompensiere den Nutzen, den der Tierhalter von dem Tier habe und der dessen Gefährdungshaftung rechtfertige. Daher treffe hier der Schutzzweck des § 833 S. 1 nicht mehr zu. Doch läßt sich diese Erwägung nicht etwa auf alle Fälle der Benutzung eines fremden Tieres übertragen.

II. Zusammenfassung

1. § 833 S. 1 begründet für alle Tiere, die nicht Haustiere sind oder nicht dem Beruf, Erwerb oder Unterhalt des Halters dienen, eine von Rechtswidrigkeit und Verschulden unabhängige *Haftung des Halters.* Diese stellt den Ausgleich dafür dar, daß die Rechtsordnung die besonders gefährliche (kein Haustier) oder sozial unnötige (Luxustier) Tierhaltung erlaubt.

2. Die Haftung aus § 833 S. 1 ist *strenger als andere Gefährdungshaftungen:* Sie kennt keine Höchstbeträge und umfaßt auch ein Schmerzensgeld.

3. Gehaftet wird grundsätzlich *auch dem Benutzer* des Tieres. Ausnahmsweise kann die Haftung aber durch ein besonderes Eigeninteresse des Benutzers ausgeschlossen werden.

---

[1] Ob hierfür die §§ 599, 600 wenigstens analog gelten, läßt *BGH,* NJW 1974, 234, 235, ausdrücklich offen.
[2] *BGH,* NJW 1974, 234.

§ 14. Die Haftung des Kraftfahrzeughalters

I. Einzelprobleme

Fall 81 (Der Kurzschluß: Grundzüge der Halterhaftung)

S fährt mit seinem Pkw nachts über die Landstraße. Plötzlich kommt es zu einem Kurzschluß in der elektrischen Anlage; der Wagen bleibt stehen. *S* holt sofort das Warndreieck hervor, um es hinter dem unbeleuchteten Wagen aufzustellen. Doch bevor das gelingt, fährt *G* mit seinem Wagen auf das Hindernis. Dabei wird *G* verletzt, sein Wagen wird beschädigt. Ersatzansprüche des *G*?

Für einen Ersatzanspruch aus § 823 I (Körper- und Eigentumsverletzung) ist ein Verschulden des *S* nötig. Ein solches kann vorliegen, etwa wenn *S* die elektrische Anlage seines Wagens nicht ausreichend gepflegt hatte. Aber es wäre kaum angemessen, die Haftung des *S* von einem solchen womöglich auch schwer nachweisbaren Verschulden abhängig zu machen. Denn der Grundgedanke der Tierhalterhaftung trifft auch für Kraftfahrzeuge zu: Wer zu seinem Nutzen eine besondere Gefahr für andere schafft, soll die hieraus folgenden Schäden an Leben, Körper, Gesundheit und Eigentum verschuldensunabhängig ersetzen müssen.

Die Einzelheiten regelt für Kraftfahrzeuge (das sind durch Maschinenkraft bewegte, nicht an Schienen gebundene Landfahrzeuge, § 1 II StVG) der praktisch überaus wichtige § 7 StVG: Grundsätzlich haftet der Halter (Abs. 1). Eine Ausnahme gilt bei Vorliegen eines unabwendbaren Ereignisses (Abs. 2 S. 1 am Anfang, S. 2). Davon besteht aber eine Unterausnahme, wenn das Ereignis „auf einem Fehler in der Beschaffenheit des Fahrzeugs (oder) auf einem Versagen seiner Verrichtungen beruht" (Abs. 2 S. 1 am Ende).

In *Fall 81* kann man zwar, wenn *S* den Wagen ordentlich gewartet hatte, an ein unabwendbares Ereignis denken. Aber dieses trifft jedenfalls mit einem Versagen der Verrichtungen des Fahrzeugs zusammen: *S* haftet also. Doch ist diese Haftung nach § 12 StVG ziffernmäßig begrenzt (vgl. u. *Fall 84*); auch umfaßt sie kein Schmerzensgeld. Daher bleiben auch die nach § 16 StVG konkurrierenden Ansprüche aus allgemeinem Deliktsrecht (insbesondere aus §§ 823 I, 847) interessant.

Fall 82 (Der haltende Lkw: Betriebsbegriff)

S hat seinen Lkw im Winter vor einer Baustelle angehalten, um dort Baumaterial abzuladen. Da es neblig ist, sieht der rasch mit seinem Wagen kommende *G* das Hindernis nicht rechtzeitig und fährt auf. Ersatzansprüche des *G* wegen seines bei dem Aufprall entstandenen Körper- und Eigentumsschadens gegen *S*?

Im Augenblick des Unfalls war hier das Fahrzeug des *S* nicht in Bewegung, ja der Motor lief nicht einmal. Daher könnte man § 7 StVG für unpassend halten, weil sich nicht das eigenartige Risiko eines Kraftfahrzeugs verwirklicht habe, sondern nur dasjenige eines unbewegten Hindernisses. Eine solche „maschinentechnische" Auffassung ginge aber an den Bedürfnissen des modernen Straßenverkehrs vorbei: In diesem kann nämlich ein stehendes Hindernis gefährlicher sein als ein Fahrzeug, das sich mit der normalen Geschwindigkeit bewegt. Daher wird das Erfordernis des § 7 StVG, die Verletzung müsse sich „bei dem Betrieb" eines Kraftfahrzeugs ereignet haben, mit Recht weit verstanden: Zu diesem Betrieb rechnen regelmäßig auch Zeiten, in denen das Fahrzeug zwar stillsteht (vielleicht wegen einer Panne auch gar nicht fahren kann),[1] aber für den Verkehr gefährlich geblieben ist. Das trifft auch für den Lkw des *S* in *Fall 82* zu. Anders wäre dagegen zu entscheiden, wenn *S* den Wagen zum Entladen auf ein privates Grundstück gefahren hätte.

Fall 83 (Das fremde Auto: Grenzen der Halterhaftung)

S überläßt seinen Wagen seinem Freund *G* zu einer Wochenendfahrt. Dieser nimmt seine Freundin *H* mit. Unterwegs kommt es zu einem Unfall, weil die Bremsen des Wagens versagen. *G* und *H* werden verletzt; haben sie Ersatzansprüche gegen *S?*

Hier kommt ähnlich wie in *Fall 81* eine Haftung des *S* aus § 823 I in Betracht, wenn dieser den schlechten Zustand des Wagens hätte kennen müssen (allerdings möglicherweise mit der Haftungsmilderung aus §§ 599, 600).[2] Daneben scheint die Halterhaftung des *S* aus § 7 StVG zu stehen: Unfallgrund ist ja ein Versagen der Verrichtungen des Fahrzeugs, so daß auch keine Haftungsbefreiung wegen eines unabwendbaren Ereignisses stattfindet (§ 7 II 1 StVG).

Doch greifen hier zwei andere Gründe für die Haftungsbefreiung ein: Dem *G* haftet *S* nach § 8 StVG nicht, weil *S* bei dem Betrieb des Fahrzeugs tätig war. Wer in solcher Weise an dem Risiko des Fahrzeugs teilnimmt, soll keinen verschuldensunabhängigen Ersatzanspruch haben. Und gegenüber der *H* ist die Halterhaftung nach § 8 a I 1 StVG ausgeschlossen: *H* ist durch das Fahrzeug befördert worden, ohne daß diese Beförderung entgeltlich und geschäftsmäßig war. Fahrgäste haben eben auch Vorteile aus dem gefährlichen Fahrzeug, so daß ihnen gegenüber die Halterhaftung unangemessen wäre. Von dieser Ausnahme gibt es freilich wieder eine Unterausnahme: Bei entgeltlicher geschäftsmäßiger Personenbeförderung (vor allem in Taxis und Autobussen) gilt die Halterhaftung auch gegenüber den Fahrgästen, und sie kann nach § 8 a II StVG nicht einmal durch Vereinbarung ausgeschlossen oder beschränkt werden.

---

[1] So im Fall von *BGHZ* 29, 163.
[2] Vgl. dazu o. § 13 Fn. 1.

Fall 84 (Der schwere Unfall: Höchstbeträge der Halterhaftung)

Am Lkw des S versagen die Bremsen; deshalb rammt der Lkw auf einer Gefällstrecke den vollbesetzten Autobus des T. Dabei werden 25 Insassen des Busses teils schwer verletzt; es entstehen Heilungskosten und Verdienstausfall von insgesamt 1 Mio DM. Welche Ersatzansprüche haben die Verletzten?

S unterliegt hier jedenfalls der Halterhaftung, weil ein Versagen der Verrichtungen seines Lkw vorlag, § 7 II StVG. Diese Haftung ist jedoch nach § 12 I Nr. 2 StVG derzeit auf insgesamt 750 000 DM beschränkt. Da hier der Gesamtschaden höher liegt, werden nach § 12 II StVG die einzelnen Ersatzansprüche verhältnismäßig herabgesetzt. Die Verletzten erhalten also von S aus § 7 StVG nur jeweils drei Viertel ihres Schadens ersetzt. Ansprüche auf das restliche Viertel wie auch auf ein Schmerzensgeld lassen sich nur bei Verschulden des S begründen (aus §§ 823 I, 847, ggf. auch § 831).

Allerdings kann man zusätzlich noch an eine Halterhaftung des T denken: Der Unfall hat sich ja nicht bloß beim Betrieb des Lkw ereignet, sondern ebenso beim Betrieb des Autobusses. Diese Haftung ist, wenn es sich um eine entgeltliche geschäftsmäßige Personenbeförderung handelt, auch nicht nach § 12 I Nr. 2 StVG ziffernmäßig beschränkt (vgl. den Schluß der Vorschrift). Trotzdem haftet T nicht: Für ihn stellt der Unfall ein unabwendbares Ereignis dar, weil man sich gegen das Auffahren eines ungebremsten Lkw auch mit größter Sorgfalt nicht schützen kann. Auch beruht der Unfall nicht auf einem Versagen der Verrichtungen seines Busses.

In *Fall 84* erhalten die Verletzten aus § 7 StVG also nur für einen Teil ihres Schadens Ersatz. Das zeigt, wie wichtig es sein kann, daß der Rückgriff auf die unbeschränkte BGB-Verschuldenshaftung möglich bleibt, § 16 StVG.

Fall 85 (Der gestohlene Autoschlüssel: Haftung bei Schwarzfahrt)

S stellt seinen Sportwagen auf den Parkplatz einer Bar und steckt die Autoschlüssel in die Manteltasche. Den Mantel hängt er an die Garderobe. Das hat T beobachtet. Da er gern mit einem schnellen Wagen „rasen" möchte, besorgt er sich heimlich die Schlüssel aus der Tasche und startet den Wagen. Bald darauf verursacht T einen Unfall, bei dem G verletzt wird. Welche Ersatzansprüche hat er?

Wenn es keine Sondervorschrift gäbe, müßte man überlegen, ob es für den Halter ein unabwendbares Ereignis nach § 7 II StVG darstellt, wenn ein Unbefugter das Fahrzeug benutzt. Doch ist die sog. Schwarzfahrt in § 7 III StVG eigens geregelt: Der Schwarzfahrer (also T) haftet allemal verschuldensunabhängig. Ob daneben auch der Halter (also S) haftet, hängt davon ab, ob er die unbefugte Benutzung schuldhaft ermöglicht hat. In *Fall 85* muß also für die Haftung des S entschieden werden, ob dessen Umgang mit den Fahrzeugschlüsseln eine schuldhafte Nachlässigkeit bedeutet. Das wird man nicht allgemein sagen können. Wesentnd unberechtigte Zwangsvollstreckung (§§ 302 IV 3, 600 II, 717 II, 945, 042 c II 3 ZPO). Davon soll hier nicht weiter gesprochen werden. Am ehesten examenswichtig dürfte derzeit noch die „klassische" Gefährdungshaftung nach dem Haftpflichtgesetz sein.

II. Einzelprobleme des Haftpflichtgesetzes

Fall 86 (Das eilige Umsteigen: „Betrieb" einer Eisenbahn)

G hat zum Umsteigen in Köln Hauptbahnhof nach dem Fahrplan 10 Minuten Zeit. Da der von G zuvor benutzte Zug jedoch mit 6 Minuten Verspätung ankommt, läuft G eilig die Treppe hinunter, um auf denjenigen Bahnsteig zu gelangen, von dem sein Anschlußzug abfährt. Dabei stürzt G auf der Treppe und wird verletzt. Hat er Ersatzansprüche gegen die Bundesbahn?

Wenn hier keine schuldhafte Pflichtverletzung der Bundesbahn insbesondere bezüglich des Zustands der Treppe vorliegt, scheiden § 823 I und der Beförderungsvertrag als Anspruchsgrundlage aus. Zu denken ist aber an die Gefährdungshaftung des Betriebsunternehmers einer Schienenbahn nach § 1 HPflG: Dieser haftet (ähnlich wie nach § 7 StVG der Kraftfahrzeughalter) für die beim Betrieb der Bahn entstandenen Personen- und Sachverletzungen verschuldensunabhängig. Dabei ist der „Betrieb" in § 1 HPflG noch weiter zu verstehen als bei § 7 StVG: Es geht ja bei der Eisenbahn nicht um den Betrieb eines einzelnen Fahrzeugs, sondern um den Bahnbetrieb im ganzen. Dahin kann man das Umsteigen zwischen zwei Zügen wenigstens dann rechnen, wenn die durch den Bahnbetrieb bedingte Eile gefahrerhöhend wirkt. Keine Rolle spielt jedenfalls, daß der Unfall nicht auf direkter Berührung mit einem sich bewegenden Bahnfahrzeug beruht.

Danach ist in *Fall 86* ein Schadensersatzanspruch des G gegen die Bundesbahn dem Grunde nach gegeben.

Fall 87 (Der einsame Fahrgast: nochmals der „Betrieb")

G sitzt nachts allein in einem Abteil 1. Klasse. D nutzt die Einsamkeit des G aus und ermordet diesen. Hat die Witwe Ersatzansprüche gegen die Bundesbahn?

Auch hier kommt wieder nur die verschuldensunabhängige Haftung nach § 1 HPflG in Betracht. Der nötige Zusammenhang mit dem Betrieb der Bahn scheint sich daraus zu ergeben, daß D die Hilflosigkeit des G in dem fahrenden Zug ausgenutzt hat. Trotzdem hat das RG[1] in einem solchen Fall die Haftung des Bahnunternehmers verneint: Eine gleiche Gefahr finde sich auch sonst an einsamen Orten; sie sei keine Eigenart des Bahnbetriebs.

---

[1] *RGZ* 69, 357.

lich sind vielmehr die Umstände, insbesondere ob S ⸺
te, sein Umgang mit den Schlüsseln sei beobacl.
inwieweit er seinen Mantel im Auge behielt. Regelmäß
solchen Fällen Fahrlässigkeit zu bejahen sein.

II. Zusammenfassung

1. Nach § 7 StVG haftet der Halter für Personen- und Sac.
die beim Betrieb seines Kraftfahrzeugs entstanden sind, verschu
abhängig. Dabei wird der *Betriebsbegriff weit* verstanden; insbe⸗
kann er auch das unbewegte Fahrzeug umfassen.

2. Eine *sachliche Ausnahme* von dieser Halterhaftung besteht fü.
unabwendbare Ereignis. Davon gilt jedoch eine – wieder zur Halten
tung zurückführende – Unterausnahme, wenn der Unfall auf einem Fe
ler der Beschaffenheit des Fahrzeugs oder einem Versagen seiner Vei
richtungen beruht, § 7 II StVG.

3. *Persönliche Ausnahmen* von der Halterhaftung bestehen zu Lasten
des *beim Fahrzeugbetrieb Tätigen* (insbesondere des Fahrers), § 8 StVG,
und die *durch das Fahrzeug Beförderten.* Eine zur (hier sogar ziffernmäßig
unbeschränkten) Halterhaftung zurückführende Unterausnahme gilt
aber für die entgeltliche geschäftsmäßige Personenbeförderung,
§ 8 a StVG.

4. Die Halterhaftung umfaßt *kein Schmerzensgeld;* zudem ist sie durch
die *Höchstbeträge* des § 12 StVG begrenzt. Daher ist es wichtig, daß nach
§ 16 StVG die BGB-Verschuldenshaftung unberührt bleibt.

5. *Bei Schwarzfahrten* haftet der Schwarzfahrer, während der Halter
regelmäßig nur bei Verschulden haftet, § 7 III StVG.

§ 15. Weitere Fälle der Gefährdungshaftung

I. Überblick

Weitere Fälle einer verschuldensunabhängigen Haftung betreffen die
Risiken aus Luftfahrzeugen (§§ 33 ff. LVG), radioaktivem Material
(§§ 25 ff. AtomG), Anlagen mit nachteiliger Einwirkung auf Gewässer
(§ 22 II WHG) und dem Inverkehrbringen von Arzneimitteln (§ 84 Arz-
neimittelG). Außerdem gibt es weitere verschuldensunabhängige Haf-
tungen für den Umgang mit Wasser (§ 22 I WHG), den rechtmäßigen Eingriff in fremde Rechte (§ 904 S. 2) und für Immissionen
(§ 14 BImmSchG, § 906 II 2) sowie für unberechtigte Selbsthilfe (§ 231)

Fall 88 (Der Felssturz: höhere Gewalt; Haftungsbegrenzung)

Eine Bahnstrecke führt an einer Felswand vorbei. Der Nachtfrost hat das Gestein gelockert, so daß große Felsbrocken auf die Schienen fallen. Der Steuerwagen eines Wendezugs fährt auf das Hindernis und entgleist. Dabei wird der Kaufmann G so schwer verletzt, daß er arbeitsunfähig bleibt; sein Verdienstausfall beträgt 100 000 DM jährlich. Welche Ersatzansprüche hat G gegen die Bundesbahn?

Hier ist der Anspruch aus § 1 HPflG nicht schon deshalb ausgeschlossen, weil der Unfall auf einem Naturereignis beruht. Vielmehr verlangt § 1 II 1 HPflG für den Ausschluß der Gefährdungshaftung „höhere Gewalt". Und dafür genügt es nicht, daß der Unfall selbst mit äußerster Sorgfalt nicht verhindert werden konnte. Vielmehr muß die Unfallursache auch derart außergewöhnlich sein, daß man sie nicht mehr zu dem kalkulierbaren Betriebsrisiko der Bahn rechnen kann. Das würde etwa für Zugentgleisungen infolge von Erdbeben zutreffen. Aber Gesteinsabbrüche von einer Felswand sind häufiger; zudem lassen sie sich oft durch entsprechende Baumaßnahmen verhindern. Überdies ist die Gefahr hier dadurch erhöht worden, daß an der Spitze des Zuges nicht eine schwere Lokomotive lief, sondern der weitaus leichtere Steuerwagen. Daher würde ich eine Haftung der Bahn hier bejahen.

Dem Umfang nach ist diese Haftung aus § 1 HPflG allerdings kümmerlich: Nach § 9 HPflG bekommt G nicht den vollen Verdienstausfall ersetzt, sondern derzeit höchstens 30 000 DM jährlich. Auch ein Schmerzensgeld wird nicht gewährt. Darum ist es wichtig, daß (wie nach § 16 StVG) nach § 12 HPflG die weiterreichende Verschuldenshaftung aus dem Beförderungsvertrag und nach §§ 823, 831, 847 unberührt bleibt. Wenn die Bundesbahn eine Verkehrssicherungspflicht hinsichtlich ihrer Strecke schuldhaft verletzt hat, steht dem G also ein unbegrenzter Ersatzanspruch zu, der überdies ein Schmerzensgeld umfaßt.

Fall 89 (Der „Jahrhundertsturm": Haftung für Leitungen)

Ein besonders heftiger Sturm, wie er alle hundert Jahre nur einmal vorkommt, hat folgendes angerichtet:

(1) Eine Telephonleitung der Bundespost ist abgerissen worden; G stürzt mit seinem Motorrad über das Hindernis und wird verletzt;

(2) eine Starkstromleitung des örtlichen Energieversorgungsunternehmens ist von den Isolatoren abgerissen worden und hängt wenig über dem Erdboden; der Motorradfahrer H berührt die Leitung und stirbt an einem Stromschlag;

(3) ein Mast der Starkstromleitung ist umgebrochen; J fährt mit seinem Pkw gegen das Hindernis; dieser wird beschädigt.

In der Alternative (1) gibt es nach § 2 II HPflG keine verschuldensunabhängige Haftung: Fernmeldeleitungen mit ihren geringen Strömen sind eben nicht gefährlicher als andere Bauwerke auch. Darum haftet die Bundespost hier nur nach § 836; der dort vorgesehene Exkulpationsbeweis (vgl. o. § 11 *Fall 71*) dürfte gegenüber den Folgen eines „Jahrhundertsturms" regelmäßig gelingen.

In der Alternative (2) paßt § 2 I 1 HPflG: *H* ist ja nicht mechanisch durch den Draht, sondern durch die Wirkung der Elektrizität getötet worden. Ausgeschlossen sein könnte die Haftung nur nach § 2 III Nr. 3 HPflG, wenn der Jahrhundertsturm als „höhere Gewalt" zu werten ist. Doch greift hier die Unterausnahme der Vorschrift ein, nämlich das „Herabfallen von Leitungsdrähten": Daher bekommen die Hinterbliebenen des *H* (§ 5 HPflG) in dieser Alternative jedenfalls einen (freilich durch § 9 HPflG begrenzten) Ersatz.

In der Alternative (3) endlich paßt § 2 I 2 HPflG: Hier ist der Schaden bloß mechanisch und nicht elektrisch verursacht worden. Diese Haftung tritt dann nicht ein, wenn sich die Anlage bei der Schädigung in ordnungsmäßigem Zustand befand. Aber daran fehlt es hier, weil der Mast durch den Sturm umgebrochen war (vgl. § 2 I 3 HPflG: „unversehrt"). Daher bleibt nur die Ausnahme der „höheren Gewalt" von § 2 III Nr. 3 HPflG zu bedenken, die hier durch keine Unterausnahme durchbrochen wird. Wenn es sich wirklich um einen „Jahrhundertsturm" gehandelt hat, dürfte „höhere Gewalt" regelmäßig zu bejahen sein; *J* erhält dann keinen Ersatz.

III. Zusammenfassung zu II

1. Das Haftpflichtgesetz enthält *zwei* verschiedene *Gefährdungshaftungen:* Die eine betrifft Eisen- und Schwebebahnen (§ 1 HPflG), die andere Energieanlagen und bestimmte Leitungen (§ 2 HPflG).

2. Sachlich sind von der Haftung regelmäßig die Fälle der *höheren Gewalt* ausgenommen.

3. Die Haftung ist *betragsmäßig begrenzt* (§§ 9, 10 HPflG) und umfaßt *kein Schmerzensgeld.* Doch bleibt die weiterreichende Verschuldenshaftung nach dem BGB unberührt, § 12 HPflG.

4. Teil. Allgemeine Probleme des Schadensrechts

Bisher ist hauptsächlich über den Grund von Schadensersatzansprüchen gehandelt worden. Von Art und Umfang des geschuldeten Ersatzes war dagegen nur die Rede, soweit die Probleme mit einem bestimmten Ersatzanspruch zusammenhängen (vor allem o. § 4 Tötung, o. § 5 Körperverletzung, o. § 7 Eigentumsverletzung, o. §§ 14, 15 Haftungsbegrenzung). Hier bleiben jetzt noch Fragen des allgemeinen Schadensrechts zu besprechen, die unabhängig von der Art der Anspruchsgrundlage auftreten können.

§ 16. Probleme der Zurechnung

I. Adäquanz und Schutzbereich der Norm

Fall 90 (Die verklemmten Schiffe: Adäquanztheorie)

Die Kammer der Schleuse Datteln des Lippe-Seitenkanals verengte sich nach unten konisch. Daher verringerte sich der lichte Abstand zwischen den Kammerwänden von 12,77 m bei Oberwasser auf 12,31 m bei Unterwasser. Deshalb fragte das Schleusenpersonal nach der Breite der bei Oberwasser einfahrenden Schiffe. G gab die Breite seines Schiffes richtig mit 6,67 m an, S nannte für sein Schiff unrichtig 5 m statt 5,87 m. Der Schleusengehilfe D übernahm – was er nicht durfte – bei Abwesenheit des Schleusenmeisters die Schleusung und legte dafür beide Schiffe nebeneinander. Beim Absenken des Wasserspiegels verklemmten sich die Schiffe jedoch miteinander und mit den Schleusenwänden. D wollte – wie es schon vielfach geschehen war – diese Verklemmung durch eine Hebung des Wasserspiegels beseitigen. Dabei schwammen die Schiffe jedoch nicht gleichmäßig auf, sondern sie hoben sich nur dachförmig längs ihrer gemeinsamen Berührungsfläche. Das Schiff des G drohte, durch die Schräglage voll Wasser zu laufen. D wollte jetzt den Wasserzufluß stoppen, doch gelang ihm das wegen eines Stromausfalls nicht; daher sank das Schiff des G. Dieser verlangt von S Schadensersatz.

Anspruchsgrundlage ist hier § 823 I; die schuldhafte Pflichtverletzung des S liegt in der falschen Angabe über die Breite seines Schiffs. Daß diese falsche Angabe zu dem Nebeneinanderlegen beider Schiffe und dieses zu der Verklemmung führen konnte, war ziemlich wahrscheinlich. Das allein bedeutete jedoch noch keine dringende Gefahr, weil eine solche Verklemmung früher mehrfach ohne bleibenden Schaden hatte beseitigt werden können. Für den Schadenseintritt mußten vielmehr noch die folgenden unglücklichen Umstände hinzukommen: Der Gehilfe G handelte eigenmächtig und ohne die nötige Erfahrung; der Wasserspiegel wurde zu schnell angehoben; schließlich hinderte der Stromausfall die Beendigung des weiteren Wasserzulaufs. Man muß also fragen, ob der erst durch den Hinzutritt dieser weiteren Umstände ermöglichte Schaden dem *S* noch zugerechnet werden kann.

Das wäre zu bejahen, wenn man jeden Umstand, der nicht hinweggedacht zu werden vermag, ohne daß auch der Schaden entfiele, im Rechtssinn als Ursache auffassen wollte. Man nennt einen solchen Umstand eine *conditio sine qua non* („Bedingung ohne die nicht", nämlich der Schaden eingetreten wäre). Die Lehre von der Gleichsetzung und rechtlichen Anerkennung aller dieser Bedingungen heißt die Äquivalenztheorie. Nach ihr müßte *S* deshalb haften, weil der zum Untergang des anderen Schiffs hinführende Ablauf ohne die unrichtige Breitenangabe nicht in Bewegung gekommen wäre.

Mit dieser Äquivalenztheorie gelangt man jedoch im Zivilrecht (wo sich anders als im Strafrecht das Verschulden regelmäßig nicht auf den Schaden zu beziehen braucht) zu einer unbrauchbar weiten Zurechnung von Schadensfolgen. Daher ist viele Jahrzehnte lang eine Korrektur unter Gesichtspunkten der Wahrscheinlichkeit diskutiert worden: Ganz unwahrscheinliche Folgen sollten von der Zurechnung ausgeschlossen werden; zivilrechtlich zu verantworten sein sollten bloß die einigermaßen naheliegenden („adäquaten") Folgen (deshalb „Adäquanztheorie"). Hierfür mußte freilich das Maß der zu fordernden Wahrscheinlichkeit möglichst genau angegeben werden.

In dem Schleusenfall hat der *BGH*[1] im Anschluß an *Traeger*[2] hierfür die folgende Formulierung gewählt: Eine Begebenheit sei adäquate Bedingung eines Erfolges, wenn sie die objektive Möglichkeit eines Erfolges von der Art des eingetretenen generell in nicht unerheblicher Weise erhöht habe. Bei der dahin zielenden Würdigung seien lediglich zu berücksichtigen

(1) alle zur Zeit des Eintritts der Begebenheit dem optimalen Beobachter erkennbaren Umstände,

(2) die dem Urheber der Bedingung noch darüber hinaus bekannten Umstände.

Auf der Grundlage dieser Formel hat der *BGH* in *Fall 90* ein Fehlen der Adäquanz für denkbar gehalten und die Sache zur weiteren tatsächlichen Aufklärung an die Vorinstanz zurückverwiesen (§ 565 I ZPO).

Freilich hat die Adäquanzformel trotz aller Präzision des Ausdrucks zwei wunde Punkte: Das ist einmal die Kunstfigur des „optimalen Beobachters" und zum andern die Floskel, der Schaden müsse „in nicht unerheblicher Weise" wahrscheinlicher geworden sein. Mit diesen Formulierungen hätte man in *Fall 90* die Adäquanz auch bejahen können: Man

---

[1] *BGHZ* 3, 261 (266 f.).
[2] Kausalbegriff im Zivil- und Strafrecht, 1904, S. 159.

braucht bloß anzunehmen, der optimale Beobachter habe die Unge-
schicklichkeit des Schleusengehilfen und seine Neigung zur Eigenmäch-
tigkeit gekannt. Diese hatte nämlich womöglich auch zu dem Stromausfall geführt, weil dieser vielleicht auf das Durchbrennen einer Sicherung
wegen Überlastung eines Elektromotors zurückging. Wirklich hat denn
auch die Adäquanztheorie in der Rechtsprechung nur ganz selten zu einer Freistellung des Schädigers geführt. Das hat die Suche nach einem
anderen, besser wirkenden Kriterium zur Begrenzung der Verantwortlichkeit veranlaßt.

Fall 91 (Ersatz von Verteidigungskosten: Schutzbereich des § 823 I)

G und S waren mit ihren Kraftfahrzeugen zusammengestoßen. Dabei war an beiden
Fahrzeugen Schaden entstanden; G war auch verletzt worden. Gegen beide ergingen
Strafbefehle. G erreichte schließlich die Aufhebung des gegen ihn wegen zu schnellen
Fahrens gerichteten Strafbefehls mangels Beweises. Hierdurch entstanden ihm Vertei-
digungskosten von rund 700 DM, die er von S ersetzt verlangt.

Die Entscheidung dieses Falles durch den BGH[3] gehört zu der Suche
nach einem über die Adäquanztheorie hinausreichenden Kriterium der
Schadensbegrenzung. Der BGH hat dieses im „Schutzbereich des Gesetzes" finden wollen: Zu ersetzen seien bloß die Schäden aus der Verletzung desjenigen Rechtsguts, zu dessen Schutz das Gesetz erlassen worden sei. Dieses Gesetz ist hier in § 823 I gesehen worden (Folgeschaden
aus der Verletzung von Körper und Eigentum des G): Diese Vorschrift
wolle, so hat der BGH argumentiert, nicht Aufwendungen für ein Strafverfahren verhindern.

Diese Begründung und damit auch die geschilderte Anwendung der
Lehre vom Schutzbereich der Norm verfehlt aber das Problem: Aus
§ 823 I konnte G überhaupt nur den Ersatz derjenigen Schäden verlangen, die sich aus der Verletzung seines Körpers und seines Eigentums er-
gaben. Das die fraglichen Aufwendungen verursachende Strafverfahren
gegen G war aber nicht eingeleitet worden, weil dieser selbst verletzt
worden war, sondern weil er im Verdacht stand, zu schnell gefahren zu
sein. Die Verletzungen des G bildeten also keine *conditiones sine quae
non* für den geltend gemachten Schaden. Daher hätte ein Ersatzanspruch
schon mangels einfacher (äquivalenter) Kausalität verneint werden müssen; die Berufung auf einen beschränkten Schutzbereich des § 823 I ging
hier ins Leere.

Fall 92 (Der kranke Beamte: Schutzbereich der Norm)

Durch einen von S verschuldeten Unfall wird der Beamte G schwer verletzt. Bei der
folgenden Krankenhausbehandlung stellen die Ärzte eine Hirnarteriosklerose fest.
Wegen dieser – von dem Unfall unabhängigen – Krankheit wird G vorzeitig pensio-
niert. Er verlangt von S unter anderem den Unterschied zwischen seinen Dienstbezü-
gen und dem (geringeren) Ruhegehalt ersetzt. Mit Recht?

---

[3] BGHZ 27, 137.

Hier liegt die äquivalente Kausalität vor: Ohne den Unfall wäre *G*
nicht ins Krankenhaus gekommen und daher auch die Krankheit zumindest einstweilen nicht entdeckt worden. Folglich wäre auch die Frühpen-
sionierung unterblieben. Sogar Adäquanz kann zu bejahen sein: Eine
längere Krankenhausbehandlung fördert generell in nicht unerhebli-
chem Maß die Entdeckung weiterer Krankheiten. Trotzdem ist hier ein
auf § 823 I oder § 823 II BGB mit § 230 StGB gestützter Schadensersatzanspruch wegen der Besoldungsdifferenz zu verneinen:[4] Diese Normen
sollen nicht davor schützen, daß eine schon vorhandene Krankheit entdeckt wird, auch wenn diese Entdeckung für den Verletzten Vermögens-
nachteile bewirkt.

Dieser Fall zeigt, daß die Lehre vom Schutzbereich der Norm bei
§ 823 I (ebenso wie bei § 823 II, vgl. o. § 9 *Fall 59*) durchaus ein sinnvolles
Anwendungsgebiet hat. Allerdings ist dieses bei § 823 I erheblich kleiner
als bei § 823 II: Das allgemeine Verbot der Verletzung von Leben, Körper usw. ist eben hinsichtlich des Schutzbereichs viel farbloser, als es gegen ein bestimmtes Verhalten gerichtete Schutzgesetze zu sein pflegen.

**Fall 93 (Die schädliche Verzögerung: Verhältnis von Adäquanztheorie
und Schutzbereich der Norm)**

Durch einen von *S* verschuldeten Verkehrsunfall entsteht am Auto des *G* leichter Sachschaden. Außerdem wird *G* durch die polizeiliche Unfallaufnahme eine Stunde lang
aufgehalten. Hierdurch gerät *G* bei der Weiterfahrt in einen Massenunfall, bei dem
sein Auto zerstört und er selbst schwer verletzt wird. Muß *S* auch diesen weiteren
Schaden ersetzen?

Hier ist der erste Unfall äquivalente Ursache *(conditio sine qua non)*
dafür, daß *G* in den viel schlimmeren zweiten Unfall verwickelt wurde.
Trotzdem ist eine Ersatzpflicht des *S* insoweit zu verneinen. Zu begründen vermag man das sowohl mit der Adäquanztheorie als auch mit der
Lehre vom Schutzbereich der Norm. Denn einerseits kann man sagen:
Eine zeitliche Verzögerung erhöht die Wahrscheinlichkeit weiterer Unfälle nicht generell (ebensogut hätte dem *G* ja auch die Verwicklung in
einen weiteren Unfall erspart bleiben können); selbst ein optimaler Beobachter konnte bei dem ersten Unfall den zweiten nicht voraussehen. Andererseits läßt sich aber auch argumentieren, § 823 I wolle nicht vor einer
Verzögerung der Weiterfahrt (und den daraus etwa folgenden weiteren
Unfällen) schützen.

Daß beide Lehren hier zum selben Ergebnis führen, ist kein Zufall:
Letztlich wird eben ein Gesetz kaum einmal im Hinblick auf ganz un-

---

[4] *BGH*, NJW 1968, 2287 (wo mit dem „allgemeinen Lebensrisiko" argumentiert
wird).

wahrscheinliche Folgen erlassen. Daher liegt das ganz Unwahrscheinliche dann auch häufig nicht mehr im Schutzbereich der Norm.

II. Die Herausforderungsfälle

Fall 94 (Die wilde Verfolgung: Herausforderung I)

Eine Polizeistreife will den von *S* gefahrenen Kraftwagen anhalten, weil die Beleuchtung des hinteren Kennzeichens defekt ist. *S* hat aber keine Fahrerlaubnis und flüchtet daher mit weit überhöhter Geschwindigkeit. Die Polizisten nehmen die Verfolgung auf und verunglücken dabei. Muß *S* für den hierdurch entstandenen Schaden aufkommen?

Hier hat *S* unzweifelhaft eine Ursache für die eingetretene Körper- und Eigentumsverletzung gesetzt, § 823 I. Auch hat er durch die überhöhte Geschwindigkeit und das Fahren ohne Fahrerlaubnis Schutzgesetze verletzt, die andere Verkehrsteilnehmer vor Körper- und Eigentumsschäden bewahren wollen, § 823 II (wobei allerdings fraglich sein kann, ob hierunter auch Verfolgungsschäden fallen; diese Frage läßt sich aber aus den genannten Normen kaum beantworten). Endlich ist auch die Adäquanz kaum zu verneinen: Daß Polizisten einen flüchtenden Kraftfahrer verfolgen, gehört zu ihren Dienstpflichten, und wenn der Verfolgte zu schnell fährt, liegt die Gefahr eines Unfalls der Verfolger nahe.

Dennoch kann man hier an einer Ersatzpflicht des *S* zweifeln: Die Verfolgung mit gefährlich überhöhter Geschwindigkeit beruht ja auch auf einer eigenen Entscheidung der Polizisten; darf man den Verfolgten auch dafür noch verantwortlich machen? Der *BGH*[5] hat eine solche durch die Psyche des Geschädigten vermittelte Kausalität nach dem Vorbild von *Larenz* bejaht, wenn der Verfolgte das Verhalten des Verfolgers „herausgefordert" hatte. Diese Formulierung soll es wohl ermöglichen, den Entschluß zur Verfolgung auf seine Vernünftigkeit zu prüfen. Danach kann eine Ersatzpflicht insbesondere dann verneint werden, wenn die erkennbaren Gefahren der Verfolgung im Verhältnis zu deren Anlaß allzu groß erscheinen mußten. Umgekehrt kann eine Ersatzpflicht aber auch scheitern, wenn der Unfall nur als recht unwahrscheinliche Folge einer kaum gefährlichen Verfolgung eingetreten ist.

Fall 95 (Der beschädigte Straßenrand: Herausforderung II)

Durch einen von *S* zu verantwortenden Unfall wird eine vielbefahrene Straße für einige Zeit gesperrt. Aus dem rasch sich bildenden Stau umfahren einzelne Kraftfahrer die Unfallstelle über den Rad- und Gehweg. Dabei entstehen dort erhebliche Beschädigungen. Die Stadt als Wegeeigentümerin verlangt die nötigen Ausbesserungskosten von *S* ersetzt.

---

[5] Etwa *BGHZ* 57, 25; 63, 189; Entscheidung des *Falles 94* in *BGH, JZ* 1967, 639.

Hier kommt als Anspruchsgrundlage wenigstens § 823 I (Eigentums-verletzung, mit § 249 S. 2) in Betracht. Man kann auch die Adäquanz nicht leugnen: Bei einer Straßensperrung ohne geeignete Umleitung ist es nicht unwahrscheinlich, daß ungeduldige Verkehrsteilnehmer das Hindernis ohne Rücksicht auf fremdes Eigentum umfahren. Doch steht hier zwischen der von S zu verantwortenden Schadensursache (der Sperrung) und dem Schaden (der Beschädigung des Rad- und Gehwegs) der freie Entschluß der ungeduldigen Kraftfahrer: Können dessen Folgen dem S gleichwohl zugerechnet werden?

Der BGH[6] hat eine solche Zurechnung nicht schon deshalb verneint, weil der Entschluß rechtswidrig und vorsätzlich gewesen ist. Für ent-scheidend hat das Gericht es vielmehr gehalten, daß S das Verhalten der ungeduldigen Kraftfahrer nicht „herausgefordert" hätte; „Herr" des schadenstiftenden Geschehens sei nicht S gewesen, sondern die Herr-schaft habe allein bei den ungeduldigen Fahrern gelegen.

Für sehr überzeugend halte ich das nicht. Denn eine in ihrer Dauer ungewisse Straßensperrung fordert wohl ungeduldige Reaktionen der wartenden Fahrer geradezu heraus. Und daß S nicht mehr „Herr" des sich aus der Sperrung entwickelnden Geschehens ist, hat in vergleichba-ren Fällen keinen Einfluß auf die Ersatzpflicht. Man denke nur an den vorhin (o. *Fall 90*) erörterten Schleusenfall oder an

Fall 96 (Die gestohlenen Rinder: Herausforderung III)

Durch Manöverstreitkräfte wird ein Weidezaun des G beschädigt. Durch das Loch entweichen Rinder. Zwei von ihnen können nicht wieder eingefangen werden; offen-bar sind sie von Dritten unterschlagen worden. Ersatzansprüche des G?

Hier hatte sich die verklagte Bundesrepublik Deutschland auf die zu o. *Fall 95* behandelte Entscheidung des BGH berufen: Ob frei herumlau-fende Rinder ihre Unterschlagung „herausforderten", könne man gewiß bezweifeln. Auch waren die Manöverstreitkräfte, nachdem die Rinder einmal entkommen waren, nicht mehr Herren des weiteren Geschehens. Trotzdem hat der BGH[7] mit Recht dem G Ersatz für die Rinder zuge-sprochen: Der zerstörte Zaun habe gerade vor dem Verlust der Rinder schützen sollen. Aber auch der gesperrte Fahrdamm von *Fall 95* sollte den schweren Fahrverkehr aufnehmen und diesen dadurch von anderen Straßenteilen fernhalten.

Insgesamt können also die „Herausforderungsfälle" noch nicht wirk-lich überzeugend entschieden werden.

---

[6] *BGHZ* 58, 163.
[7] *BGH*, VersR 1978, 1161.

III. Schockschäden und Neurosen

Fall 97 (Die entsetzte Witwe: Ersatzfähigkeit von Schockschäden)

S verschuldet den Tod des Ehemanns G. Die so zur Witwe gewordene Frau G erleidet durch die Todesnachricht einen Schock. Kann Frau G auch hierfür Schadensersatz verlangen?

In Betracht kommt eine Haftung des S wegen Verletzung der Gesundheit der Frau G, § 823 I. Daß S die Verletzte nicht körperlich berührt hat, sondern daß die Verletzung durch die Psyche der Frau G vermittelt worden ist, steht dem Ersatzanspruch nicht entgegen. Wohl aber hat der BGH[8] mit Recht auf einen anderen, die Ersatzpflicht einschränkenden Gesichtspunkt hingewiesen: Das deutsche Recht kennt im Gegensatz zu mehreren ausländischen Rechten keine generelle Ersatzpflicht für den Verlust naher Angehöriger (rechtspolitisch stehen einer solchen Ersatzpflicht auch schon die Schwierigkeiten bei der Bezifferung des Anspruchs entgegen). In den meisten Fällen wird aber die Nachricht vom plötzlichen Tod naher Angehöriger die Gesundheit irgendwie beeinträchtigen, z.B. zu Schlafstörungen führen. Solche Beeinträchtigungen sind in dem regelmäßig zu erwartenden Umfang ersatzlos hinzunehmen, insbesondere kommt ein Schmerzensgeld (§ 847 I) nicht in Betracht. Erst wenn die Beeinträchtigungen dieses Maß übersteigen, kann – unabhängig von der medizinischen Bewertung – eine zum Schadensersatz verpflichtende Gesundheitsverletzung angenommen werden.

Fall 98 (Die Kopfverletzung: Rentenneurose)

Bei einem von S verschuldeten Unfall erleidet G eine Kopfverletzung. Obwohl die Folgen nach medizinischem Urteil inzwischen ausgeheilt sind, glaubt G sich weiter arbeitsunfähig und kämpft um eine zeitlich unbegrenzte Unfallrente (§ 843).

Verletzungen können außer zu körperlich-organischen auch zu seelischen Störungen führen. Für diese hat der Verletzer regelmäßig ebenso aufzukommen wie für die körperlichen Schäden. Eine Besonderheit besteht aber gerade bei der sog. Rentenneurose: Bei dieser steht einer Heilung der zwanghafte Wunsch nach der Rente entgegen. Wenn die Rente gewährt wird, kann der Wunsch nach deren Fortdauer die Heilung geradezu verhindern. Das RG hatte in solchen Fällen gleichwohl die Rente zugesprochen. Der BGH[9] hat das mit folgender Begründung aufgegeben: Der Schadensersatz solle die Heilung des Verletzten fördern. Dem widerspräche es, wenn durch die Schadensersatzleistung die Krankheit verewigt und damit die Heilung verhindert würde.

Dem kann man zustimmen. Freilich macht es erhebliche Schwierigkei-

---

[8] BGHZ 56, 163.
[9] BGHZ 20, 137.

ten, solche echten Rentenneurosen zu erkennen und von anderen unfall-
bedingten psychischen Störungen zu unterscheiden. In Zweifelsfällen
muß die Ersatzpflicht bejaht werden.

IV. Hypothetische Kausalität und rechtmäßiges Alternativverhalten

Fall 99 (Direktorenfall: Schadensanlage für Verdienstausfall)

G war seit 1926 Direktor einer Zuckerfabrik. 1944 bewirkte *S,* der als Ortsgruppenlei-
ter der NSDAP Einfluß hatte, durch Verleumdungen die Entlassung des *G.* Später verlangt dieser von *S* Ersatz für seinen Verdienstausfall. *S* wendet ein, *G* sei selbst alter
Parteigenosse gewesen und wäre daher 1945 ohnehin entlassen worden.

Hier steht als Grundlage für Schadensersatzansprüche § 823 II BGB
mit § 187 StGB zur Verfügung, überdies § 826 und möglicherweise (nämlich bei Tatsachenbehauptungen des *S*) auch § 824. Das Problem liegt
beim Schaden: Der von *S* real bewirkte Schaden wäre in ähnlicher Weise
auch aus einem anderen Grund (einer „Reserveursache") eingetreten:
Diese hat nur deshalb nicht wirken können, weil ihr die erste Ursache
zuvorgekommen ist. Man spricht hier von hypothetischer Kausalität,
weil die Reserveursache bloß hypothetisch geblieben ist. Für einen Teil
der Fälle paßt auch die Bezeichnung „überholende Kausalität": Dort ist
eine schon laufende, zum Schaden hinführende Ursachenkette durch eine andere überholt worden; die erste Ursachenkette wirkt bloß hypothetisch, die zweite wirkt real. Hierhin kann man auch *Fall 99* rechnen: Spätestens mit den alliierten Kriegserfolgen seit 1943 mag man den Beginn
einer Kausalreihe annehmen, die zur Verdrängung alter Parteigenossen
aus führenden Positionen hinwirkte; sie ist dann durch die schneller wirkenden Verleumdungen des *S* überholt worden.

Vergleichbar ist der Unfalltod eines Unterhaltpflichtigen, der schon
an einer tödlichen Krankheit litt. In solchen Fällen stellt § 844 II 1 für die
Rente der Hinterbliebenen (vgl. o. § 4 *Fall 13*) auf die „mutmaßliche
Dauer seines Lebens" (des Unterhaltspflichtigen) ab. Die Krankheit wird
hier also schadensmindernd berücksichtigt: Die Hinterbliebenen erhalten die Rente nur bis zu dem vermutlichen Krankheitstod ihres Ernäh-
rers. Entsprechend hat der *BGH*[10] auch in *Fall 99* Ansprüche des *G* seit
1945 verneint. Daß *S* hier gleichfalls Nazi war und sich übel verhalten
hat, kann das Ergebnis nicht ändern: Das Schadensersatzrecht eignet
sich nicht zur Bestrafung von Nazis. Schließlich kommt bei § 844 II 1
auch dem Mörder eine tödliche Krankheit seines Opfers schadensmindernd zugute (strafrechtlich mag sie dagegen ohne Einfluß bleiben).

---

[10] *BGHZ* 10, 6.

Fall 100 (Brandgassenfall: Schadensanlage bei Sachschäden)

Im Jahre 1944 wurden in die vom Luftkrieg bedrohten deutschen Städte sog. „Brandgassen" gelegt; in diesen Gassen stehende Gebäude wurden abgerissen. Im Rahmen dieser Aktion wurde dem G mitgeteilt, auf seinem Grundstück würden die auf dem beiliegenden Lageplan rot umrandeten Gebäude abgerissen. Rot umrandet war nur das Vorderhaus; das Hinterhaus war irrtümlich als nicht mehr bestehend gekennzeichnet. Trotzdem ist auch das Hinterhaus abgerissen worden. G verlangt wegen Amtspflichtverletzung Schadensersatz.

Der BGH[11] hat diesen Schadensersatz verweigert: Das Hinterhaus sei wegen seiner Lage in der freizumachenden „Brandgasse" im Zeitpunkt des Abrisses bereits wertlos gewesen. Denn diese Lage würde mit Sicherheit binnen kurzem zu einer den Abbruch anordnenden Verfügung und daher zum tatsächlichen Abbruch geführt haben. Der BGH hat seine Entscheidung aber ausdrücklich auf die bereits vorhandene Schadensanlage beschränkt. Spätere Entscheidungen[12] ergeben, daß dieses Kriterium für den sofort eintretenden (sich nicht erst im Laufe der Zeit entwickelnden) Schaden wesentlich sein soll. Hier ist also eine Reserveursache nicht zu berücksichtigen, wenn sie beim Wirksamwerden der realen Ursache nicht schon als Schadensanlage vorhanden war.

Fall 101 (Schleswig-Holsteinischer Metallarbeiterstreik: rechtmäßiges Alternativverhalten)

Zwischen dem 24. 10. 1956 und dem 14. 2. 1957 fand in Schleswig-Holstein ein großer Metallarbeiterstreik statt. Der entsprechende Streikbeschluß der IG Metall war schon vor dem Ende der tarifvertraglich vereinbarten Friedenspflicht gefaßt worden. Die Arbeitgeberverbände verlangten Schadensersatz. Die Gewerkschaft wollte allenfalls den „Verfrühungsschaden" ersetzen, der durch den Streik vor dem Ablauf der Friedenspflicht entstanden war: Danach hätte sie den Streik rechtmäßig beschließen können und mit Sicherheit auch beschlossen.

Das BAG[13] hat hier Schadensersatz für die volle Dauer des Streiks zugesprochen (das Urteil ist dann freilich später nicht vollstreckt worden). Dabei geht es um ein Problem, das man ansatzweise auch schon in *Fall 100* finden konnte: Derjenige, der rechtswidrig Schaden zugefügt hat, macht geltend, er hätte diesen Schaden auch rechtmäßig herbeiführen können. Ob ein solches rechtmäßiges Alternativverhalten den Schädiger zu entlasten vermag, hat das BAG zutreffend nach dem Schutzzweck der verletzten Norm beurteilt. Verletzt war in *Fall 101* die Friedenspflicht. Es kommt also darauf an, ob diese Friedenspflicht nur den Streikbeginn hinausschieben oder den Streik nach Möglichkeit ganz verhindern will (etwa weil die Parteien sich doch noch einigen). Das

---

[11] BGHZ 20, 275, vgl. auch BGHZ 78, 209 (213 f.).
[12] Etwa BGHZ 29, 207 (215); BGH, Betrieb 1979, 352.
[13] BAG, NJW 1959, 356; 908 (dieselbe Entscheidung).

BAG[14] hat mit guten Gründen das zweite angenommen; daraus ergab sich dann die volle Ersatzpflicht.

V. Zusammenfassung

1. Grundlage für die zivilrechtliche Zurechnung schädlicher Folgen ist der *logische Zusammenhang:* Der Schädiger hat regelmäßig für alle Folgen einzustehen, die entfielen, wenn sein zum Ersatz verpflichtendes Verhalten oder ein anderer von ihm zu vertretender Umstand nicht stattgefunden hätte.

2. Diese weite Folgenzurechnung wird jedoch unter mehreren Gesichtspunkten *eingeschränkt:*

a) Ganz unwahrscheinliche Schadensfolgen sind nach der *Adäquanztheorie* nicht zu ersetzen.

b) Gleichfalls nicht zu ersetzen sind Schadensfolgen außerhalb des *Schutzzwecks der vom Schädiger verletzten Norm.* Dieser Gesichtspunkt ist allerdings eher bei § 823 II (und § 839) als bei § 823 I ergiebig.

c) Zurückhaltend wird die Folgenzurechnung auch gehandhabt, wenn zwischen dem zum Ersatz verpflichtenden Umstand und der Schadensfolge *der freie Entschluß des Geschädigten oder eines Dritten* steht. Hier wird für die Zurechnung häufig darauf abgestellt, ob der Schädiger diesen Entschluß „herausgefordert" hat. Doch gibt es dabei noch beträchtliche Unklarheiten.

d) Der Ersatz von *Schockschäden* darf nicht zu einem (im BGB abgelehnten) Schmerzensgeld für den Verlust naher Angehöriger führen.

e) Endlich ist der Ersatz bei *Rentenneurosen* zu versagen, wo er sinnwidrig die Heilung verhindern würde.

3. Eine *Reserveursache* entlastet den Schädiger, soweit sie bei seiner Verletzungshandlung schon real als Schadensanlage wirksam war. Im übrigen wirken Reserveursachen wohl nur auf den im Lauf der Zeit sich entwickelnden Schaden, also insbesondere beim Ersatz für Unterhalts- und Verdienstausfall.

4. Ob die *Möglichkeit zu rechtmäßigem Alternativverhalten* den Schädiger entlastet, ist nach dem Schutzzweck der verletzten Norm oder Pflicht zu beurteilen.

---

[14] Insoweit NJW 1959, 908, 909.

§ 17. Insbesondere die Mehrheit von Schädigern

I. Einzelprobleme

Fall 102 (Die untreuen Geschäftsführer: strafrechtlicher Teil des § 830; Verhältnis zu § 840)

S und T sind Geschäftsführer der GmbH G. Beide unterschlagen dort gemeinsam 100 000 DM. Während T mit 80 000 DM nach Südamerika entkommt, wird S gefaßt. Welchen Betrag kann G von S als Schadensersatz verlangen?

Ein (etwa auf § 985 gestützter) Herausgabeanspruch des G gegen S könnte sich nur auf die 20 000 DM richten, die S noch hat. Anders ist es bei einem auf Deliktsrecht (§§ 823, 826) oder Vertragsverletzung gestützten Schadensersatzanspruch: Dieser geht nicht auf das, was S unrechtmäßig hat, sondern auf das, was dem G aus einem von S zu vertretenden Grund fehlt. Das sind hier ohne weiteres die vollen 100 000 DM (nebst Zinsen und etwa enstandenen Folgeschäden), wenn die Unterschlagung ohne die Mitwirkung des S überhaupt nicht hätte stattfinden können: Dann ist ja das pflichtwidrige Verhalten des S für den vollen Schaden kausal. Dagegen läßt sich mit dieser einfachen Kausalität nicht mehr argumentieren, wenn T die Unterschlagung auch allein durchgeführt hätte.

Hier greift aber § 830 ein, und zwar mit seinem strafrechtlichen Teil: Bei Mittätern soll nach Abs. 1 S. 1 jeder für den (ganzen) Schaden verantwortlich sein, und gleiches soll nach Abs. 2 für Anstifter und Gehilfen gelten. Diesen im strafrechtlichen Sinn beteiligten Personen wird also der volle Schaden ohne Rücksicht auf die konkrete Kausalität ihres Tatbeitrags zugerechnet. Daher wäre in *Fall 102* S als Mittäter, Anstifter oder Gehilfe selbst dann wegen der ganzen 100 000 DM verantwortlich, wenn er von der Beute keinen Pfennig erhalten hätte.

Aus § 830 folgt also die Ersatzpflicht mehrerer Personen wegen desselben Schadens. Das soll aber nicht zu einer mehrfachen Entschädigung des Geschädigten führen. Bei Fehlen weiterer Vorschriften könnte man an die Anwendung von § 420 denken: Da der geschuldete Schadensersatz regelmäßig in Geld und daher in einer teilbaren Leistung besteht, scheint jeder Schädiger nur zu „einem gleichen Anteile" verpflichtet zu sein. Danach würde S in *Fall 102* nur 50 000 DM schulden; den Rest müßte G bei T holen und damit das Risiko tragen, daß T unerreichbar oder zahlungsunfähig ist.

Das ändert zugunsten des Geschädigten § 840 I: Mehrere für ein Delikt Verantwortliche sollen als Gesamtschuldner haften. Jeder schuldet also nach § 421 zunächst den vollen Betrag, doch wird er dem Geschädigten gegenüber durch Leistungen eines Mitschuldners entlastet, § 422.

Diese Regelung verlagert das Risiko der Unerreichbarkeit oder Zahlungsunfähigkeit einzelner Mitschädiger auf die übrigen: Diese haften dem Geschädigten voll und scheitern später bei der Durchsetzung des ihnen nach § 426 gegen die Mitschädiger zustehenden Rückgriffs (vgl. u. *Fall 107*).

Fall 103 (Der zweifache Unfall: zivilrechtlicher Teil des § 830)

Durch einen von *S* verschuldeten Unfall wird *G* verletzt. Alsbald bringt ihn ein Krankenwagen zum Krankenhaus. Auf dem Weg dorthin stößt der Krankenwagen jedoch mit dem die Vorfahrt mißachtenden *T* zusammen; *G* wird erneut verletzt. Welche Verletzungen aus dem ersten und welche aus dem zweiten Unfall stammen, läßt sich nicht ermitteln.

Hier hilft der oben bei *Fall 102* erörterte strafrechtliche Teil des § 830 dem *G* nicht: *S* und *T* haben nicht strafrechtlich zusammengewirkt, sondern unabhängig voneinander gehandelt. Doch greift § 830 I 2 ein: Es läßt sich ja nicht ermitteln, wer welchen Schadensteil verursacht hat. Darüber hinaus verlangt § 830 I 2 nur, daß es sich um mehrere „Beteiligte" handelt. Dafür soll nach dem *BGH*[1] genügen, daß wegen des Zusammenhangs der mehreren Verletzungshandlungen deren konkrete Kausalität für bestimmte Schadensteile nicht mehr festgestellt werden kann. Das trifft in *Fall 103* zu, weil wegen des kurzen zeitlichen Abstandes zwischen den beiden Unfällen die Folgen des ersten noch nicht ermittelt waren, als der zweite hinzukam. *G* kann also nach §§ 830 I 2, 840 *S* und *T* als Gesamtschuldner in Anspruch nehmen.[2]

Fall 104 (Das hilflose Unfallopfer: Grenzen des § 830 I 2)

S fährt mit seinem Wagen den Mofafahrer *G* an, so daß dieser auf die Fahrbahn stürzt. Noch ehe *G* weggeschafft werden kann, wird er auch von *T* überfahren. *G* stirbt an seinen Verletzungen; inwieweit diese von *S* oder von *T* stammen, läßt sich nicht mehr feststellen. Ersatzansprüche der Witwe des *G*?

Auf den ersten Blick scheint hier kein wesentlicher Unterschied zu *Fall 103* zu bestehen: Zwei Personen haben kurz hintereinander derart zu einem Gesamtschaden beigetragen, daß sich die Verursachungsteile nicht mehr ermitteln lassen. Aber es gibt doch eine Abweichung bei *Fall 104*: Bei *Fall 103* hatte der erste Unfall die Wahrscheinlichkeit des zweiten nicht wesentlich erhöht; der zweite Unfall ist daher wohl keine adäquate Folge des ersten. Dagegen machte es in *Fall 104* das Liegen auf der Fahrbahn einigermaßen wahrscheinlich, daß dem *G* ein weiterer Unfall zustieß. Daher haftet hier *S* auch für die Folgen des zweiten Unfalls, und zwar ohne daß dies aus § 830 I 2 begründet werden müßte: Auch der zweite Unfall ist ja eine adäquate Folge des von *S* zu verantwortenden

---

[1] *BGHZ* 55, 86.
[2] Jedenfalls wenn man mit dem gleich zu *Fall 104* Gesagten den zweiten Unfall für keine adäquate Folge des ersten hält.

ersten. Dann ist aber nach der zutreffenden h. M.[3] § 830 I 2 unanwendbar, weil der Geschädigte wenigstens von einer Person vollen Schadensersatz verlangen kann. Hieran würde sich übrigens selbst dann nichts ändern, wenn der Anspruch gegen den Erstschädiger *S* aus irgendeinem Grund nicht durchsetzbar wäre: § 830 I 2 will dem Geschädigten nur einen voll leistungs*pflichtigen* Schuldner verschaffen, dagegen nicht unbedingt einen voll leistungs*fähigen*.

Fall 105 (Hausbesetzung: psychische Beihilfe bei § 830)

Am 11.12. 1971 hatten in Hannover mehrere hundert Personen ein leerstehendes Bürogebäude besetzt, um es zu einem Jugendzentrum „umzufunktionieren". Am frühen Morgen des 14.12. forderte die Polizei mehrfach zur Räumung auf und vollzog diese schließlich zwangsweise. Dabei wurden die Polizisten vom Dach mit Steinen und Flaschen beworfen; mehrere Polizisten wurden verletzt, Polizeifahrzeuge wurden beschädigt. Dem *S* ist nicht nachzuweisen, daß er selbst geworfen hat; trotzdem verlangt das Land Niedersachsen von ihm Schadensersatz.

Der *BGH*[4] hat den *S* zum Schadensersatz verurteilt: Wie für die Beihilfe im Strafrecht genüge psychische Unterstützung auch für § 830. Solche habe *S* geleistet, indem er durch Bekundung seiner „Verbundenheit mit der sich auf einen Kampf gegen die Polizei einrichtenden Menge ... den eigentlichen Akteuren jedenfalls das Gefühl vermittelt habe, den offenen Rechtsbruch in der Anonymität der Masse ungeahndet begehen zu können, und ihm die Planung und Ausführung des aktiven Widerstands psychisch erleichtert habe". Allerdings möge das Risiko einer Haftung über § 830 von der Teilnahme an Demonstrationen abhalten. Doch knüpfe sich diese Haftung keinesfalls schon an die bloße Teilnahme; der Wille des Teilnehmers müsse vielmehr auch die Tätlichkeiten umfassen.

Fall 106 (Grohnde: § 830 bei gewaltsamer Großdemonstration)

Am 19.3. 1977 beteiligten sich an einer Großdemonstration gegen das Kernkraftwerk Grohnde 10–20000 Menschen. Dabei kam es zu erheblicher rechtswidriger Gewaltanwendung durch die Demonstranten. 18 von ihnen sind ermittelt und auf Ersatz des entstandenen Schadens verklagt worden.

Hier hatten sich die Vorinstanzen auf die zu oben *Fall 105* mitgeteilte *BGH*-Entscheidung bezogen und viele der Beklagten verurteilt, weil sie die Gewalttaten wenigstens in ihren Willen aufgenommen hätten. Der *BGH*[5] hat das jedoch nicht gebilligt und die Besonderheiten einer Großdemonstration hervorgehoben: Dort bildeten die Teilnehmer regelmäßig keine homogene Gruppe mit gleichen Vorstellungen über Durchführung und Ablauf. Auch könnten die Motive zur Teilnahme an Gewalttätigkeiten ganz verschieden sein. Daher dürfe man eine für den einzelnen nicht

---

[3] *BGHZ* 72, 355.
[4] *BGHZ* 63, 124.
[5] *BGHZ* 89, 383, ausführlicher VersR 1984, 359, dazu *Stürner,* JZ 1984, 525 ff.

überschaubare Großdemonstration nicht in dem Sinne als Einheit ansehen, daß jedem psychischen Teilnehmer jede Gewalttat zugerechnet werde. Auch § 830 I 2 passe nicht: Diese Vorschrift könne nicht Zweifel daran überwinden, ob der Beklagte überhaupt an der unerlaubten Handlung teilgenommen habe. Daher hat der *BGH* teils die Klagen abgewiesen und teils die Sache zur (wenig aussichtsreichen) weiteren Aufklärung zurückverwiesen.

Fall 107 (Der zweifache Unfall: Regreß bei Schädigermehrheit)

In *Fall 103* möge *S* den *G* voll entschädigt haben; wie kann er gegen *T* Regreß nehmen?

S mußte als Gesamtschuldner den *G* voll entschädigen, wenn dieser das verlangte, §§ 840, 421. Doch wäre es offenbar ungerecht, wenn es bei der so von *G* willkürlich geschaffenen Schadensverteilung bliebe. Daher sieht § 426 unter den Gesamtschuldnern einen weiteren Ausgleich vor: Soweit nicht ein anderes bestimmt ist, soll jeder Gesamtschuldner einen gleichen Anteil tragen. Danach könnte *S* von *T* die Hälfte des an *G* zu zahlenden Betrages verlangen.

Gerade für die Gesamtschuld aus unerlaubter Handlung gibt es aber zwei wichtige Abweichungen von dieser Gleichverteilungsregel: Erstens ist in §§ 840 II, III, 841 angeordnet, daß bestimmte Personen gegenüber ihren Mitschuldnern den Schaden allein tragen müssen. Und zweitens wird nach allgemeiner Ansicht § 254 bei § 426 entsprechend angewendet: Unter den an einer Schadenszufügung Beteiligten soll der Schaden nach Maßgabe ihres Verursachungs- und Verschuldensbeitrags verteilt werden (vgl. u. § 20 *Fall 116*). Dieser zweite Gedanke paßt möglicherweise auch für *Fall 107:* Es kommt vor allem auf die Wahrscheinlichkeit an, mit der *S* und *T* zu dem Gesamtschaden beigetragen haben. War z. B. der Anprall bei dem ersten Unfall stärker als bei dem zweiten, so muß der für diesen ersten Unfall verantwortliche *S* einen höheren Anteil tragen als *T.*

II. Zusammenfassung

1. *§ 830* erweitert die Schadenszurechnung über die konkret vorhandene oder feststellbare Kausalität hinaus auf den gesamten Schaden. Diese Erweiterung gilt

a) für die *im strafrechtlichen Sinn Beteiligten* (Mittäter, Anstifter, Gehilfen), § 830 I 1, II; dabei genügt auch psychische Mitwirkung;

b) auch für *jeden anderen Beteiligten,* wenn wegen dieser Beteiligung die *individuellen Verantwortlichkeitsbeiträge nicht mehr zu ermitteln* sind, § 830 I 2.

2. Demgegenüber bestimmt *§ 840 I*, in welcher Art mehrere für den Schaden Verantwortliche haften: als *Gesamtschuldner*, §§ 421 ff.

3. Für den *internen Schadensausgleich* wird die Gleichverteilungsregel von *§ 426 I 1* durch zwei Sonderregeln überlagert: Die §§ 840 II, III, 841 ordnen für bestimmte Personen eine interne Alleinverantwortlichkeit an; im übrigen ist der Schaden entsprechend § 254 nach den Verursachungs- und Verschuldensanteilen zu verteilen.

§ 18. Positives und negatives Interesse

I. Die Unterscheidung

Fall 108 (Der Irrtum: die beiden Schadensarten)

S hat sich beim Abschluß eines Vertrages mit *G* geirrt und weigert sich mit dieser Begründung, den Vertrag zu erfüllen. Wie ist der Schadensersatz zu berechnen, der dem *G* zusteht, wenn dieser Schadensersatz und nicht mehr Erfüllung haben will?

Die Antwort hängt von der Art des Irrtums ab, auf den *S* sich beruft:

Ist es ein nach §§ 119, 120 beachtlicher Irrtum (Inhalts-, Erklärungs-, Eigenschafts-, Übermittlungsirrtum),[1] so kann man in dem Verhalten des *S* eine wirksame Anfechtung sehen. Durch diese wird nach § 142 I der Vertrag von Anfang an vernichtet. *S* braucht also nicht zu erfüllen. Vielmehr trifft ihn nur die Schadensersatzpflicht aus § 122. Danach muß *S* den Schaden ersetzen, den *G* durch das Vertrauen auf die Gültigkeit der Erklärung des *S* (und damit des Vertrages) erlitten hat. Das ist das sog. negative Interesse (Vertrauensinteresse). Es umfaßt vor allem Aufwendungen, die *G* im Vertrauen auf die Wirksamkeit des Vertrages gemacht hat, die sich nun als sinnlos erweisen. Vielleicht hätte *G* auch einen anderen Vertrag geschlossen, wenn er die Unwirksamkeit seiner Vereinbarung mit *S* gekannt hätte: Dann ist auch der entgangene Gewinn aus diesem hypothetischen Vertrag zu ersetzen (zur Grenze vgl. u. *Fall 109*).

Fällt dagegen der von *S* angeführte Irrtum nicht unter die §§ 119, 120 oder hat *S* die Ausschlußfrist von § 121 versäumt, so liegt keine wirksame Anfechtung vor. Folglich ist der Vertrag noch wirksam. Dann bildet die Erklärung des *S* möglicherweise eine Erfüllungsverweigerung (Vertragsaufsage).[2] Diese macht das sonst bei Leistungsverzögerung geltende Verfahren von §§ 284, 326 (Mahnung, Nachfristsetzung mit Ablehnungsandrohung) überflüssig. Vielmehr kann *G* dann sofort vom Vertrag zurücktreten oder Schadensersatz wegen Nichterfüllung (so § 326 I 2) verlangen. Das ist das positive Interesse (Erfüllungsinteresse): Mit ihm

---

[1] Vgl. dazu *Löwisch*, AT, § 11.
[2] Vgl. dazu *Löwisch*, SAT, S. 93.

sollen nicht – wie mit dem negativen Interesse – die Folgen eines unwirksamen Vertrags beseitigt werden. Vielmehr wird beim positiven Interesse der Vertrag sozusagen ernst genommen: *G* kann statt der Erfüllung deren Gegenwert in Geld verlangen. Das umfaßt insbesondere den Gewinn, den *G* aus dem Vertrag mit *S* (und nicht aus einem hypothetischen anderen Vertrag) hätte ziehen können.

Fall 109 (Die verpaßte Gelegenheit: Obergrenze des negativen Interesses)

G hat für 200 000 DM von *S* ein Grundstück gekauft. Kurz danach wird dem *G* ein gleichwertiges Grundstück für nur 150 000 DM angeboten. *G* ärgert sich zwar über seinen Abschluß mit *S*, schlägt aber, weil er sich schon gebunden weiß, das neue Angebot aus. Jetzt bemerkt *S* einen rechtserheblichen Irrtum und ficht unverzüglich an. Das günstige Grundstück ist inzwischen anderweitig verkauft; *G* muß jetzt eines für 220 000 DM kaufen. Schadensersatzansprüche des *G*?

Nach § 122 kann *G* hier das negative Interesse ersetzt verlangen. Durch das Vertrauen auf die fortdauernde Wirksamkeit des Vertrages mit *S* ist dem *G* der günstige Abschluß zu 150 000 DM entgangen. Da er sich jetzt für 220 000 DM eindecken muß, beträgt sein negatives Interesse – Gleichwertigkeit aller drei Grundstücke vorausgesetzt und von den Vertragskosten (§ 313!) abgesehen – 70 000 DM.

Dürfte *G* diesen Betrag wirklich voll ersetzt verlangen, so bedeutete der Irrtum des *S* für *G* geradezu einen Glücksfall: *G* könnte sich ja jetzt das günstigste Angebot zu 150 000 DM noch zunutze machen, das für ihn wegen des Abschlusses mit *S* versäumt zu sein schien. Umgekehrt hätte *S* aus seiner Anfechtung letztlich erheblichen Schaden. Das will der Schlußteil von § 122 I in Grenzen halten: Das negative Interesse soll nicht über den Betrag des positiven hinaus ersetzt werden (denn das ist das Interesse, das *G* an der Gültigkeit der Erklärung des *S* hatte). Eine gleiche Begrenzung findet sich auch in den §§ 179 II, 307 I 1 am Ende. Danach kann *G* in *Fall 109* von *S* – abgesehen von den Vertragskosten – bloß 20 000 DM verlangen.

Fall 110 (Der verletzte Taxifahrgast: Anwendungsgrenzen der Unterscheidung zwischen positivem und negativem Interesse)

G ist in dem Taxi des *S* durch dessen unvorsichtiges Fahren verletzt worden. Kann *G* Ersatz dieses Körperschadens als positives oder als negatives Interesse verlangen?

Wenn *S* den Beförderungsvertrag ordentlich erfüllt hätte, wäre *G* jetzt unverletzt (positives Interesse). Ebenso unverletzt wäre *G* aber auch, wenn er den Vertrag mit *S* nicht abgeschlossen hätte (negatives Interesse). In Bezug auf den hier erfragten Körperschaden gibt die Unterscheidung zwischen den beiden Arten des Interesses also keinen rechten Sinn. Vollends sinnlos ist die Unterscheidung bei reinen Deliktsschäden, also wo ein Rechtsgeschäft keine Rolle spielt. Darum spricht das BGB vom negativen Interesse nur im Zusammenhang mit (mißglückten) Rechtsgeschäften (§§ 122, 179 II, 307, 611 a II), und „Schadensersatz wegen Nichterfüllung" kommt gleichfalls meist nur bei rechtsgeschäftlich begründeten Schuldverhältnissen vor (etwa §§ 325 I 1, 326 I 2, 463 S. 1, 480 II, 538 I, 635); allemal (etwa auch in § 286 II) bezeichnet er den Ersatz für die Erfüllung. Die Begleitschäden aus schlechter Leistung, unter die in *Fall 110* der Körperschaden des *G* fällt, stehen also außerhalb des Gegensatzes der Interessearten: Dieser Gegensatz knüpft eben bei der Wirksamkeit oder Unwirksamkeit des Geschäfts an und nicht an seine den Begleitschaden verursachende Ausführung. Denn ausgeführt werden kann ein Geschäft unabhängig davon, ob es wirksam zustande gekommen ist oder nicht.

II. Zusammenfassung

1. Das BGB unterscheidet zwischen *positivem Interesse* (Schadensersatz wegen Nichterfüllung) und *negativem Interesse* (Vertrauensschaden). Der Ersatz des negativen Interesses hängt zusammen mit nicht oder nicht wirksam zustande gekommenen Rechtsgeschäften (vor allem §§ 122, 179 II, 307): Eine Partei soll von den Nachteilen aus ihrem enttäuschten Vertrauen auf die Wirksamkeit des Geschäfts entlastet werden. Dagegen soll das positive Interesse ein Äquivalent für die unterbleibende Erfüllung bieten: Der Gläubiger wird vermögensmäßig so gestellt, als sei ordentlich erfüllt worden.

2. In den gesetzlich geregelten Fällen wird – außer bei § 611 a II – der *Ersatz des negativen Interesses durch den Betrag des positiven begrenzt.*

3. *Begleitschäden* aus schlechter Leistung stehen außerhalb des Gegensatzes der beiden Interessearten.

§ 19. Vermögens- und Nichtvermögensschaden

I. Das Problem

Nach § 253 wird Nichtvermögensschaden nur ausnahmsweise, nämlich in den gesetzlich bestimmten Fällen, in Geld ersetzt. Der wichtigste solche Fall ist das Schmerzensgeld bei Körperverletzungen nach § 847 (vgl. o. § 5 *Fall 15*). Im übrigen dagegen scheitert ein Ersatz für Nichtvermögensschäden an § 253, wenn die (auch bei solchen Schäden primär geschuldete) Herstellung unmöglich ist.

Dieses Prinzip ist für den Fall der Verletzung des Allgemeinen Persönlichkeitsrechts durchbrochen worden; davon war schon ausführlich die

Rede (o. § 8 *Fall 52*). Und in den Grenzbereich zwischen Vermögens-
und Nichtvermögensschaden führte die abstrakte Nutzungsentschädigung für den Nutzungsentgang bei Kraftfahrzeugen (o. § 7 *Fall 42*):
Dort ließ sich ja auch die Ansicht vertreten, wenn der Geschädigte sich
ohne einen Mietwagen beholfen habe, seien ihm eben typischerweise nur
nichtvermögenswerte Unbequemlichkeiten entstanden. Doch ergeben
sich Abgrenzungsprobleme auch bei weiteren Fallgruppen, insbesondere
im Zusammenhang mit Urlaub und Freizeit.

II. Der gestörte Urlaub

Fall 111 (Schiffsgepäckfall: Kommerzialisierung)

Das Ehepaar *G* hatte für 1800 DM eine achtzehntägige Seereise zu den Kanarischen
Inseln gebucht. Infolge eines Verschuldens der deutschen Zollverwaltung kam das Gepäck nicht an Bord. Daher konnten die Eheleute „nicht in gewohnter und angemesse-
ner Weise Wäsche und Kleidung wechseln". Ersatzpflicht der Bundesrepublik
Deutschland (§ 839 BGB, Art. 34 GG)?

Auch hier liegt wieder die Ansicht nahe, der Schaden der Eheleute beschränke sich auf nichtvermögensrechtliche Unbequemlichkeiten und
Unannehmlichkeiten; da Herstellung unmöglich sei, scheitere ein Ersatzanspruch also an § 253. Der *BGH*[1] hat jedoch anders entschieden:
Der Vertrag mit der Reederei habe den Eheleuten „die Möglichkeit zum
ungestörten und erholsamen Genuß einer Seereise geben" sollen. Diese
Möglichkeit sei durch den Preis der Seereise erkauft und daher „in gewissem Umfang" kommerzialisiert. Eine Beeinträchtigung des Reisege-
nusses beeinträchtige daher auch das mit dem Reisepreis erstrebte Äquivalent. Der Wert dieser Beeinträchtigung lasse sich für den Ehemann auf
100 DM und für die Ehefrau auf 200 DM schätzen.

Ich halte diese Entscheidung für unrichtig. Denn erstens ist schon der
Ansatz der Argumentation bei der Kommerzialisierung bedenklich: Es
gibt heute kaum etwas, das man nicht für Geld kaufen könnte. In Konsequenz des Kommerzialisierungsgedankens würde also § 253 seine Bedeutung weitgehend einbüßen. Vollends darf man den Vermögenswert
eines Gutes nicht ohne weiteres nach dem Preis bemessen, den der Geschädigte dafür bezahlt hat: Sonst könnte dieser mit seiner eigenen Ein-
schätzung den Betrag des ihm zu ersetzenden Schadens bestimmen. Und
zweitens hat der *BGH* den Kommerzialisierungsgedanken auch nicht
konsequent zu Ende geführt: Es gibt für Seereisen keine verschiedenen
Preise je nachdem, ob Gepäck mitgenommen wird oder nicht; die Mit-
nahme von Gepäck selbst ist also nicht kommerzialisiert. Vollends unterscheidet eine solche Preisdifferenzierung nicht nach Geschlechtern.

---

[1] NJW 1956, 1234.

Danach wäre den Eheleuten in *Fall 111* ein Geldersatz nur für die wirklich entstandenen Kosten (z.B. für die Herbeischaffung des Gepäcks oder für die Anschaffung von Ersatzwäsche) zuzusprechen gewesen.

Fall 112 (Grado oder Herdecke: gestörte Urlaubspläne)

G wollte mit Frau und Kind mit seinem Wohnwagen zum Camping nach Grado fahren. Kurz vor dem geplanten Abfahrtermin wurde der Pkw des G durch ein Verschulden des S schwer beschädigt. Da eine Verschiebung des Urlaubs unmöglich war, mußte G diesen da verbringen, wo der Wohnwagen stand, nämlich in Herdecke. G verlangt von S 500 DM wegen „entgangener Urlaubsfreude".

Der *BGH*[2] hat diese Entschädigung mit Recht verweigert: Der von G durch seine Arbeitsleistung „erkaufte" Urlaub war nicht verdorben (erholen kann man sich auch in Herdecke!). Vereitelt war lediglich eine bestimmte Gestaltung dieses Urlaubs. Hierfür hatte G aber noch keine finanziellen Aufwendungen gemacht (etwa für die Vorbestellung bei einem Campingplatz). Daher hat der *BGH* einen Vermögensschaden verneint: Die Verhinderung der beabsichtigten Urlaubsgestaltung habe sich „unter keinerlei Gesichtspunkten in der Vermögenslage (des G) negativ niedergeschlagen".

Fall 113 (Schwarzmeerküste: verdorbener Urlaub)

Im Jahr 1971 buchte G für sich und seine Familie bei dem Reiseveranstalter S eine zweiwöchige Pauschalreise zur rumänischen Schwarzmeerküste. Der Aufenthalt dort wurde durch schwere Mängel des Urlaubsquartiers erheblich beeinträchtigt. G verlangt von S u.a. 1500 DM für nutzlos aufgewendete Urlaubszeit. Mit Recht?

Hier muß man zwei Fragen unterscheiden:

(1) Weil die von S selbst zu erbringende Leistung mangelhaft war, kann G den als Gegenleistung vereinbarten Reisepreis mindern und in Extremfällen (bei völliger Wertlosigkeit der Reise) auch ganz zurückverlangen. Das ergibt sich heute (seit Einführung der §§ 651 a ff.) aus § 651 d; früher folgte es aus § 634.

(2) Diese Minderung läßt aber unberücksichtigt, daß G für die im Ergebnis unerquickliche Reise als Unselbständiger seinen Jahresurlaub aufgewendet oder als Selbständiger auf Einnahmen verzichtet bzw. Kosten für einen Vertreter aufgewendet hat. Anhänger des Kommerzialisierungsgedankens können also dem Urlaub einen Vermögenswert zumessen, weil der Urlaub durch geldwerte Aufwendungen erkauft worden ist. Wenn man dann den Urlaub mit seinem Zweck (Erholung) gleichsetzt, erscheint die Beeinträchtigung dieser Erholung als Beeinträchtigung eines Vermögensguts, mithin als Vermögensschaden. Dessen Höhe bemißt sich dann nach den Aufwendungen für die den Urlaub ermöglichende Freistellung von der Berufsarbeit.

---

[2] *BGHZ* 60, 214.

Der *BGH*[3] ist dieser Auffassung in dem Schwarzmeerküstenfall beigetreten. Daraus folgte freilich, daß eine Entschädigung wegen verdorbenen Urlaubs nur für Berufstätige begründet werden konnte.

Fall 114 (Schwarzmeerküste heute: Reisevertragsgesetz)

Wie o. *Fall 113*, nur möge sich die Beeinträchtigung des Urlaubs nach dem Inkrafttreten der §§ 651 a ff. (1. 10. 1979) ereignet haben.

Da *S* dem *G* eine „Gesamtheit von Reiseleistungen" schuldete, liegt nach § 651 a ein Reisevertrag vor. Hierfür ist der Schadensersatzanspruch des Reisenden „wegen nutzlos aufgewendeter Urlaubszeit" in § 651 f II geregelt: Der Reisende soll eine „angemessene Entschädigung in Geld" verlangen können, wenn wegen eines von dem Reiseveranstalter zu vertretenden Umstands die Reise „vereitelt oder erheblich beeinträchtigt" ist.

Aus § 651 f II wird nicht ganz deutlich, ob der Gesetzgeber hier nur die *BGH*-Entscheidung zur Schwarzmeerküste übernehmen oder eine eigenständige Regelung treffen wollte. Die heute h. M. nimmt mit guten Gründen das letztere an. Danach braucht der verdorbene Urlaub nicht mehr mittels des Kommerzialisierungsarguments als Vermögensschaden begründet zu werden. Vielmehr kann man § 651 f II als weitere gesetzliche Ausnahme von § 253 auffassen, nämlich als weiteren Fall des Geldersatzes für einen Nichtvermögensschaden. Folglich ist der Ersatzanspruch aus § 651 f II nicht mehr auf Berufstätige beschränkt; Ersatz verlangen können also etwa auch Hausfrauen, Schüler und Rentner. Unterschiede mögen sich freilich bei der Feststellung ergeben, ob eine Reise „vereitelt oder erheblich beeinträchtigt" worden ist: Hier können (etwa bei Lärm) für den erschöpften Familienvater andere Maßstäbe gelten als für den erlebnishungrigen Sohn.

Fall 115 (Die falsche Steuermahnung: verdorbene Freizeit)

Durch ein Verschulden seines Finanzamts erhält der berufstätige *G* eine sachlich unrichtige Mahnung wegen in Wahrheit längst bezahlter Steuern. *G* benötigt ein ganzes Wochenende, um die Belege für die pünktlichen Zahlungen herauszusuchen. Kann er deshalb von dem für das Finanzamt zuständigen Bundesland Geldersatz wegen des verdorbenen Wochenendes fordern (§ 839 BGB, Art. 34 GG)?

Vom Kommerzialisierungsgedanken her (vgl. o. *Fall 13* bei 2) gibt es wohl keinen wesentlichen Unterschied zwischen dem Urlaub und dem arbeitsfreien Wochenende. Insbesondere soll auch dieses der Erholung dienen. Daher müßte konsequenterweise eine Geldentschädigung auch wegen verdorbener Wochenenden in Betracht gezogen werden.

Das ist aber bisher fast nie geschehen. Im Ergebnis erscheint mir diese Verneinung auch richtig. Doch dürfte eine tragfähige Begründung nur

---

[3] *BGHZ* 63, 98.

gelingen, wenn man von dem Gedanken einer Kommerzialisierung der arbeitsfreien Zeit und damit von *BGHZ* 63, 98 überhaupt Abschied nimmt.

III. Zusammenfassung

1. Beim *Naturalersatz* (Herstellung, § 249) gelten für Nichtvermögensschäden keine Besonderheiten. Dagegen beschränkt *§ 253* den Geldersatz (§ 251) hier auf die gesetzlich bestimmten Fälle. Solche Fälle regelt vor allem § 847 und jetzt nach h. M. auch § 651 f II.

2. Die Grenze zwischen Vermögens- und Nichtvermögensschaden ist bisweilen durch das *Kommerzialisierungsargument* verschoben worden. Danach soll ein Vermögensschaden schon dann vorliegen, wenn der Geschädigte das beeinträchtigte Gut durch Vermögensaufwendungen erkauft hat. Dieses Argument allein überzeugt aber nicht. Daher bedeuten insbesondere Beeinträchtigungen von Urlaub oder Freizeit nach richtiger Ansicht keinen Vermögensschaden.

§ 20. Die Mitwirkung des Geschädigten

Schon in manchen der bisher behandelten Fälle war der Schädiger nicht allemal allein an dem Schaden „schuld". So kommt bei der Verfolgung des flüchtenden Kraftfahrers durch die Polizeistreife (o. § 16 *Fall 94*) in Betracht, daß der Unfall des Streifenwagens auch auf den Übereifer oder eine riskante Fahrweise der verfolgenden Polizisten zurückging. In solchen Fällen wäre es wenig sachgerecht, wenn der Schädiger trotz der Mitwirkung des Geschädigten allein für den ganzen Schaden aufkommen müßte. Andererseits wäre es aber auch unbillig, wenn diese Mitwirkung den Ersatzanspruch völlig wegfallen ließe. Daher bietet sich als Ausweg eine Schadensteilung an. Sie ist in § 254 und einigen verwandten Vorschriften angeordnet.

I. Einzelprobleme

Fall 116 (Der unvorsichtige Fußgänger: Pflichtenverstoß des Geschädigten; Maßstäbe der Schadensteilung)

G benutzt als Fußgänger den Gehweg. Da ihm andere Personen entgegenkommen, weicht er auf den neben dem Gehweg verlaufenden Radweg aus. Der von hinten kommende Radfahrer S fährt den G an und verletzt ihn. Schadensersatzansprüche des G gegen den S?

Als Anspruchsgrundlage kommt hier vor allem § 823 I (Körperverletzung) in Betracht. Zweifelhaft kann dabei jedoch das Verschulden des *S* sein: Wenn G unmittelbar und plötzlich vor dem herankommenden S auf den Radweg gewechselt ist, kann dem S ein Ausweichen oder rechtzeitiges Bremsen unmöglich gewesen sein. Dann scheidet ein Ersatzanspruch des G schon dem Grunde nach aus.

Denkbar ist aber auch, daß S bei Beachtung der erforderlichen Sorgfalt (§ 276 I 2) den Unfall hätte vermeiden können. Dann ist ihm Fahrlässigkeit vorzuwerfen, so daß ein Ersatzanspruch dem Grunde nach in Betracht kommt. Doch ist hier nach § 254 I weiter zu fragen, ob bei der Schadensentstehung ein Verschulden des geschädigten G mitgewirkt hat. Das dürfte typischerweise zu bejahen sein: Nach § 25 I 1 StVO sind Fußgänger regelmäßig auf die Benutzung der Gehwege beschränkt. Gegen diese Rechtspflicht hat G hier womöglich verstoßen. Vor allem aber hätte G sich vor dem Betreten des Radwegs vergewissern müssen, daß dieser frei ist. Gegen diese schon aus § 1 StVO folgende Pflicht hat G verstoßen, und zwar regelmäßig fahrlässig. Daher hängen nach § 254 I die Ersatzpflicht des S und deren Umfang „von den Umständen ab, insbesondere davon, inwieweit der Schaden vorwiegend von dem einen oder dem anderen Teile verursacht worden ist".

§ 254 I geht also davon aus, daß die Ursächlichkeit graduell unterschieden werden kann. Dafür eignet sich in erster Linie der Maßstab der Wahrscheinlichkeit: Entscheidend ist, in welchem Maß der Schaden durch das Verhalten des Schädigers oder durch dasjenige des Geschädigten wahrscheinlich geworden ist. So spielt es in *Fall 116* eine wesentliche Rolle, wie stark die von G und S benutzte Straße befahren war: Je mehr Verkehr dort herrschte, umso wahrscheinlicher wurde ein Unfall durch das plötzliche Überwechseln des G auf den Radweg.

Nach dieser an der Ursächlichkeit ausgerichteten Betrachtung bleibt noch das Ausmaß des Verschuldens zu berücksichtigen. Doch wird sich hierbei regelmäßig keine wesentliche Verschiebung ergeben: In *Fall 116* etwa wiegt die Fahrlässigkeit des G umso schwerer, je mehr er sein Verhalten wegen des starken Verkehrs als gefährlich ansehen mußte.

Der Verursachungs- und Verschuldensbeitrag des G ist gegenüber demjenigen des S abzuwägen. Auch bei S kommen ja „Umstände" in Betracht, nach denen Mitwirkung und Verschulden bewertet werden können. Wesentlich ist hier etwa, wieweit S noch von G entfernt war, als dieser auf den Radweg trat, ob die Bremsen des S in Ordnung waren und ob dieser das Hindernis sehen konnte, dessentwegen G auf den Radweg auswich.

Diese Abwägung der beiderseitigen Verursachungs- und Verschuldensanteile kann nicht mathematisch exakt erfolgen. Vielmehr kommt man über eine grobe Abschätzung kaum hinaus. Daher pflegt in der Praxis der Schaden bloß in „runden" Zahlenverhältnissen geteilt zu werden (etwa 10, 20, 30% usw.). In besonderen Fällen kann die Abwägung auch dahin führen, daß der Schädiger (etwa bei Vorsatz) oder der Geschädigte (etwa bei eigener grober Nachlässigkeit gegenüber einem geringen Versehen des Schädigers) den ganzen Schaden allein tragen müssen.

Fall 117 (Der unnötige Mietwagen: Obliegenheitsverletzung)

Bei einem von S verschuldeten Unfall ist der Pkw des G erheblich beschädigt worden. Während der Reparaturzeit von drei Wochen nimmt G einen Mietwagen, obwohl er in dieser Zeit nur insgesamt 20 km zurücklegt. Muß S trotzdem die Mietwagenkosten ersetzen?

Anders als in o. *Fall 116* hat der geschädigte G hier nicht gegen eine Rechtspflicht verstoßen: Keine Norm verbietet das Mieten eines Wagens. Trotzdem kommt § 254 auch hier in Betracht, wie dessen Abs. 2 zeigt: Dort werden ausdrücklich die Fälle erwähnt, daß der Geschädigte die Warnung vor einem besonders hohen Schaden oder die Abwendung oder Minderung des Schadens unterlassen hat. Man spricht hier von einem Verstoß gegen „Obliegenheiten" oder „Gebote des eigenen Interesses". Auf die Einhaltung dieser Obliegenheiten oder Gebote gibt es zwar – anders als regelmäßig bei echten Rechtspflichten – keinen Erfüllungsanspruch. Jedoch wird die zu vertretende Nichteinhaltung anders sanktioniert: etwa in § 254 durch Minderung oder Wegfall des Ersatzanspruchs.

In *Fall 117* kommt ein Obliegenheitsverstoß des G in Betracht: Wenn dieser seinen geringen Fahrbedarf voraussehen konnte, hätte er regelmäßig auf das Mieten eines Ersatzwagens verzichten müssen und nötigenfalls ein Taxi nehmen können. Mehr als der für ein Taxi nötige Betrag wird daher dem G nicht ersetzt.

Fall 118 (Die sorglosen Eltern: Anrechnung von Verschulden des gesetzlichen Vertreters)

Der von seinen Eltern mangelhaft beaufsichtigte dreijährige G läuft unachtsam auf eine verkehrsreiche Straße. Dort wird er von dem Radfahrer S angefahren und verletzt. Die dabei entstandene Wunde bedarf ärztlicher Behandlung. Die Eltern des G verzögern diese jedoch, so daß G schließlich sogar ins Krankenhaus muß. Inwieweit hat S dem G die Behandlungskosten zu ersetzen?

Hier kann man zunächst fragen, ob § 254 auf den Ersatzanspruch des G wegen dessen eigenen Fehlverhaltens anzuwenden ist. Die ganz h. M. lehnt das ab: Sie wendet nämlich bei § 254 die §§ 827, 828 entsprechend an (obwohl § 254 – anders als § 276 I 3 – die Anwendung dieser Vorschriften nicht ausdrücklich anordnet). Danach bleibt die eigene Mitwirkung des G an dem Unfall außer Betracht, weil G nach § 828 I deliktsunfähig ist.

Zu fragen bleibt aber weiter, ob G sich nicht die schuldhafte Mitwirkung seiner Eltern schadensmindernd anrechnen lassen muß. Auf den ersten Blick möchte man das bejahen, weil § 254 II 2 die entsprechende Anwendung des § 278 anordnet, und nach dieser Vorschrift wird auch ein Verschulden des gesetzlichen Vertreters zugerechnet.

Diese Anwendung des § 278 paßt auch zweifelsfrei für ein Verschulden der Eltern nach dem Schadenseintritt (konkret: für die Verzögerung der ärztlichen Behandlung). Denn mit dem Schadenseintritt war zwischen *G* und *S* ein gesetzliches (§ 823 I), auf Schadensersatzleistung gerichtetes Schuldverhältnis entstanden. Umgekehrt traf den *G* die Obliegenheit zur Geringhaltung des zu ersetzenden Schadens, und diese Obliegenheit wurde für *G* durch dessen Eltern wahrgenommen. Deren hierbei unterlaufenes Verschulden fällt also nach den §§ 254 II 2, 278 dem *G* zur Last.

Anders liegt es dagegen für die – nicht den Schaden vergrößernde, sondern seinen Eintritt überhaupt erst ermöglichende – Sorglosigkeit der Eltern bei Schadenseintritt, also für die mangelhafte Beaufsichtigung des *G*. Denn zu diesem Zeitpunkt bestand zwischen *G* und *S* noch keine Sonderverbindung. Daher hätte auch der Schädiger *S* für die auf seiner Seite etwa tätigen gesetzlichen Vertreter und Erfüllungsgehilfen[1] nicht nach § 278 einzustehen brauchen. Vor allem die in der Rechtsprechung überwiegende Meinung[2] überträgt das auf den Geschädigten *G:* Auch er soll außerhalb einer schon bestehenden Sonderverbindung ein Verschulden seiner gesetzlichen Vertreter oder Gehilfen nicht nach § 278 zu vertreten haben. Konsequenterweise werden dann aber die für den Schädiger geltenden weiteren Zurechnungsnormen, nämlich die §§ 31, 831, auch auf den Geschädigten bei § 254 entsprechend angewendet. Doch passen auch diese Normen nicht auf die Eltern, so daß deren Verschulden bei der Beaufsichtigung dem *G* überhaupt nicht zugerechnet wird.

Insgesamt gilt danach für die Ansprüche des *G* gegen *S* in *Fall 118:* Daß die Eltern zur Entstehung des Schadens beigetragen haben, mindert diese Ansprüche nicht, wohl aber wirkt anspruchsmindernd das schadensvergrößernde spätere Verschulden der Eltern.

Fall 119 (Die sorglosen Eltern II: schadensverursachendes Mitverschulden innerhalb einer Sonderverbindung)

Der von seinen Eltern nicht ausreichend beaufsichtigte fünfjährige *G* fällt bei einer Eisenbahnfahrt aus dem Zug, weil er statt der Tür zur Toilette die nach außen führende Wagentür geöffnet hat. *G* wird schwer verletzt; welche Ansprüche hat er gegen die Bundesbahn?

Als Anspruchsgrundlage kommt hier nur § 1 I HPflG in Betracht. Dabei ergibt sich zunächst die Frage nach dem Vorliegen höherer Gewalt; § 1 II 2 HPflG nennt ja als Beispiel ausdrücklich das „Verhalten des Geschädigten". Das kann man hier verneinen, wenn man solche Kinderun-

---

[1] Das Wort paßt hier nicht recht, weil es außerhalb einer Sonderverbindung noch nichts zu erfüllen gibt.
[2] Etwa *BGHZ* 1, 249; 73, 190, 192. Die vor allem in der Literatur vertretene Gegenansicht wendet § 278 bei § 254 ohne Rücksicht auf eine Sonderverbindung an, vgl. etwa *Larenz*, SAT, § 31 I d (für Gehilfen, nicht für gesetzliche Vertreter).

fälle noch zum kalkulierbaren Betriebsrisiko rechnet, vgl. o. § 15 *Fall 88*.
Dann greift hier aber wenigstens die Verweisung von § 4 HPflG auf
§ 254: Zwischen *G* und der Bundesbahn bestand durch den Beförderungsvertrag schon beim Schadenseintritt eine Sonderverbindung; *G*
muß sich daher das für den Unfall mitursächliche Aufsichtsverschulden
seiner Eltern über §§ 254 II 2, 278 zurechnen lassen.

Fall 120 (Der verhängnisvolle Bahnübergang: Anrechnung von Betriebsgefahr)

An einem unbeschrankten, also nur durch Blinklicht gesicherten Bahnübergang wird
das Auto des *G* von einer Lokomotive erfaßt und völlig zertrümmert (technischer Totalschaden, vgl. o. § 7 *Fall 37*). Die Lokomotive wird nur leicht beschädigt. *G* hatte das
funktionierende Blinklicht wegen eines tief herabhängenden Astes erst im letzten Augenblick sehen können. Wie steht es wechselseitig mit Schadensersatzansprüchen?

(1) Ansprüche des *G* gegen die Bundesbahn gründen sich hier jedenfalls auf § 1 I HPflG; von höherer Gewalt kann keine Rede sein, weil die
Blinkanlage verdeckt war. Wenn sich insoweit ein Verschulden der Bundesbahn nachweisen läßt, kommt als Anspruchsgrundlage auch § 823 I
hinzu.

Diese Ansprüche sind aber nach § 254 (direkt oder über § 4 HPflG anwendbar) gemindert. Dabei paßt § 254 seinem Wortlaut nach, soweit den
G ein Verschulden trifft, etwa weil er zu schnell an den Bahnübergang
herangefahren ist (vgl. § 19 I 2 StVO) oder mit der verkehrserforderlichen Sorgfalt das Blinklicht trotz des Astes hätte sehen können: Dann
hat nämlich „bei der Entstehung des Schadens ein Verschulden des Beschädigten mitgewirkt". Wenn *G* schuldlos ist, paßt der Wortlaut des
§ 254 zwar nicht. Aber die dem § 254 entsprechende Vorschrift im StVG,
nämlich § 17, spricht im Unterschied zu § 254 nicht von einem Verschulden, sondern nur von Verursachung. Daraus folgt für einen Unfall zwei-
er Kraftfahrzeuge, daß für die Schadensverteilung auch die unverschul-
dete Betriebsgefahr berücksichtigt wird. Danach muß ein Fahrzeughalter
u. U. einen Teil seines Schadens wegen der ihm zuzurechnenden Betriebsgefahr selbst dann tragen, wenn nur der andere Beteiligte an dem
Unfall schuld war. Gleiches gilt, wie § 17 II StVG nahelegt, auch im Verhältnis Kraftfahrzeug – Eisenbahn. Auch bei § 254 wird also ein dem Geschädigten zuzurechnendes haftbarmachendes Risiko (etwa auch die
Tierhaltergefahr) schadensmindernd berücksichtigt. Danach muß sich *G*
außer seinem Verschulden auch die Betriebsgefahr seines Kraftwagens
auf seinen Ersatzanspruch gegen die Bundesbahn anrechnen lassen.

(2) Ansprüche der Bundesbahn gegen *G* gründen sich auf § 7 StVG
(Kosten der Reparatur der beschädigten Lokomotive). Daß auch hier
wegen der gerade an unbeschrankten Bahnübergängen wesentlich ins
Gewicht fallenden Betriebsgefahr der Bundesbahn eine Kürzung stattfindet, folgt direkt aus § 17 StVG.

Fall 121 (Der unvorsichtige Ehemann: § 846 BGB)

Ein Ehemann tritt unvorsichtig auf die Fahrbahn und wird von dem gleichfalls unvorsichtigen Radfahrer *S* angefahren. Der Ehemann stürzt so unglücklich, daß er einen Schädelbruch erleidet und wenig später stirbt. Seine Witwe *G* verlangt von *S* die bis zum Tode aufgewendeten Behandlungskosten, die Bestattungskosten sowie Ersatz ihres Unterhaltsschadens (§ 844 II). Mit Recht?

Der Anspruch wegen der Behandlungskosten ergibt sich aus §§ 823 I, 249 S. 2 (vgl. o. § 4 *Fall 12*). Dieser Anspruch ist noch in der Person des Ehemanns selbst entstanden. Daher wird er durch das Mitverschulden des Ehemanns an der Schadensentstehung ohne weiteres nach § 254 gemindert.

Dagegen handelt es sich bei den Bestattungskosten und dem entgangenen Unterhalt um einen eigenen Schaden der Witwe *G;* der Ersatzanspruch stammt insoweit nicht aus § 823 I, sondern aus § 844 (vgl. o. § 4 *Fall 13*). § 254 paßt also nicht, weil an der Entstehung dieser Schäden kein Mitverschulden „des Beschädigten" (nämlich der *G*) mitgewirkt hat. Es wäre aber ungereimt, wenn *S* den Eigenschaden der *G* in größerem Umfang ersetzen müßte als den Schaden des von ihm angefahrenen Ehemanns. Diese Lücke füllt § 846: Auf den Anspruch der *G* soll § 254 ebenso anwendbar sein wie auf den Anspruch des Ehemanns selbst. Dessen Mitverschulden wird also bei allen Schadensposten in gleicher Weise berücksichtigt.

Gleiches würde übrigens auch gelten, wenn *S* nicht Radfahrer gewesen wäre, sondern der Halter eines den Unfall verursachenden Kraftfahrzeugs: Daß § 846 bei §§ 7 ff. StVG entsprechend anzuwenden ist, steht zwar nicht ausdrücklich in § 10 StVG, doch muß es so sein: Die Gefährdungshaftung nach dem StVG darf keinen weiteren Umfang haben als die Verschuldenshaftung nach dem BGB.

II. Zusammenfassung

1. Ein *mitwirkendes Verschulden* des Geschädigten an dem Eintritt oder dem Umfang des Schadens *mindert* nach § 254 regelmäßig den Ersatzanspruch. Dabei braucht der Geschädigte nicht gegen Rechtspflichten verstoßen zu haben; es genügt schon ein Verstoß gegen die sog. Gebote des eigenen Interesses (Obliegenheiten).

2. *§ 846* läßt für die Ersatzansprüche aus §§ 844, 845 ein mitwirkendes Verschulden des von dem Delikt direkt Betroffenen genügen.

3. Die Minderung des Ersatzanspruchs ist in erster Linie durch eine *Abwägung der Verursachungsanteile* von Schädiger und Geschädigtem festzustellen. Den Maßstab hierfür bildet die *Wahrscheinlichkeit,* mit der diese Anteile den Schadenseintritt gefördert haben. Ergänzt wird diese

Abwägung durch einen *Vergleich des beiderseitigen Verschuldens*. Bei einer weit überwiegenden Beteiligung kann die Abwägung auch dahin führen, daß Schädiger oder Geschädigter den Schaden allein zu tragen haben.

4. Für die *Mitwirkung eines gesetzlichen Vertreters oder Gehilfen* des Geschädigten an der Entstehung oder Ausweitung des Schadens bestimmt § 254 II 2 die entsprechende Anwendung des § 278. Nach einer Ansicht soll danach der Geschädigte das mitwirkende Verschulden dieser Personen oder wenigstens dasjenige von Gehilfen ohne weiteres zu vertreten haben. Dagegen verlangt die überwiegende Ansicht in der Rechtsprechung für die entsprechende Anwendung des § 278 das Vorliegen einer Sonderverbindung zwischen Schädiger und Geschädigtem. Dafür soll der durch den Schadenseintritt geschaffene Schadensersatzanspruch genügen. Bei Fehlen einer Sonderverbindung werden wenigstens die §§ 831, 31 entsprechend angewendet.

5. Dem Schädiger wird auch eine von ihm zu verantwortende, bei der Schädigung ursächlich gewordene *Betriebsgefahr* angerechnet. Das ergibt sich direkt aus § 17 StVG und in den dort nicht geregelten Fällen analog aus § 254.

6. *Für Übungsarbeiten* ist hinzuzufügen: Die Angaben der Aufgabentexte erlauben es häufig nicht, bestimmte Quoten für die Schadensteilung zu ermitteln. Auch dann sollte aber die Anwendbarkeit des § 254 erörtert werden (was häufig versäumt wird); bisweilen kann gerade bei dieser Frage (insbesondere bei §§ 254 II 2, 278) ein Schwerpunkt der Aufgabe liegen.

§ 21. Weitere Probleme

I. Die Vorteilsausgleichung (-anrechnung)

Fall 122 (Der Krankenhausaufenthalt: ersparte Aufwendungen)

Bei einem von *S* zu verantwortenden Unfall wird *G* schwer verletzt und muß drei Monate im Krankenhaus zubringen. *S* will die Krankenhauskosten nicht voll ersetzen, sondern abziehen (1) die Kosten der von *G* ersparten häuslichen Verpflegung, (2) die Kosten des Benzins, das der leidenschaftliche Motorradfahrer *G* während des Krankenhausaufenthalts nicht verfahren hat. Mit Recht?

Nicht selten bringen das schädigende Ereignis oder die Schadensersatzleistung dem Geschädigten auch Vorteile. Wann diese auf den geschuldeten Ersatz anzurechnen sind, ist eine vom BGB nicht beantwortete und auch bisher nicht deutlich geklärte Frage. *Fall 122* läßt sich aber klar entscheiden:

(1) Die ersparte häusliche Verpflegung wird allgemein angerechnet; gleiches gilt etwa auch für den Wert der ersparten Abnutzung des eige-

nen Fahrzeugs gegenüber dem Anspruch auf Ersatz von Mietwagenkosten (vgl. o. § 7 *Fall 41*). Beide Fälle ähneln der Problematik des Abzugs neu für alt (vgl. o. § 7 *Fall 36*): Die Schadensersatzleistung soll zwar den ganzen Schaden ausgleichen, aber nicht zu einer über den Schaden hinausreichenden Bereicherung des Geschädigten führen. Eine solche Bereicherung muß daher durch Vorteilsausgleichung vermieden werden.

(2) Dagegen ist für das ersparte Benzin nichts abzuziehen. Denn dieses bildet sozusagen einen Teil des Preises für die Annehmlichkeiten des Motorradfahrens. Da *G* während seines Krankenhausaufenthalts diese Annehmlichkeiten nicht gehabt hat, darf er auch nicht mit deren Preis belastet werden.

Fall 123 (Der unfallbedingte Erbfall: Anrechnung von erbrechtlichem Erwerb)

Bei einem von *S* zu verantwortenden Unfall wird der wohlhabende Familienvater *G* getötet. Seine Witwe und seine Kinder verlangen den Unterhaltsschaden nach § 844 II ersetzt. *S* verweist demgegenüber auf den wertvollen Nachlaß des *G*, den Witwe und Kinder als gesetzliche Erben erhalten. Mit Recht?

Hier zeigt sich, daß die Vorteilsausgleichung nicht auf kleine Beträge beschränkt zu sein braucht, sondern u. U. Millionen erfassen kann. Bei der Erbschaft kommt allerdings ein besonderer Gesichtspunkt hinzu: Zumindest die Kinder als Angehörige der nächsten Generation hätten ihren Vater wahrscheinlich ohnehin überlebt und wären dann dessen Erben geworden (§ 1924). Aber auch Ehefrauen (§ 1931) überleben nach der Statistik zu etwa 80% ihre Männer.[1] Wenn man die Erbschaft voll auf den Schadensersatzanspruch anrechnete, entzöge man sie insoweit also praktisch den ersatzberechtigten Hinterbliebenen.

Daher hat sich die Rechtsprechung mit Unterschieden im einzelnen auf folgende Linie eingependelt:[2] Angerechnet werden soll nur der Vorteil, der den Erben daraus entsteht, daß sie den Nachlaß durch den vorzeitigen Tod ihres Erblassers früher erhalten haben. Das umfaßt vor allem diejenigen Beträge, die der Erblasser ohne den vorzeitigen Tod von seinem Vermögen (dem Nachlaß) noch verbraucht hätte. Hierfür muß festgestellt werden, wie lange der Erblasser ohne das Schadensereignis wahrscheinlich noch gelebt und was er in dieser Zeit mit seinem Vermögen gemacht hätte. Nicht selten führt das nur zur Anrechnung der Zinsen (die der Erblasser verbraucht hätte), nicht dagegen auch des Vermögensstamms. Biswelen kann es aber auch anders sein (z. B. wenn der Erblasser als nicht rentenberechtigter Freiberufler vom Stamm seines

---

[1] Denn die statistische Lebenserwartung für Frauen liegt um etwa sieben Jahre höher; zudem sind Frauen bei der Hochzeit meist etwas jünger.
[2] Etwa *BGH*, NJW 1974, 1236.

Vermögens leben wollte). Dies alles ist oft schwierig und nur mit großen Unsicherheiten zu ermitteln.

Schon das muß Bedenken gegen die schadensmindernde Berücksichtigung der durch das Erbrecht mit einem Delikt zusammenhängenden Vorteile erwecken. In dieselbe Richtung zielen noch weitere Argumente: Die Ansammlung von vererblichem Vermögen beruht regelmäßig (auch) auf der Fürsorge des Erblassers für seine Hinterbliebenen; es leuchtet wenig ein, warum diese Fürsorge dem Schädiger nützen soll (vgl. sofort bei *Fall 124*). Zudem können umgekehrt die Erben keinen Ersatz der Nachteile verlangen, die dem Nachlaß durch den vorzeitigen Tod des Erblassers entstanden sind (vgl. o. § 4 *Fall 14*); warum sollen sie sich dann die Vorteile aus diesem Tod anrechnen lassen müssen? Endlich hat der *BGH* selbst seinen Ansatz nicht durchgehalten:[3] Ausnahmsweise hat er auch einer Mutter die Erbschaft ihres bei einem Unfall getöteten Sohnes nicht angerechnet, obwohl die Mutter den Sohn sonst wahrscheinlich nicht beerbt hätte.

Daher meine ich, erbrechtliche Vorteile sollten ganz unberücksichtigt bleiben. Dafür spricht auch die Entscheidung des BGH in dem folgenden

Fall 124 (Der versicherte Erblasser: Anrechnung bei Lebensversicherung)

Bei einem von *S* zu verantwortenden Unfall wird *G* getötet. *S* will den Hinterbliebenen auf die nach § 844 II geschuldete Entschädigung anrechnen, was diese aus einer von *G* abgeschlossenen Lebensversicherung erhalten haben. Mit Recht?

Bei der Lebensversicherung gibt es verschiedene Gestaltungen: Die Risikolebensversicherung deckt nur das Risiko, daß der Versicherte (ggf. binnen einer bestimmten Zeit) stirbt; die Versicherungsleistung wird dann an den im Versicherungsvertrag genannten Bezugsberechtigten (meist die Ehefrau) oder an die Erben ausbezahlt. Dagegen soll bei der sog. Sparversicherung die Versicherungsleistung (Kapital oder Rente) in erster Linie an den Versicherten selbst erfolgen, wenn dieser ein bestimmtes Alter erreicht hat (meist beim Ausscheiden aus dem Beruf); diese Leistung dient dann typischerweise der Altersversorgung. Zu einer Zahlung an die Hinterbliebenen kommt es hier nur, wenn der Versicherte selbst vor Erreichen dieses Alters stirbt.

Der *BGH* hat diese beiden Versicherungsarten zunächst schadensrechtlich unterschieden: Die Vorteile aus einer Risikolebensversicherung sollten nicht auszugleichen sein, sondern nur diejenigen aus einer Sparversicherung.[4] Später[5] hat der *BGH* aber diese Unterscheidung mit Recht aufgegeben und die Vorteilsausgleichung allemal abgelehnt: Die

---

[3] *BGH*, VersR 1967, 1154.
[4] *BGHZ* 39, 249.
[5] *BGHZ* 73, 109, vgl. auch *BGH*, NJW 1971, 2071 (keine Anrechnung der Leistungsverdoppelung aus der sog. Unfallklausel).

Vorsorge des Versicherten für seine Hinterbliebenen solle nicht dem Schädiger nutzen. Das leuchtet gewiß ein; freilich paßt dieser Satz auch für die Erbschaft und sollte daher dort gleichfalls angewendet werden.

Fall 125 (Die glückliche Witwe: Anrechnung bei Wiederheirat)

Die Witwe *W* des *G*, der bei einem von *S* zu verantwortenden Unfall getötet worden ist, heiratet alsbald den *D*. Kann sie trotzdem von *S* weiter unvermindert die Rente nach § 844 II fordern?

Hier hat es der Tod des *G* der *W* erst ermöglicht, den *D* zu heiraten und damit gegen diesen den Unterhaltsanspruch aus § 1360 zu erwerben. Insofern beruht dieser Vorteil (auch) auf dem schadensbringenden Ereignis. Der *BGH* hat die Anrechnung bejaht.[6] Freilich ergeben sich hierbei Probleme: Was gilt, wenn die zweite Ehe durch Tod oder Scheidung aufgelöst wird: Lebt dann der Rentenanspruch gegen *S* wieder auf? Führt die Anrechnung nicht zu Rentenkonkubinaten, was dem Ziel von Art. 6 GG widerspräche? Übrigens hat auch der *BGH* selbst die Vorteile, die eine Unfallwaise durch spätere Adoption erlangt hatte, nicht angerechnet (wohl um rechtspolitisch erwünschte Adoptionen zu fördern: Das Kind bringt sozusagen seine Versorgung mit).[7]

Fall 126 (Die tüchtige Witwe: Anrechnung von Arbeitseinkünften)

Wiederum ist *W* durch einen von *S* zu verantwortenden Unfall zur Witwe geworden. Nach dem Tod ihres Mannes wird sie, die bisher den Haushalt geführt hatte, zur erfolgreichen Schriftstellerin. Muß sie sich die Einkünfte hieraus auf die ihr nach § 844 II zustehende Rente anrechnen lassen?

Hier geht es um die praktisch sehr wichtige Frage nach der Obliegenheit dessen, der bei einem Unfall seinen Ernährer verloren hat und daher nach § 844 II rentenberechtigt ist, eine Arbeit aufzunehmen. Unter Ehegatten ähnelt diese Frage derjenigen nach der Arbeitsobliegenheit eines geschiedenen Ehegatten (vgl. § 1569 ff.). Soweit eine solche Obliegenheit nach dem Familienrecht nicht bestünde, wird man sie auch im Schadensrecht zu verneinen haben. Das kommt insbesondere in Frage wegen der Betreuung von Kindern (§ 1570), wegen Alters (§ 1571) und wegen Krankheit (§ 1572). Wird die Arbeit trotz des Fehlens einer Obliegenheit tatsächlich geleistet, so sind die Einkünfte hieraus regelmäßig nicht anzurechnen. Für die freiberufliche Schriftstellerei kommt noch der Gesichtspunkt hinzu, daß der Schädiger auch an den Kosten und Risiken dieser Tätigkeit nicht beteiligt wird. Daher wird man hier häufiger als bei einer risikofreien unselbständigen Arbeit zur Nichtanrechnung kommen.

---

[6] *BGH*, NJW 1970, 1127 (zu § 845).
[7] *BGHZ* 54, 269.

Fall 127 (Lohnfortzahlung: Vorrang der Legalzession)

Bei einem von S zu verantwortenden Unfall wird der Arbeiter G verletzt; er ist vier Wochen arbeitsunfähig. Während dieser Zeit zahlt der Arbeitgeber D den Lohn weiter. Braucht S deshalb keinen Erwerbsschaden zu ersetzen?

Dieser Fall ist schon o. § 5 als *Fall 17* unter einem anderen Aspekt behandelt worden; er muß hier unter dem Gesichtspunkt der Vorteilsausgleichung noch einmal kurz aufgenommen werden: G erlangt zwar infolge der Verletzung außer dem Nachteil der Arbeitsunfähigkeit auch den Vorteil des Anspruchs auf die Lohnfortzahlung und schließlich diese selbst. Aber das soll nur den G begünstigen und nicht den Schädiger S. Daher kann die Lohnfortzahlung kein zugunsten des Schädigers auszugleichender Vorteil sein. Dem trägt auch das Gesetz Rechnung: Nach § 4 LFZG geht der Ersatzanspruch des G gegen S auf Ersatz des Erwerbsschadens auf den Arbeitgeber D über. Damit wird zugleich vorausgesetzt, daß dieser Anspruch nicht an einer Vorteilsausgleichung scheitert.

Entsprechendes gilt auch bei anderen Fällen der Legalzession (etwa nach § 67 VVG für Versicherungsleistungen an den Geschädigten) sowie in ähnlichen Fällen, etwa für den Angestellten (vgl. o. § 5 *Fall 19*) und bei § 843 IV (vgl. o. § 5 *Fall 18*). In der Bezeichnung der hier auftretenden Schäden als „normativ" ist die Ablehnung der Vorteilsausgleichung enthalten.

II. Die Drittschadensliquidation

Fall 128 (Die verletzte Sängerin: Beschränkung des Schadensersatzes auf den Eigenschaden des Verletzten)

Wie o. § 3 *Fall 10*: S verletzt schuldhaft die Sängerin D, so daß deren von dem Konzertagent G veranstaltetes Konzert ausfallen muß. Kann D von S auch die dem G entstehenden Schäden ersetzt verlangen?

Oben bei § 3 *Fall 10* war begründet worden, daß G gegen S keinen eigenen Ersatzanspruch hat: § 823 I scheidet als Anspruchsgrundlage aus, weil G in keinem der von der Vorschrift geschützten Gütern verletzt ist, und eine andere Anspruchsgrundlage ist für G nicht ersichtlich. Eine Anspruchsgrundlage (nämlich wenigstens § 823 I, Körperverletzung) hat aber die Sängerin D. Man kann nun auf die Frage kommen, ob nicht D mit ihrem Anspruch außer ihrem eigenen Schaden auch den Schaden des G ersetzt verlangen darf. Das wäre dann eine Liquidation von Drittschaden (Drittschadensliquidation).

Regelmäßig muß der Gläubiger eines Ersatzanspruchs auf die Geltendmachung seines eigenen Schadens beschränkt bleiben; Verletzung und Schaden müssen also in derselben Person zusammentreffen. Denn andernfalls würden die im Deliktsrecht geltenden, im Fehlen einer großen deliktischen Generalklausel sich zeigenden Einschränkungen der Ersatzberechtigung weithin gegenstandslos. Eine Ausnahme von dieser Regel – und damit eine Drittschadenliquidation – kommt nach der h. M. nur in Betracht, wenn ein Schaden, dessen Eintritt beim Ersatzberechtigten zu erwarten war, regelwidrig („zufällig") bei einem Dritten eintritt: Dann soll der ersatzberechtigte Anspruchsinhaber den Schaden dieses Dritten ersetzt verlangen können. Nach den Regeln über das Innenverhältnis zwischen dem Gläubiger und dem Dritten (etwa § 281) gelangen dann der Anspruch oder sein Surrogat endlich an den Dritten.

Fall 129 (Versendungskauf: Beispiel einer Schadensverlagerung)

Der Verkäufer G versendet die verkaufte Sache an den Käufer D. Auf dem Weg dorthin wird die Sache von S durch Fahrlässigkeit zerstört. Ansprüche der Beteiligten?

Hier war D vor der Übergabe regelmäßig weder Eigentümer noch Besitzer der Sache. Er hat also aus § 823 I keine Ansprüche gegen S, und auch andere deliktische Anspruchsgrundlagen scheiden aus.

Eigentum und (mittelbaren, § 868) Besitz hatte vielmehr G. Er hat also § 823 I als Anspruchsgrundlage, doch scheint ihm beim Versendungskauf der Schaden zu fehlen: Die Sache hätte G ja ohnehin verloren, und sein Anspruch auf den Kaufpreis bleibt nach § 447 I unberührt (die Preisgefahr lag seit der Absendung beim Käufer). Hier kann man also sagen, der Schaden sei (durch § 447 I) entgegen dem regelmäßig zu Erwartenden von dem Eigentümer G auf D verlagert. Daher bildet *Fall 129* auch einen der „klassischen" Anwendungsfälle der Drittschadensliquidation; G muß dann übrigens seinen Ersatzanspruch gegen S nach § 281 an D abtreten.

Wirklich unentbehrlich ist die Drittschadensliquidation aber nicht einmal hier: Man kann auch den Verkauf der Sache für ein bloßes Internum des G halten, das nach allgemeinen Regeln den Schädiger nichts angeht.[8] Ähnlich würde man es ja auch für unbeachtlich halten, daß G die Sache etwa verschenken wollte. Bei Anwendung dieser Denkweise liquidiert G dann seinen eigenen Schaden.

Fall 130 (Die mangelhafte Färbung: Drittschadensliquidation bei Käuferkette?)

G stellt aus gefärbtem Leder, das er bei S gekauft hat, Gürtel her und liefert diese an D. Dieser zieht die Gürtel in Damenkleider ein. Da die Färbung mangelhaft war, verfärben sich die Kleider. Wer kann Ersatz des hieraus entstehenden Schadens verlangen?

Hier liegt der Gedanke an eine Schadensverlagerung (von G auf D) nicht ganz fern: Der Schaden ist hier nicht schon beim ersten Abnehmer *(G)* entstanden, sondern erst bei einem weiteren Käufer *(D)*. Trotzdem hat der *BGH* in einer ausführlich begründeten Entscheidung[9] verneint,

---

[8] Vgl. *Larenz*, SAT, § 27 IV b, auch *Löwisch*, SAT, Fall 114/1.
[9] *BGHZ* 40, 91 (99 ff.).

daß G aus seinem Vertrag mit S bei diesem den Schaden des D liquidieren dürfe: Ein Schadenseintritt schon bei G sei hier nicht völlig ausgeschlossen. Übrigens ist in solchen Fällen eine Drittschadensliquidation seit der Hühnerpestentscheidung (*BGHZ* 51, 91, vgl. o. § 11 *Fall 73*) auch gar nicht mehr nötig: S haftet für Mängel seines Produkts aus vermutetem Verschulden deliktisch und damit auch dem (an seinem Eigentum verletzten) D.

Fall 131 (Das falsche Gutachten: Drittschadensliquidation und Vertrag mit Schutzwirkung für Dritte)

X benötigt Kredit für ein Ferienhausprojekt. Beleihungsgrundlage soll ein Grundstück bilden, dessen Wert der öffentlich bestellte und vereidigte Sachverständige S mit 20 Mio DM beziffert hat. Die benötigten 600 Fertighäuser soll eine dänische Firma liefern. Daher vergewissert sich der dänische Konsul D bei S noch einmal, ob das Gutachten (noch) zutreffe. Nachdem S das bejaht hat, gibt G – eine dänische Privatbank – 15 Mio DM als durch eine Grundschuld an dem Grundstück gesicherten Kredit. Das Projekt wird dann aber nicht ausgeführt; das nun kaum verwertbare Grundstück bringt in der Zwangsversteigerung nur 1,9 Mio DM. G verlangt von S Schadensersatz.

Hier kommt eine eigentliche „Produzentenhaftung" des S für sein unrichtiges Gutachten nicht in Betracht: Es ist ja nicht das Eigentum der geschädigten Bank G verletzt worden, sondern bloß ihr (nicht unter § 823 I fallendes) Vermögen. Daher ist, wenn es an dem für § 826 nötigen Schädigungsvorsatz des S fehlt, ein Ausweichen ins Vertragsrecht unvermeidlich. Einen Vertrag hatte S aber nicht mit dem schließlich geschädigten G geschlossen, sondern nur mit seinem Auftraggeber X und womöglich auch noch mit dem dänischen Konsul D. Ein Vertrag mit D kann allerdings deshalb zweifelhaft sein, weil eine unentgeltlich gegebene Auskunft regelmäßig unter § 676 fällt. Diese zur Rechtsgeschäftslehre gehörende Problematik soll hier aber nicht vertieft werden.[10]

Der Vertrag des S mit X (oder D) kann dem G auf zwei Wegen zum Schadensersatz verhelfen. Den ersten Weg bildet die Drittschadensliquidation: Man erlaubt es dem Vertragspartner (X oder D), den Schaden des G zu liquidieren. Dieser Weg ist von den mit dem Fall befaßten Gerichten nicht begangen worden,[11] wohl schon deshalb, weil er nicht zum „klassischen" Anwendungsbereich der Drittschadensliquidation gehört. Dagegen hat der *BGH* den anderen Weg für gangbar erklärt, nämlich den Weg über einen Vertrag mit Schutzwirkung für Dritte: Der Vertrag zwischen S und X oder D könne Schutzwirkung für G gehabt haben. Unter dieser Voraussetzung stünde G bei Verletzung des ihn schützenden Vertrages auch ein eigener Schadensersatzanspruch gegen S zu.

Fall 131 zeigt, daß Drittschadensliquidation und der – hier nicht zu

---

[10] Vgl. *H. Honsell*, JZ 1985, 952.
[11] *BGH*, JZ 1985, 951 (Sachverhalt in NJW 1982, 2431).

behandelnde[12] – Vertrag mit Schutzwirkung für Dritte zu wirtschaftlich sehr ähnlichen Ergebnissen führen. Dabei ist die Abgrenzung schwierig. Die neuere Rechtsprechung neigt eher der Annahme einer vertraglichen Schutzwirkung für Dritte zu als der – eher restriktiv gehandhabten – Drittschadensliquidation.

III. Vorbeugender Rechtsschutz

Fall 132 (Der grenzüberschreitende Hund: actio negatoria)

S läßt seinen Hund auf seinem Grundstück frei herumlaufen. Da die Umzäunung mangelhaft ist, kommt dieser mehrfach auf das Nachbargrundstück des G und reißt dessen Hühner. G verlangt von S Abhilfe; S meint, G solle seine Hühner selbst sichern. Wer hat recht?

Daß G hier wegen seiner gerissenen Hühner Schadensersatz verlangen kann, folgt schon aus § 833. Aber dafür muß ein Schaden bereits eingetreten sein; der Schadensersatzanspruch bildet nur die Reaktion hierauf. Dagegen könnte ein präventiver Rechtsschutz, wie G ihn hier wünscht, schon vorbeugend den Eintritt eines Schadens verhindern. Dazu enthält das Deliktsrecht des BGB keine ausdrückliche Regelung. Für *Fall 132* jedoch, wo das Eigentum des G (an dem Grundstück und an den Hühnern) bedroht ist, findet sich eine Anspruchsgrundlage im Sachenrecht: Nach § 1004 I 2 kann der Eigentümer auf Unterlassung klagen (d. h. er hat einen Unterlassungsanspruch), wenn „weitere Beeinträchtigungen zu besorgen" sind (sog. *actio negatoria*). Eine solche Besorgnis ergibt sich hier aus den schon erfolgten Verletzungen und dem Verhalten des S, der eine Abhilfe ablehnt.

Über den genannten Gesetzeswortlaut hinaus („weitere" Beeinträchtigungen) wird der Unterlassungsanspruch schon gegen die erste Beeinträchtigung gewährt, wenn nur bewiesen werden kann, daß diese wahrscheinlich bevorsteht. Man nennt diese Klage gegen die erstmalige Störung oft die vorbeugende Unterlassungsklage. Aber das führt irre: Jede Unterlassungsklage will einer künftigen Rechtsverletzung vorbeugen.

Fall 133 (Der bedrohte Nichteigentümer: deliktische Unterlassungsansprüche)

Wieder droht wie in o. *Fall 132* der Hund des S: Doch droht er diesmal nicht die Hühner des G zu beißen, sondern den G selbst. Was kann G jetzt unternehmen?

Wenn G ebenso wie in *Fall 132* Eigentümer des Nachbargrundstücks ist, auf dem ihn der Hund bedroht, bleibt es bei § 1004 I 2: Der Hund beeinträchtigt den Gebrauch dieses Grundstücks und damit des Eigentums. Das Ergebnis ändert sich auch nicht, wenn G das Grundstück nur gemie-

---

[12] Vgl. etwa *Löwisch*, SAT, S. 168 f.; *Larenz*, SAT, § 17 II.

tet hat: Dann folgt der Unterlassungsanspruch aus § 862 I 2, weil der Hund den Besitz des G stört.

Diese auf eine sachenrechtliche Position gestützten Ansprüche versagen jedoch, wenn G keine solche Position hat, also z. B. als Straßenpassant von dem Hund bedroht wird. Es wäre jedoch ungerecht, wenn Leben, Körper, Gesundheit und Freiheit nicht den gleichen vorbeugenden Rechtsschutz genössen wie Eigentum und Besitz. Daher hat man den negatorischen Rechtsschutz auf die übrigen von § 823 I geschützten Rechtsgüter ausgedehnt. Dabei erfordert dieser vorbeugende Schutz – anders als Schadensersatzansprüche, aber ebenso wie der Anspruch aus § 1004 und ähnlichen Vorschriften – kein Verschulden. Vielmehr genügt es, daß eine widerrechtliche Erfüllung des objektiven Deliktstatbestandes bevorsteht. In *Fall 133* kann also G von S selbst dann Unterlassung fordern, wenn diesen kein Verschulden an der von seinem Hund ausgehenden Gefahr trifft.

Fall 134 (Das böse Gerede: schutzgesetzlicher Unterlassungsanspruch)

S glaubt, von G beim Kauf eines gebrauchten Kraftwagens übervorteilt worden zu sein. Seitdem erzählt S überall, G sei ein Betrüger. Kann G sich dagegen wehren?

Wenn man hier mit § 823 I arbeiten will, gelangt man zu der zweifelhaften Frage, ob das Gerede des S das Allgemeine Persönlichkeitsrecht des G verletzt (vgl. o. § 8 *Fall 52*). Doch läßt sich das vermeiden. Die deliktische Unterlassungsklage kann nämlich auch darauf gestützt werden, daß die Verletzung eines Gesetzes drohe, das für den Kläger ein Schutzgesetz im Sinne von § 823 II darstellt. Dafür kommen hier die §§ 185, 186 StGB in Betracht.

Fall 134 (Der geplatzte Wasserschlauch: Schadensersatz und Beseitigung)

In der Eigentumswohnung des S platzt die Schlauchverbindung zwischen der Wasserleitung und der Waschmaschine. Das daraufhin ausströmende Wasser fließt in die darunterliegende Eigentumswohnung des G: Es verdirbt dort die Zimmerdecke, die Teppiche und die Möbel. Was schuldet S dem G?

Wenn den S ein Verschulden trifft, etwa weil er den Schlauch nicht überprüft und rechtzeitig erneuert hat, haftet er nach § 823 I wegen Eigentumsverletzung auf Schadensersatz. Dieser Anspruch umfaßt die Kosten für die Beseitigung der Wasserschäden (§ 249 S. 2) und, soweit diese unmöglich ist, den Ersatz der Wertminderung der geschädigten Sachen (§ 251).

Dagegen entfallen solche Ersatzansprüche, wenn den S kein Verschulden trifft, etwa weil der Schlauch infolge eines äußerlich nicht erkennbaren Produktionsfehlers geplatzt war. Auch ein Unterlassungsanspruch aus § 1004 I 2 wird regelmäßig fehlen, weil keine Wiederholungsgefahr besteht (typischerweise wird S schon im eigenen Interesse für eine ausreichende Schlauchverbindung sorgen). Darüber hinaus gibt § 1004 I 1 aber noch einen Anspruch auf „Beseitigung der Beeinträchtigung". Auch dieser negatorische Beseitigungsanspruch wird ins Deliktsrecht hinein ausgeweitet. Als problematisch erscheint dabei aber die Abgrenzung zwischen Beseitigung und Schadensersatz.

Die h. M. faßt den Beseitigungsbegriff mit Recht eng: Da der Beseitigungsanspruch im Gegensatz zum Schadensersatz kein Verschulden erfordere, müsse „Beseitigung" weniger umfassen als „Schadensersatz"; „Beseitigung" bedeute nur das Abstellen der Ursachen für weitere Störungen.[13] In *Fall 134* muß *S* also den Zufluß weiteren Wassers unterbinden (das gehört aber schon zur Unterlassung) und das eingedrungene Wasser entfernen. Die Reparatur der schon entstandenen Schäden und den Ausgleich der durch Reparatur nicht zu beseitigenden Wertminderung kann *G* jedoch nur bei Verschulden des *S* mit einem Schadensersatzanspruch verlangen.

IV. Zusammenfassung

1. Durch das schadensbringende Ereignis oder durch Maßnahmen zu dessen Ausgleich können dem Geschädigten auch Vorteile entstehen. Welche von ihnen auf den Schadensersatzanspruch anzurechnen sind, hat das BGB nicht entschieden. Die Rechtsprechung geht heute als Regel von der Anrechnung aus, doch soll diese der Billigkeit nicht widersprechen oder – in anderer Formulierung – den Schädiger nicht unbillig entlasten dürfen. Diese Generalklausel ist oft durch sehr differenzierte Abwägungen auszufüllen. Einen wichtigen Grund für die Annahme solcher Unbilligkeit bildet es insbesondere, daß der Geschädigte oder sein Rechtsvorgänger den Vorteil durch eigene Leistungen erkauft hatte. Kraft Gesetzes ist die Vorteilsausgleichung in den zahlreichen Fällen einer Legalzession ausgeschlossen: Diese Zession funktioniert ja nur, wenn der übergeleitete Anspruch nicht schon durch eine Vorteilsausgleichung aufgezehrt wird.

2. Gleichfalls im BGB nicht generell geregelt ist die Drittschadensliquidation. Damit werden die Ausnahmen von der Regel bezeichnet, nach welcher der Gläubiger eines Schadensersatzanspruchs nur den ihm selbst entstandenen Schaden liquidieren darf. Die Drittschadensliquidation wird bloß mit wachsender Zurückhaltung zugelassen. Ein wirtschaftlich ähnliches Ziel verfolgt der Vertrag mit Schutzwirkung für Dritte: Damit erhält der zu Schützende einen eigenen Anspruch aus einem fremden Vertrag. Diese Konstruktion befindet sich, teils zu Lasten der Drittschadensliquidation, auf dem Vormarsch.

---

[13] Vgl. *Baur,* SaR, § 12 IV 1 a, noch enger *Picker,* Der negatorische Beseitigungsanspruch, 1972, S. 157 ff.

Im einzelnen ist die Drittschadensliquidation in den folgenden Fallgruppen zugelassen worden, wobei ihre Notwendigkeit freilich bisweilen
zweifelhaft ist:[14]

(1) wenn sie vereinbart ist oder sich durch Auslegung aus einer Vereinbarung ergibt;
(2) bei mittelbarer Stellvertretung durch den Vertreter;
(3) bei Treuhandverhältnissen durch den Treuhänder;
(4) bei der Obhut über fremde Sachen durch den zur Obhut Verpflichteten;
(5) bei obligatorischer Gefahrentlastung (vgl. o. *Fall 129*) durch den Entlasteten.

3. Zum Schutz absoluter Rechte gewähren viele Vorschriften (etwa die
§§ 12, 862, 1004) bei Begehungs- oder Wiederholungsgefahr einen Anspruch auf Unterlassung. Dieser vorbeugende Rechtsschutz setzt – anders als regelmäßig der Schadensersatzanspruch – kein Verschulden voraus. Er wird auf andere deliktisch geschützte Rechtsgüter ausgedehnt,
insbesondere auf Leben, Körper, Gesundheit, Freiheit und die durch
Schutzgesetz geschützten Positionen. Das ist der deliktische Unterlassungsanspruch.

4. Neben diesem Unterlassungsanspruch stehen Ansprüche auf Beseitigung der fortwirkenden Störungsquellen: Auch insoweit wird die gesetzliche Regelung für die absoluten Rechte auf die anderen deliktisch
geschützten Positionen ausgedehnt. Dabei ist die Beseitigung überall wesentlich enger zu verstehen als der Schadensersatz.

§ 22. Zum Aufbau haftungsrechtlicher Fälle

Das bisher seit oben § 3 Gesagte zeigt, daß bei der Lösung von Aufgaben aus dem Haftungsrecht sehr viele rechtliche Gesichtspunkte in Betracht kommen können. Dabei muß man sich zunächst alle diese Gesichtspunkte vor Augen halten und überlegen, inwieweit die Aufgabe
Anlaß zur Erörterung bietet. So wird etwa die Adäquanz nur ausnahmsweise zu behandeln sein, nämlich bei einigermaßen unwahrscheinlichen
Kausalzusammenhängen.

Soweit danach rechtliche Gesichtspunkte der Erörterung bedürfen,
muß man die Reihenfolge überlegen, in der das geschehen soll. Dabei
sind regelmäßig zwei Fragenkreise zu trennen:

(1) Besteht dem Grunde nach eine Schadensersatzpflicht?
Hier geht es darum, ob die Voraussetzungen einer oder mehrerer haf-
tungsbegründender Normen erfüllt sind. Für das Recht der Sonderverbindung (also insbesondere für das Vertragsrecht) stehen diese Normen
im BGB in den §§ 280, 286, 325, 326, 463, 480 II, 538, 635, 678; hinzu

---

[14] Vgl. etwa *Medicus*, SAT, § 54 IV 2.

tritt die Ersatzpflicht aus positiver Forderungsverletzung. Im Deliktsrecht sind für die Verschuldenshaftung am wichtigsten die §§ 823 I (hier
ist stets das verletzte Rechtsgut oder Recht anzugeben), 823 II (in Verbindung mit einem bestimmten Schutzgesetz), 824, 826, 830, 831 BGB,
18 StVG. Für die Gefährdungshaftung ist zu denken vor allem an die
§§ 833 BGB, 7 StVG, 1, 2 HPflG.

Hierbei sind die Anspruchsgrundlagen aus dem Recht der Sonderverbindung vor denen aus dem Deliktsrecht zu erörtern. Denn die für die
Sonderverbindung geltenden Eigenarten, insbesondere Schädigerprivilegien beim Haftungsmaßstab und der Verjährung, gelten vereinzelt auch
für die Deliktshaftung. Dagegen besteht zwischen mehreren deliktischen
Anspruchsgrundlagen kein logischer Vorrang. Meist wird es sich aber
empfehlen, mit dem (überragend wichtigen) § 823 I zu beginnen.

Innerhalb der einzelnen Anspruchsgrundlagen empfiehlt sich ein Aufbau in Anlehnung an die klassische Dreiteilung im Strafrecht. Diese
Dreiteilung bedeutet

(a) für die *Haftung aus Sonderverbindung:*

    (aa) Besteht eine Rechtspflicht, deren Verletzung hier in Betracht
        kommt?

    (bb) Hat der Schuldner oder eine Person, für die er einzustehen
        hat, diese Pflicht verletzt (Unmöglichkeit, Schuldnerverzug,
        positive Forderungsverletzung)?

    (cc) Hat der Schuldner die Pflichtverletzung zu vertreten (insbe
        sondere nach §§ 276–279)? Vorfrage hierbei kann die De
        liktsfähigkeit sein (§§ 276 I 3, 827, 828);

(b) für die *deliktische Verschuldenshaftung:*

    (aa) Ist der objektive Tatbestand einer Deliktsnorm erfüllt?

    (bb) Rechtswidrigkeit?

    (cc) Verschulden und als dessen Vorfrage Deliktsfähigkeit?

(c) für die *Gefährdungshaftung:*

    (aa) Ist der in Anspruch Genommene für eine haftbar machende
        Gefahrenquelle verantwortlich (z.B. als Halter eines Kraft
        fahrzeugs)?

    (bb) Hat sich dieses Risiko verwirklicht (z.B. Unfall „beim Be
        trieb" eines Kraftfahrzeugs)?

    (cc) Liegt ein Ausschlußgrund vor (unabwendbares Ereignis, hö
        here Gewalt)?

Vorweggenommen werden kann bei Anlaß zu Zweifeln die (selten
auftauchende) Frage, ob überhaupt ein Schaden vorliegt. Denn eine Verneinung dieser Frage erübrigt die Erörterung aller Grundlagen für einen
Schadensersatzanspruch. Bei dieser Frage ist aber an die Möglichkeit der
Drittschadensliquidation zu denken: Sie verschafft auch dem Gläubiger
ohne eigenen Schaden einen Ersatzanspruch.

(2) In welcher Art und in welchem Umfang ist Schadensersatz zu leisten?
Dabei betrifft die (selten auftauchende) Frage nach der Art der Schadensersatzleistung die Unterscheidung zwischen Herstellung und Geldersatz.

Beim Umfang des Schadensersatzanspruchs geht es am häufigsten um eine zurechenbare Mitwirkung des Geschädigten (§§ 254 BGB, 9,17 StVG). Weiter kann die Abgrenzung zwischen Vermögens- und Nichtvermögensschaden zu erörtern sein (§ 253). Seltener begegnen hier Fragen der haftungsausfüllenden Kausalität (Schutzbereich der Norm, Adäquanz, hypothetische Kausalität) und zur Vorteilsausgleichung.

Bei einer Mehrheit von Verpflichteten ist regelmäßig noch eine Bemerkung zur gesamtschuldnerischen Haftung (insbesondere §§ 427, 840) angebracht. Ausführlicher zu erörtern ist dies, wenn auch nach dem Innenausgleich zwischen den mehreren Schädigern (§ 426!) gefragt wird.

Die Erörterungen zu Art und Umfang der Schadensersatzleistung können an die Erörterung jedes einzelnen Haftungsgrundes angeschlossen werden. Diese Art des Aufbaus ist nötig, soweit sich bei den Haftungsgründen Verschiedenes ergibt; so kann z.B. der Schutzbereich mehrerer Haftungsnormen verschieden zu beurteilen sein, oder bei § 254 kann es für die Anwendung von § 278 Unterschiede geben. Oft dagegen werden solche Verschiedenheiten fehlen. Dann vermeidet es Wiederholungen oder Verweisungen und vereinfacht damit den Aufbau, wenn man Art und Umfang der Ersatzleistung nur einmal für alle Anspruchsgrundlagen gemeinsam behandelt. Feststellungen über die gesamtschuldnerische Haftung mehrerer Schädiger gehören allemal ganz an den Schluß.

5. Teil. Ungerechtfertigte Bereicherung

§ 23. Einführung ins Bereicherungsrecht

I. Leistungskondiktion und Nichtleistungskondiktionen

Wie schon oben § 1 *Fall 4* hervorgehoben, unterscheidet § 812 I 1 zwei Alternativen: Das „etwas", dessen Herausgabe gefordert wird, kann nämlich „durch Leistung" oder „in sonstiger Weise" erlangt worden sein. Früher hat man regelmäßig versucht, die übrigen Tatbestandsmerkmale des § 812 I so zu definieren, daß sie für diese beiden Alternativen passen. Das hat zu erheblichen Schwierigkeiten geführt. Daher unterscheidet die heute wohl h. M. zwischen beiden Alternativen und trennt dementsprechend die Leistungskondiktion von den Nichtleistungskondiktionen (vgl. o. § 1 *Fall 3* und 4).

Allerdings sind die Notwendigkeit und sogar die Berechtigung dieser Trennung in Frage gestellt worden.[1] Und wirklich kann man bei manchen Fällen zweifeln, ob ein Erwerb durch Leistung oder in sonstiger Weise vermittelt worden ist. Aber regelmäßig tritt der Unterschied zwischen beiden Alternativen doch sehr deutlich hervor: Die Leistungskondiktion dient der Rückabwicklung gescheiterter willentlich bewirkter Vermögensverschiebungen, die auf ein bestimmtes Ziel gerichtet waren (vgl. o. § 1 *Fall 3*). Hier erfüllt sie in einer für den Schuldner meist etwas milderen Weise[2] die gleiche Funktion wie die Rückgewährvorschriften des Rücktrittsrechts (§§ 346–348, 987 ff.). Nicht selten hängt es überhaupt von der Entscheidung eines Beteiligten ab, ob Rücktritts- oder Bereicherungsrecht anwendbar ist.

Fall 135 (Der betrogene Käufer: Rücktritts- oder Bereicherungsrecht)

S verkauft an *G* einen Gebrauchtwagen. Dabei versichert *S* wider besseres Wissen, der Wagen habe noch keinen Unfall erlitten. Später erfährt *G*, daß *S* selbst mit dem Wagen einen schweren Unfall hatte. Was kann *G* unternehmen?

Hier kann *G* den Kauf nach § 123 wegen arglistiger Täuschung anfechten. Dann ist dieser nach § 142 I von Anfang an nichtig; die schon ausgetauschten Leistungen sind nach § 812 I 1 Alt. 1 zurückzugewähren (Leistungskondiktion). Stattdessen kann *G* aber auch wandeln, weil dem

---

[1] Angaben etwa bei *Medicus*, BürgR, Rdnr. 665, ausführlich *Reuter-Martinek*, Ungerechtfertigte Bereicherung, 1983, § 2 V.
[2] Wegen § 818 III, vgl. u. § 27 Fall 164.

Wagen eine zugesicherte Eigenschaft fehlt (§ 459 II); dann kommt man über §§ 462, 467 S. 1 zum Rücktrittsrecht. Wenn *G* juristischer Laie ist, wird ihm nicht einmal klar sein, daß es diese beiden Wege gibt. Dann werden sich häufig kaum Anhaltspunkte dafür finden lassen, ob man die Erklärung als Anfechtung oder als Wandlungsverlangen auszulegen hat. Das zeigt die wirtschaftliche Ähnlichkeit zwischen Leistungskondiktion und Rücktrittsrecht.

Demgegenüber ähnelt der wichtigste Fall der Nichtleistungskondiktionen, nämlich die sog. Eingriffskondiktion, eher dem Deliktsrecht. Das zeigt schon das oben in § 1 als *Fall 4* für diese Art der Nichtleistungskondiktion genannte *Beispiel:* Daß Tiere die Weide des Nachbarn abgrasen, kann auch unter § 833 (vgl. o. § 11 *Fall 70*) oder sogar unter § 823 I fallen, nämlich wenn den Tieren durch durch nachweisbare Fahrlässigkeit der Übertritt auf das Nachbargrundstück ermöglicht worden ist. Allerdings bestehen hinsichtlich des Anspruchsinhalts Unterschiede zwischen der Eingriffskondiktion und dem deliktsrechtlichen Schadensersatzanspruch (vgl. u. § 27 *Fall 163*).

II. Bedeutung und Dogmatik des Bereicherungsrechts

Das Schadensersatzrecht kommt schon wegen der Vielzahl der Verkehrsunfälle in der Praxis außerordentlich häufig vor. Freilich wird die große Mehrzahl dieser Fälle – regelmäßig durch die beteiligten Versicherungsunternehmen – derart abgewickelt, daß ein Prozeß vermieden bleibt. Trotzdem gelangen jährlich immer noch mehrere hundert Sachen aus dem Schadensersatzrecht bis zum *BGH.* Daher ist dort der *VI. ZS* fast mit seiner ganzen Arbeitskraft mit Schadensersatzprozessen beschäftigt, und auch mehrere andere *Senate* haben damit zu tun. Demgegenüber gelangen aus dem Bereicherungsrecht jährlich nur etwa 20 Sachen zum *BGH;* das Bereicherungsrecht macht dort mengenmäßig nur etwa ein Zwanzigstel des Schadensersatzrechts aus. Dabei spielt wohl eine Rolle, daß gescheiterte Verträge oft nach Rücktritts- statt nach Bereicherungsrecht abgewickelt werden (vor allem über die §§ 325, 326, 327 S. 1, 455 BGB, 5 AbzG). Zudem werden die dem Bereicherungsrecht verbleibenden Fälle vielfach freiwillig erledigt: Daß nach dem Wegfall eines Rechtsgrundes die seinetwegen ausgetauschten Leistungen zurückgegeben werden müssen, ist den Beteiligten wohl meist selbstverständlich.

Forensisch spielt das Bereicherungsrecht also nur eine geringe Rolle. Gemessen daran ist die Aufmerksamkeit, die dem Bereicherungsrecht vor allem in den letzten 25 Jahren in der Rechtswissenschaft zuteil geworden ist, unverhältnismäßig groß.[3] Dabei beziehen sich die Meinungs-

---

[3] Neueste umfassende Darstellung bei *Reuter-Martinek* (o. Fn. 1).

verschiedenheiten häufig mehr auf die Grundsätze als auf die – weithin unstreitigen – Ergebnisse. Nach meiner Beobachtung geraten Studenten leicht in die Gefahr, die Bedeutung der Meinungsverschiedenheiten zu überschätzen; diese werden dann auch bei einfachen Bereicherungsfällen derart ausgebreitet, daß eine Lösung nur noch mit unverhältnismäßigem Aufwand oder überhaupt nicht mehr gelingt. Die folgenden Erörterungen wollen dieses Übermaß an Theorie vermeiden. Sie werden daher den Meinungsstreit nur da erkennen lassen, wo es mir unbedingt nötig scheint.

§ 24. Die Leistungskondiktion in Zweipersonenverhältnissen

I. Leistung und Rechtsgrund

Fall 136(Der enttäuschten Kraftfahrzeugkäufer: Leistung solvendi causa)

G hat bei S einen Kraftwagen in der erklärten Hoffnung gekauft, diesen nach Bestehen der Fahrprüfung bald selbst benützen zu können. G fällt aber in der Prüfung immer wieder durch. Kann er jetzt gegen Rückgabe des Wagens den Kaufpreis zurückfordern?

Als Grundlage für einen solchen Anspruch scheint auf den ersten Blick § 812 I 2 Alt. 2 in Betracht zu kommen: Der von G bei dem Kauf als Zweck erklärte Erfolg war ja, selbst mit dem Wagen zu fahren, und S wird dem auch kaum widersprochen haben. Dieser Zweck ist nicht eingetreten. Doch wäre hier schon das Ergebnis befremdlich, nämlich daß S das Risiko tragen muß, ob G die Fahrprüfung besteht: Regelmäßig wird sich ein Verkäufer hierauf kaum einlassen wollen. Man kann hier also nicht annehmen, der von G erstrebte Zweck sei zum „Inhalt des Rechtsgeschäfts" gemacht worden.

Vielmehr gehört der Fall unter § 812 I Alt. 1: Kondiziert werden kann die Kaufpreiszahlung nur, wenn sie im Sinne dieser Vorschrift ohne rechtlichen Grund erfolgt ist. G hat gezahlt, weil er aus dem Kaufvertrag dazu verpflichtet war, also um seine Kaufpreisschuld zu tilgen. Solche Leistungen zur Schuldtilgung bezeichnet man als Leistungen *solvendi causa;* sie bilden den Regelfall. Wenn die zu tilgende Schuld wirklich bestanden hat und dann durch die Leistung getilgt worden ist, bedeutet das den gewünschten Ausgleich für das vom Leistenden erbrachte Opfer. Umgekehrt hat der Empfänger durch die Leistung seine Forderung verloren. Daher bedeutet die Schuldtilgung für die *solvendi causa* erfolgte Leistung den rechtlichen Grund.

In *Fall 136* kommt eine Leistungskondiktion des G als *condictio indebiti* (Zurückforderung des „Nichtgeschuldeten") also nur dann in Betracht, wenn G den zunächst gültigen Kauf und damit seine Verpflich-

tung zur Preiszahlung beseitigt. Dazu bedürfte es eines Anfechtungs-
grundes. Ein solcher fehlt hier aber: Die Erwartung des *G*, er werde die
Fahrprüfung bestehen, bildet allenfalls ein nach den §§ 119, 120 unbe-
achtliches Motiv.

Fall 136 zeigt die praktisch wichtigste Grundregel der Leistungskondiktion: Leistungen zur Tilgung einer Verbindlichkeit *(solvendi causa)*
sind schon immer dann „mit Rechtsgrund" erfolgt und daher kondiktionsfest, wenn der Leistende den Tilgungserfolg erreicht hat. Ob auch
weitere von dem Leistenden erstrebte Erfolge eingetreten sind, spielt für
das Bereicherungsrecht zunächst keine Rolle. Erheblich wird das vielmehr erst, wenn der Leistende (etwa durch Anfechtung) die zu tilgende
Forderung beseitigt hat: Erst dann fehlt der Rechtsgrund und wird die
Leistungskondiktion möglich. Die Kondiktion vollzieht hier also bloß
Entscheidungen, die in anderen Rechtsgebieten getroffen worden sind
(etwa über die Beachtlichkeit bestimmter Irrtümer).

Fall 137 (Der verhandlungsgewandte Käufer: Bedingung)

Wie oben *Fall 136*, doch möge der Verkäufer *S* sich jetzt darauf eingelassen haben, der
Kauf solle nur bei Bestehen der Fahrprüfung durch *G* gelten. Wie ist die Rechtslage?

Das Bestehen der Fahrprüfung durch *G* war ein künftiges ungewisses
Ereignis. Wenn hiervon die Geltung des Kaufs abhängen sollte, stand
dieser also unter einer Bedingung, § 158. Dabei liegt es hier nahe, daß die
Parteien mit dem Leistungsaustausch abwarteten, bis die Ungewißheit
behoben war. Dann muß man eine *aufschiebende* Bedingung annehmen,
§ 158 I: Der Kauf wird erst mit dem Bestehen der Fahrprüfung wirksam.
Wenn der Ausfall dieser Bedingung feststeht, bedarf es keiner Kondiktion, weil nichts zurückgegeben werden muß.

Haben die Parteien dagegen ihre Leistungen bereits ausgetauscht, so
werden sie hierfür auch einen Rechtsgrund gewollt haben. Dem trägt die
Annahme einer *auflösenden* Bedingung Rechnung, § 158 II: Der zunächst wirksame Kauf verliert seine Geltung, wenn die Bedingung eintritt (nämlich feststeht, daß *G* die Fahrprüfung nicht besteht). Dann müssen die Leistungen zurückgegeben werden, weil ihr zunächst wirksam
bestehender Rechtsgrund – der Kauf – ohne Rückwirkung (§ 159) weggefallen ist, § 812 I 2 Alt. 1. Das ist die sog. *condictio ob causam finitam*
(wegen der Beendigung des Rechtsgrundes).

Fall 138 (Der nachlässige Käufer: Leistung auf eine einredebehaftete Forderung)

S hat den *G* zur Bestellung eines vielbändigen Lexikons durch die Vorspiegelung veranlaßt, dieses sei schon vollständig lieferbar. *G* erfährt zwar alsbald, daß sich das Erscheinen noch über mehrere Jahre hinziehen wird. Da *S* nichts mehr von sich hören
läßt, unternimmt *G* aber einstweilen nichts. Erst nach 20 Monaten taucht *S* wieder auf
und verlangt Bezahlung gegen Abnahme der bisher erschienenen Bände. Als *G* das wegen der Täuschung ablehnt, verweist *S* auf die versäumte Jahresfrist von § 124. *G* zahlt
jetzt widerstrebend. Kann er doch noch kondizieren?

Hier war der Kauf zwar nach § 123 anfechtbar. Aber nachdem G nicht angefochten hat (und nun auch nicht mehr anfechten kann), ist der Kauf als Rechtsgeschäft wirksam. G hat daher auf eine bestehende Verbindlichkeit gezahlt und durch seine Zahlung auch Befreiung erlangt. Trotzdem hätte G Kaufpreiszahlung und Abnahme verweigern können. S hat nämlich seine Forderung durch unerlaubte Handlung (§§ 823 II BGB, 263 StGB) erlangt. Daher darf nach § 853 die Erfüllung ohne zeitliche Grenze verweigert werden. Zwar bestimmt die Vorschrift das ausdrücklich nur für den Fall, daß „der Anspruch auf Aufhebung der (deliktisch erlangten) Forderung verjährt ist". Aber das gilt nach der zutreffenden h. M.[1] bei Versäumung der Anfechtungsfrist nach § 124 entsprechend.

G hat also auf eine Schuld geleistet, gegen die er sich mit der Einrede aus § 853 dauernd hätte wehren können. Hier greift § 813 I 1 ein: Weil eine durch dauernde Einrede entkräftbare Schuld ebensowenig erfüllt zu werden braucht wie eine Nichtschuld, soll die Leistung ebenso kondiziert werden können, als ob sie auf eine Nichtschuld erfolgt wäre. Daher darf in *Fall 138* G den Kaufpreis noch zurückfordern, freilich nach § 242 nur gegen Rückgabe der schon gelieferten Lexikonbände.[2] Auch dies ist eine *conditio indebiti*.

Allerdings ist für die wichtigste dauernde Einrede, nämlich diejenige der Verjährung (§ 222 I), die Kondiktion ausgeschlossen, §§ 813 I 2, 222 II.

Fall 139 (Die unterbliebene Hochzeit: Verlobungsgeschenke, conditio ob rem)

M und F wollen heiraten. Daher kaufen sie schon gemeinsam Möbel, die F im Einverständnis mit M von ihrem Konto bezahlt. Später unterbleibt die Eheschließung jedoch. Was kann F von M verlangen?

Wenn hier M und F beim Kauf gemeinsam aufgetreten sind, insbesondere den Kaufvertrag gemeinsam unterschrieben haben, haben sie bei Fehlen abweichender Abreden Miteigentum zur Hälfte erworben, vgl. §§ 1008 ff. Den Kaufpreis müssen sie nach § 427 als Gesamtschuldner zahlen, wobei sie im Verhältnis zueinander je zur Hälfte verpflichtet sind, § 426 I 1. Wenn also F im Einverständnis mit M dessen Anteil „miterledigt" hat, kann man insoweit eine (vollzogene) Schenkung annehmen, § 516. Je nach den Umständen kann freilich auch das hälftige Miteigentum an den Möbeln den Gegenstand der Schenkung bilden.

Wenn sich M und F zur Zeit des Möbelkaufs die Ehe versprochen hat-

---

[1] Etwa *Palandt-Thomas*, § 853 Anm. 1. Die Lösung kann auch so begründet werden: S hat die Kaufpreisforderung durch unerlaubte Handlung erlangt und muß sie daher nach § 852 III an G herausgeben (= abtreten). Daher stand der Kaufpreisforderung die dauernde Einrede der Bereicherung (§ 821) entgegen.

[2] Vgl. *RGZ* 130, 215.

ten, waren sie im Rechtssinn verlobt, § 1297. Beim Verlöbnis gibt es für die Rückgabe von Geschenken eine Sondervorschrift, nämlich § 1301 S. 1. Danach können Geschenke unter Verlobten bei Unterbleiben der Eheschließung nach Bereicherungsrecht zurückverlangt werden. Der Grund für die Auflösung des Verlöbnisses spielt dabei regelmäßig keine Rolle (doch vgl. u. *Fall 144*); nur beim Tod eines Verlobten soll die Rückforderung im Zweifel ausgeschlossen sein, § 1301 S. 2.

Denkbar ist aber auch, daß zwischen *M* und *F* zur Zeit des Möbelkaufs kein Verlöbnis bestand, sondern daß nur ein Zusammenleben ohne Ehe beabsichtigt war. Bei der Auflösung einer solchen nichtehelichen Gemeinschaft³ paßt § 1301 nicht. Vielmehr ist die Rechtslage dann (wie häufig bei nichtehelichen Gemeinschaften, in denen nicht durch Verträge Vorsorge getroffen worden ist) viel komplizierter: Wenn die Auflösung dieser Gemeinschaft auf grobem Undank des *M* beruht, kann *F* die Schenkung nach §§ 530 ff. widerrufen und so zu einem nach Bereicherungsrecht geregelten Rückforderungsanspruch kommen, § 531 II. Wenn dagegen ein solcher Undank – wie meist – fehlt, hilft das Schenkungsrecht nicht weiter. Ein Rückforderungsanspruch läßt sich dann wohl nur mit der Annahme begründen, das Fortbestehen der Wohngemeinschaft sei Geschäftsgrundlage der Schenkung gewesen.⁴

Bisweilen wird in solchen Fällen freilich auch eine der beiden Alternativen von § 812 I 2 angewendet. Doch läßt sich das nicht sauber begründen. Denn die erste Alternative *(condictio ob causam finitam,* vgl. o. *Fall 137)* paßt nicht: *Causa* der Zuwendung war ja die (fortbestehende) Schenkung und nicht die (beendete) Wohngemeinschaft. Die zweite Alternative *(condictio ob rem =* „wegen eines Zwecks") liegt zwar insofern vor, als die Zuwendung hier nicht zur Schuldtilgung (also *solvendi causa)* erfolgt ist, sondern zu einem anderen Zweck. Aber dieser andere Zweck war primär – und das ist juristisch maßgeblich – der Vollzug der beabsichtigten Schenkung; dieser Zweck ist erreicht und nicht verfehlt worden. Dagegen spielen die weiteren mit der Schenkung etwa noch verfolgten Zwecke auch hier (vgl. o. *Fall 136* für die *condictio indebiti)* bereicherungsrechtlich regelmäßig keine Rolle. Vielmehr können diese bloß nach anderen Regeln (Anfechtung, grober Undank, Geschäftsgrundlage) erheblich sein.

---

³ Die häufig anzutreffende Bezeichnung als „eheähnliche Lebensgemeinschaft" ist unrichtig: Die Beteiligten lehnen die für die Ehe charakteristische rechtliche Bindung ja gerade ab.

⁴ Vgl. etwa *Löwisch,* AT, § 11 Fall 48; *Medicus,* AT, Rdnrn. 857 ff.

Fall 140 (Die gescheiterte Ehe: Ausgleich von Zuwendungen)

Wie oben *Fall 139,* doch sollen *M* und *F* beim Möbelkauf schon verheiratet gewesen sein; die Ehe möge aber nach drei Jahren geschieden werden. Was kann *F* dann von *M* verlangen?

Auch zum Ausgleich von Zuwendungen unter Ehegatten ist bisweilen mit einer der beiden Alternativen von § 812 I 2 gearbeitet worden. Doch erscheint das hier noch eher verfehlt als bei Zuwendungen unter Nichtverheirateten. Denn im Recht der Eheauflösung ist eine Spezialregelung vorgesehen: Im gesetzlichen Güterstand (§§ 1363 ff.) erfolgt bei der Scheidung ein Zugewinnausgleich nach den §§ 1372 ff. Da die Schenkung des *F* deren Endvermögen (§ 1375) vermindert und dasjenige des *M* erhöht hat, bewirkt sei einen zur Hälfte auszugleichenden Zugewinn des *M,* § 1378 I. Und bei Auflösung der Ehe durch Tod erfolgt der Ausgleich regelmäßig pauschal durch eine zusätzliche Erbquote von einem Viertel, § 1371 I.[5] Neben dieser Sonderregelung sieht zutreffend der *BGH*[6] für einen Ausgleich nach allgemeinem Recht regelmäßig keinen Raum.

Diese Sonderregelung ist freilich unanwendbar, wenn die Ehegatten den gesetzlichen Güterstand ausgeschlossen haben (durch Ehevertrag, § 1408). Doch sind auch dann andere Rechtsbehelfe (etwa ein Ausgleich nach Gesellschaftsrecht oder eine Hilfe mit den Regeln über die Geschäftsgrundlage) der Anwendung des § 812 I 2 vorzuziehen.[7]

Fall 141 (Die beschleunigte Baugenehmigung: § 817 S. 1)

G möchte für sein Grundstück recht schnell eine Baugenehmigung. Er sagt das seinem bei der Baubehörde als Beamten beschäftigten Freund *S* und zahlt diesem „für seine Bemühungen" 1000 DM. Kann *G* diesen Betrag zurückfordern?

Nach dem bisher Gesagten gibt es hier für die rechtliche Beurteilung zwei Möglichkeiten:

Erstens kann man annehmen, *G* und *S* hätten über die Geldzahlung und die dafür zu leistende Hilfe einen Vertrag schließen wollen. Dann hätte *G solvendi causa* zur Tilgung seiner vertraglichen Verbindlichkeit gezahlt. Folglich käme eine Rückforderung nach § 812 I 1 Alt. 1 *(condictio indebiti)* in Betracht, wenn dieser Vertrag nach §§ 134, 138 nichtig wäre und daher die zu tilgende Verbindlichkeit nicht bestanden hätte.

Zweitens (und das liegt hier näher) können *G* und *S* aber auch gewußt haben, daß man über die von *G* gewünschte Gegenleistung nicht wirk-

---

[5] Voraussetzung hierfür ist allerdings nach der eindeutigen Vorschrift des § 1371 I am Ende das Vorliegen eines Zugewinns gerade nicht. Bei Vorversterben der *F* erhielte also auch der ausgleichspflichtige *M* ein zusätzliches Viertel. Vgl. zu dieser „Absurdität" MünchKomm-*Gernhuber,* § 1371 Rdnr. 4.

[6] *BGHZ* 65, 320 und öfter.

[7] Vgl. *Medicus,* BürgR, Rdnr. 690 a.

sam kontrahieren kann. Dann wollte *G* mit seiner Zahlung keine Verbindlichkeit tilgen, sondern einen anderen Zweck erreichen. Daher käme § 812 I 2 Alt. 2 *(condictio ob rem)* in Betracht, wenn der von *G* verfolgte Zweck (die schnelle Erteilung der Baugenehmigung) nicht eingetreten ist.

Bei beiden Alternativen ist aber denkbar, daß *S* das erhaltene Geld nicht herauszugeben braucht: Die *condictio indebiti* kann durch § 814 Alt. 1 ausgeschlossen sein, wenn *G* gewußt hat, daß er zur Leistung nicht verpflichtet war (vgl. u. *Fall 142*). Und die *condictio ob rem* scheitert, wenn *G* die Baugenehmigung schnell erlangt und damit seinen Zweck erreicht hat. Doch wollte das BGB das hieraus folgende Ergebnis – *S* kann den empfangenen Betrag womöglich behalten – vermeiden. Daher hat es aus dem gemeinen Recht eine weitere Kondiktion übernommen, die von den genannten Hindernissen unabhängig ist: die Kondiktion wegen Gesetzes- oder Sittenverstoßes des Empfängers einer Leistung, § 817 S. 1 *(condictio ob turpem vel iniustam causam)*. Die Besonderheit dieser – sehr selten vorkommenden – Kondiktion gegenüber allen übrigen besteht darin, daß sie auch dann eingreift, wenn der Leistende sein Ziel erreicht hat. Liegt freilich auch beim Leistenden ein Gesetzes- oder Sittenverstoß vor, so ist diese Kondiktion nach § 817 S. 2 ausgeschlossen (vgl. u. *Fälle 145 ff.*).

In *Fall 141* durfte jedenfalls *S* die 1000 DM im Zusammenhang mit seinem Dienst nicht annehmen, § 331 StGB. Da er also durch die Annahme gegen ein Gesetz verstoßen hat, ist § 817 S. 1 gegeben. Fraglich kann nur sein, ob auch dem *G* ein Gesetzesverstoß zur Last fällt, so daß § 817 S. 2 eingreift. Das wäre zu bejahen, wenn *S* den Geldbetrag für eine in seinem Ermessen stehende (§ 333 StGB) oder dienstpflichtwidrige (§ 334 StGB) Diensthandlung erhalten hat. Nach dem Sachverhalt läßt sich diese Frage nicht entscheiden.

II. Ausschluß der Leistungskondiktion

Fall 142 (Waschmaschinenbenutzung: Kenntnis vom Fehlen des Rechtsgrundes)

Der Vermieter *S* verlangt von den Mietern seines Mehrfamilienhauses für die Benutzung der von ihm im Waschkeller aufgestellten elektrischen Waschmaschine ein besonderes Entgelt. Der Mieter *A* hält diese Forderung für berechtigt und zahlt. Der Mieter *B* meint zwar, das Verlangen des *S* sei unbegründet, zahlt aber trotzdem, um mit *S* keinen Streit zu bekommen. Der Mieter *C* endlich verweigert die Zahlung. Eine daraufhin von *S* erhobene Klage gegen *C* wird abgewiesen, weil die Benutzung der Waschmaschine schon mit dem Mietzins abgegolten sei. Nun verlangen auch *A* und *B* ihre Zahlungen zurück. Mit Recht?

Für den Rückzahlungsanspruch des *A* gibt es keine Hindernisse: *A* wollte ja eine nach seiner Ansicht bestehende Verbindlichkeit tilgen;

wenn diese nicht bestanden hat,[8] steht ihm die *condictio indebiti* nach § 812 I 1 Alt. 1 zu.

B dagegen hat gewußt, daß er nicht verpflichtet war. Bei ihm kann man deshalb schon zweifeln, ob er überhaupt zur Tilgung einer Verbindlichkeit *(solvendi causa)* gezahlt hat oder nicht vielmehr zur Erreichung eines anderen Zweckes *(ob rem)*. Im zweiten Fall könnte er schon deshalb nicht kondizieren, weil er diesen Zweck erreicht hat. Wenn *B* den Zweck gegenüber *S* nicht dargelegt hat, kann der Zweck aber nicht Inhalt des Rechtsgeschäfts geworden sein. Daher muß man in solchen Fällen doch eine Leistung *solvendi causa* annehmen. Die dann zuständige *condictio indebiti* scheitert hier aber an § 814 Alt. 1. Hätte *B* seinen Rückforderungsanspruch wahren wollen, so hätte er „unter Vorbehalt seiner Rechte" zahlen müssen: Dann wendet nämlich die Rechtsprechung § 814 nicht an.[9] Übrigens soll der Gläubiger auch eine solche Leistung nicht zurückweisen können, ohne in Annahmeverzug (§§ 293 ff.) zu geraten.[10]

Fall 143 (Der unterstützte Onkel: Sitten- oder Anstandspflicht)

G ist nach dem frühen Tod seiner Eltern in das Haus seines Onkels *S* aufgenommen worden. Seit *G* erwachsen ist und gut verdient, schickt er dem in Not geratenen *S* monatlich Geld, weil er – *G* – sich unterhaltspflichtig glaubt. Nach einem Streit mit *S* fordert *G* jedoch die gezahlten Beträge zurück. Mit Recht?

Da es nach § 1601 Unterhaltspflichten (außer zwischen Ehegatten) nur zwischen Verwandten in gerader Linie gibt (§ 1589 S. 1), war *G* seinem mit ihm nur in der Seitenlinie verwandten Onkel nicht verpflichtet. Und weil er sich hier verpflichtet glaubte, ist seine *condictio indebiti* (§ 812 I 1 Alt. 1) nicht schon durch die eben in *Fall 142* behandelte 1. Alternative von § 814 ausgeschlossen. Doch greift hier die 2. Alternative ein: Angesichts der früher von *S* erhaltenen Hilfe entsprechen die Zahlungen des *G* einer „sittlichen Pflicht oder auf den Anstand zu nehmenden Rücksicht". *G* kann daher nichts zurückfordern.

Fall 144 (Teure Verlobungsgeschenke: treuwidrige Erfolgsvereitelung)

Die beiden glänzend verdienenden Plattenstars *A* und *B* verloben sich miteinander. Dabei machen sie sich aufwendige Geschenke: Der *A* bekommt von der *B* einen Sportwagen, während *A* der *B* eine Segelyacht schenkt. Doch hat die *B* mit der Verlobung nur Schlagzeilen machen wollen; sie wendet sich alsbald einem Hotelier zu und heiratet schließlich diesen. Der enttäuschte *A* verlangt jetzt die Segelyacht zurück, will aber den Sportwagen behalten. Mit Recht?

Hier gilt für die Verlobungsgeschenke der schon oben in *Fall 139* er-

---

[8] Freilich wirkt das im Prozeß *S–C* ergangene Urteil nach § 325 I ZPO nicht auch für *A* und *B*. Daher können hier weitere Prozesse nötig werden.

[9] *BGHZ* 83, 278 (282); *Palandt-Thomas*, § 814 Anm. 2 b.

[10] *BGH*, NJW 1982, 2301; MünchKomm-*Heinrichs*, § 362 Rdnr. 4, ausführlich *Gernhuber*, Die Erfüllung und ihre Surrogate, 1983, § 5 V.

wähnte § 1301 S. 1: Da die Verlobung spätestens durch die Heirat der *B* mit dem Hotelier aufgelöst worden ist, können die Geschenke grundsätzlich zurückverlangt werden. Das ist auch unproblematisch für den enttäuschten *A*. Fraglich kann es dagegen für die *B* sein: Sie selbst hat ja durch ihre anderweitige Heirat bewirkt, daß der Zweck des Verlöbnisses – nämlich die Eheschließung zwischen den Verlobten – nicht mehr eintreten konnte. Wenn die *B* von Anfang an nur auf Publicity aus war, mag dies auch gegen Treu und Glauben geschehen sein. Für solche Fälle schließt § 815 Alt. 2 einen Bereicherungsanspruch aus. Doch wird in der Literatur[11] über die Anwendbarkeit des § 815 bei § 1301 gestritten: Manche meinen nämlich, § 1301 S. 1 enthalte nur eine Verweisung auf die *Rechtsfolgen* des Bereicherungsrechts, also bloß auf die §§ 818 ff. Dagegen nehmen die h. M. und insbesondere auch die Rechtsprechung[12] mit wohl besseren Gründen eine auch den § 815 umfassende *Rechtsgrundverweisung (Tatbestandsverweisung)* an.

Danach hat in *Fall 144* die *B* keinen Rückforderungsanspruch wegen des Sportwagens und folglich auch kein Zurückbehaltungsrecht (§§ 273, 274) an der Segelyacht.

Fall 145 (Das Wucherdarlehen: § 817 S. 2)

G hat dem in wirtschaftlichen Schwierigkeiten steckenden S ein Darlehen zu einem Monatszins von 5% gegeben. Nach drei Monaten verweigert S die weitere Zinszahlung und verlangt den schon gezahlten Zins zurück; auch kündigt er an, er werde das Darlehen nicht zurückzahlen. Umgekehrt verlangt G mindestens die sofortige Rückzahlung. Wer hat recht?

Ein Zinssatz von 5% monatlich bedeutet einen Jahreszins von 60%. Ein derart extrem hoher Zinssatz wird sich regelmäßig nur dadurch erzielen lassen, daß *G* die Zwangslage des *S* ausgebeutet hat; dann ist der Darlehensvertrag nach § 138 II nichtig.[13] Aber auch ohne solche Ausbeutung hat die Rechtsprechung bei besonders hohen Zinssätzen Nichtigkeit nach § 138 I angenommen.[14] Jedenfalls kann also *G* den noch ausstehenden Zins nicht verlangen.

Zudem hat *S* wegen der Nichtigkeit des Darlehens den schon bezahlten Zins ohne Rechtsgrund geleistet. Er kann diesen also nach § 812 I 1 Alt. 1 und überdies – hier ungehindert durch § 814 (vgl. o. *Fall 141*) – nach § 817 S. 1 zurückverlangen.

Auch umgekehrt sieht es jedoch so aus, als müsse nun *S* das erhaltene Geld sofort zurückzahlen: Der Darlehensvertrag ist ja nichtig. Da *S* dieses Geld aber dringend benötigte, wäre sein Schutz durch § 138 unvoll-

---

[11] Angaben bei *Gernhuber,* FamR, § 8 VI 1.
[12] *BGHZ* 45, 258 (262 ff.).
[13] Vgl. *Löwisch,* AT, § 13 Fall 69.
[14] Etwa *BGHZ* 80, 153; *BGH,* NJW 1984, 2292, vgl. *Medicus,* AT, Rdnr. 711.

kommen. Hier könnte der Rückforderungsausschluß durch § 817 S. 2 helfen.

Gegen die Anwendung dieser Vorschrift scheinen aber zwei Gründe zu sprechen. Erstens erweckt nämlich die systematische Stellung des § 817 S. 2 den Eindruck, der Ausschluß der Rückforderung betreffe nur den vorangehenden § 817 S. 1. Die dem *G* wegen der Nichtigkeit des Darlehens gleichfalls zustehende Kondition aus § 812 I 1 Alt. 1 bliebe dann also ungehindert. Und zweitens läßt der Wortlaut des § 817 S. 2 daran denken, die Vorschrift meine nur den beiderseitigen Gesetzes- oder Sittenverstoß (dem Leistenden soll ja „gleichfalls" ein solcher Verstoß zur Last fallen). Danach wäre die Vorschrift beim Wucher unanwendbar, weil sich der Bewucherte ja keinem Vorwurf aussetzt.

Heute besteht aber Einigkeit darüber, daß § 817 S. 2 in beiden Punkten zu eng formuliert ist: Wenn die Vorschrift nicht fast völlig bedeutungslos werden soll, muß sie auch andere Bereicherungsansprüche als nur diejenigen aus § 817 S. 1 ausschließen. Und für den Anspruchsausschluß ein einseitiges Verschulden des Leistenden nicht genügen zu lassen, wäre offenbar sinnlos: Der Leistende kann doch nicht deshalb besser stehen (nämlich seinen Anspruch behalten), weil der Leistungsempfänger sich tadellos verhalten hat. Daher ist § 817 S. 2 trotz des nicht passenden Wortlauts in *Fall 145* gegen *G* anwendbar.

Nach h. M.[15] ergibt die Vorschrift aber bloß, daß *S* das Darlehen *nicht vorzeitig* zurückzuzahlen braucht, also nicht vor dem Eintritt der vereinbarten oder durch Kündigung herbeizuführenden Fälligkeit. Denn die Leistung des Darlehensgebers besteht nur in der Überlassung der Kapitalnutzung auf Zeit. Daß nach § 817 S. 2 diese Leistung nicht soll zurückverlangt werden können, schließt die Kondiktion des Darlehensgebers also auch bloß auf Zeit aus. Sobald das Darlehen selbst zurückverlangt werden könnte, muß folglich auch die Kondiktion möglich sein. In *Fall 145* darf *S* die Darlehensvaluta also nur auf Zeit behalten, insoweit freilich nach h. M. ohne jede Gegenleistung.[16]

Fall 146 (Die übervorteilten Gastarbeiter: Mietwucher)

G hat für 200 000 DM ein altes, verwohntes Haus gekauft. Nach einem primitiven Ausbau vermietet er dort an Gastarbeiter insgesamt 20 Schlafstellen für je 400 DM monatlich. Wie ist die Rechtslage?

Auch hier liegt Wucher vor; die Mietverträge sind also jedenfalls nicht mit dem überhöhten Mietzins wirksam. Im einzelnen und insbesondere bereicherungsrechtlich scheinen sich dieselben Probleme zu ergeben wie beim Wucherdarlehen (o. *Fall 145*). Hinzuzukommen scheint bloß die

---

[15] Etwa *RGZ* 161, 52, *Palandt-Thomas,* § 817 Anm. 3 a cc.
[16] Etwa *RGZ* 161, 52; *BGH,* NJW 1983, 1420, 1423, anders *Medicus,* in: Gedächtnisschr. f. Dietz, 1973, S. 61, ähnlich *Larenz,* SBT, S. 562 Fn. 3.

Frage, ob § 817 S. 2 auch die Vindikation des Vermieters hindert, also seinen Herausgabeanspruch aus Eigentum (§ 985). Die h. M.[17] verneint allerdings eine solche Ausdehnung des § 817 S. 2 über das Bereicherungsrecht hinaus. Doch gelangte sie damit zu der unglücklichen Konsequenz, daß der bewucherte Mieter die Mietsache sofort herausgeben müßte.

Dies alles ist aber hypothetisch. Denn in Wirklichkeit greifen für die Wohnungsmiete zwei Spezialregeln ein: Erstens erklärt § 5 I WiStG es zur Ordnungswidrigkeit, vorsätzlich oder leichtfertig für die Vermietung von Wohnräumen ein unangemessen hohes Entgelt zu fordern. Und solche Unangemessenheit wird regelmäßig schon bejaht, wenn der geforderte Preis den üblichen um mehr als 20% übersteigt.[18] Hier greift also nicht erst § 138, sondern schon – und zwar wesentlich früher – § 134.

Zweitens aber gelangt die h. M. hier ähnlich wie bei Verstößen gegen das eigentliche Preisrecht nicht zur Nichtigkeit des ganzen Vertrages. Vielmehr soll dieser bloß hinsichtlich der Entgeltsvereinbarung nichtig sein, soweit diese über das übliche Entgelt hinausgeht. Im Ergebnis ist der Vertrag daher zu dem üblichen Mietzins gültig.[19]

III. Zusammenfassung

1. Bei der Leistungskondiktion wird der vom Leistenden verfolgte Zweck mit dem erreichten Erfolg verglichen: Ist dieser Zweck erreicht worden, so kommt eine Kondiktion regelmäßig nicht in Betracht (anders formuliert: die Leistung ist „kondiktionsfest"). Eine Ausnahme gilt nur für den rechtlich mißbilligten Zweck, nach dessen Bestimmung der Empfänger der Leistung gegen ein gesetzliches Verbot oder die guten Sitten verstoßen hat: Hier kann der Leistende trotz Zweckerreichung kondizieren, § 817 S. 1 *(condictio ob turpem vel iniustam causam)*.

2. Abgesehen von § 817 S. 1 ist bei der Leistungskondiktion der innere Grund für die Rückforderung die Zweckverfehlung. Häufigster Leistungszweck ist die *Tilgung einer Verbindlichkeit* (Leistung *solvendi causa*). Eine solche Leistung ist kondizierbar,
   a) wenn der Tilgungserfolg nicht eingetreten ist, insbesondere weil die Verbindlichkeit nicht oder nur mit anderem Inhalt bestanden hat, § 812 I 1 Alt. 1 *(condictio indebiti)*;
   b) wenn die Verbindlichkeit zwar bestanden hat und durch die Leistung getilgt worden ist, aber wegen einer dauernden Einrede (ausge-

---

[17] Etwa *BGHZ* 63, 365; *Palandt-Thomas*, § 817 Anm. 1 b.
[18] Etwa *OLG Stuttgart*, NJW 1981, 2365; vgl. *Medicus*, AT, Rdnr. 709.
[19] Etwa *BGHZ* 89, 316 (319 ff.); *OLG Stuttgart*, NJW 1981, 2365. Dasselbe Ergebnis sollte mit der o. FN 16 erwähnten Ansicht auch beim Wucherdarlehen erreicht werden.

nommen diejenige der Verjährung) nicht erfüllt zu werden brauchte, § 813;

c) wenn die zunächst durch die Leistung erfüllte Verbindlichkeit später aus einem anderen Grund weggefallen ist, so daß die Leistung sich nachträglich als unnötig herausstellt, § 812 I 2 Alt. 1 *(condictio ob causam finitam)*.

Weitere Zwecke des Leistenden, die bei einer Leistung *solvendi causa* hinter dem Tilgungszweck stehen, insbesondere eine bestimmte Verwendung der vom Leistenden erstrebten Gegenleistung, spielen für die Kondiktion keine Rolle.

3. Leistungen, die *nicht zur Tilgung einer Verbindlichkeit (solvendi causa)* erfolgen, sind kondizierbar, wenn der mit der „Leistung nach dem Inhalt des Rechtsgeschäfts bezweckte Erfolg nicht eintritt", § 812 I 2 Alt. 2 *(condictio ob rem,* auch *condictio causa data causa non secuta* genannt). Erheblich ist hier aber nur der zum Inhalt des Rechtsgeschäfts gewordene Zweck; andere, von dem Leistenden einseitig verfolgte Zwecke bleiben unerheblich.

4. *Zur Tilgung einer Verbindlichkeit* erbrachte Leistungen (oben 2) können *nicht kondiziert werden,* wenn der Leistende das Fehlen der Verbindlichkeit gekannt hat oder die Leistung einer Sitten- oder Anstandspflicht entsprach, § 814.

5. *Zu einem anderen Zweck* erbrachte Leistungen (oben 3) können *nicht kondiziert werden,* wenn der Leistende die Unmöglichkeit des Erfolgseintritts gekannt oder diesen Eintritt wider Treu und Glauben verhindert hat, § 815.

6. Nach *§ 817 S. 2* ist jede Leistungskondiktion (auch diejenige aus § 812) ausgeschlossen, wenn der Leistende (allein oder ebenso wie der Leistungsempfänger) mit der Leistung gegen ein gesetzliches Verbot oder die guten Sitten verstoßen hat. Danach kann insbesondere der Bewucherte die Leistung des Wucherers – nach h. M. ohne jedes Entgelt – behalten. Beim Darlehen besteht diese nicht kondizierbare Leistung aber nur in der Überlassung auf Zeit; nach deren Ablauf wird also die Kondiktion möglich. Für den Mietwucher bei Wohnraum gilt eine nicht in das Bereicherungsrecht führende Sonderregelung: Der Vertrag ist zum üblichen Mietzins wirksam.

§ 25. Die Eingriffskondiktion

I. Der Eingriff durch unberechtigte Verfügung (§ 816)

Fall 147 (Der untreue Freund: § 816 I 1)

Als *G* für vier Wochen verreist, verleiht er sein Fernsehgerät an seinen Freund *S*. Dieser kommt jedoch bald in Geldverlegenheit. Daher verkauft und veräußert er das Gerät unter Übergabe an *D*, dem gegenüber er sich als Eigentümer ausgibt. Welche Ansprüche bestehen?

Hier ist zunächst wesentlich, ob *D* nach §§ 932, 929 Eigentum erworben hat: Einigung und Übergabe liegen vor; auch ist das Gerät dem *D* nicht nach § 935 abhanden gekommen.[1] Daher hängt der Eigentumserwerb hier allein vom letzten Erfordernis ab, nämlich vom guten Glauben (§ 932 II) des *D*. Dieser gute Glaube kann hier deshalb fraglich sein, weil bei Fernsehgeräten ein Eigentumsvorbehalt häufig ist, so daß eine Erkundigungspflicht des *D* in Betracht kommt.[2]

Wenn der gute Glaube bejaht wird, hat *D* Eigentum erworben, und zwar durch eine Leistung (nämlich die Übereignung) des *S*. Zwischen *D* und *S* besteht aber ein wirksamer Kaufvertrag, so daß hier eine Leistungskondiktion am Vorliegen eines Rechtsgrundes scheitert. Und *G* hat das Eigentum weder an *S* noch an *D* geleistet, so daß auch für ihn keine Leistungskondiktion in Betracht kommt.

Trotzdem hat hier aber offenbar eine ungerechtfertigte Vermögensverschiebung stattgefunden: *G* hat sein Eigentum ohne seinen Willen und ohne eine Gegenleistung verloren. Umgekehrt hat *S* den Kaufpreis erlangt für eine Gegenleistung, die nicht aus seinem Vermögen stammt. *D* schließlich hat zwar Eigentum erworben, jedoch den Kaufpreis bezahlt. Schon diese Abwägung der Vor- und Nachteile spricht dafür, den Ausgleich durch einen Anspruch des *G* gegen den *S* zu bewirken. Da *G* aber nicht an *S* geleistet hat, kann dies keine Leistungskondiktion sein. Vielmehr hat *S* einen Vorteil „in sonstiger Weise" erlangt. Dieser Fall wird grundsätzlich von der in § 812 I 1 Alt. 2 geregelten allgemeinen Nichtleistungskondiktion erfaßt. Deren wichtigster Fall ist die – auch hier passende – Eingriffskondiktion (vgl. o. § 1 *Fall 4*): Der Schuldner hat sich den auszugleichenden Vorteil selbst durch einen Eingriff in fremdes Recht genommen. Die Eingriffskondiktion bildet dann sozusagen die Fortsetzung des durch den Eingriff beeinträchtigten Rechts; sie wird daher auch als „Rechtsfortwirkungsanspruch" bezeichnet.

Eine spezielle und häufig vorkommende Art des Eingriffs bildet die in

---

[1] Vgl. *Gerhardt*, SaR, § 12 Fall 70.
[2] Vgl. *Gerhardt*, SaR, § 12 Fall 65.

§ 816 besonders geregelte Verfügung eines Nichtberechtigten. Sie liegt auch in Fall 147 vor: Der nichtberechtigte S hat durch die Übereignung an D über das Eigentum des G wirksam verfügt. Dann soll bei einer entgeltlichen Verfügung der Verfügende das Erlangte an den Berechtigten herausgeben müssen. Dabei versteht die h. M. als das „durch die Verfügung Erlangte" die Gegenleistung aus dem der Verfügung zugrunde liegenden Kausalgeschäft.[3] Danach muß S in *Fall 147* den von D gezahlten Kaufpreis nach § 816 I 1 an G herausgeben (= zahlen).

Fall 148 (Der diebische Freund: Genehmigung durch den Berechtigten)

Wie o. *Fall 147*, doch möge S das später verkaufte Fernsehgerät ohne Wissen des verreisten G aus dessen Wohnung mitgenommen haben.

Jetzt hat G den unmittelbaren Besitz ohne seinen Willen verloren; das Gerät ist ihm also abhanden gekommen. Daher scheitert der Eigentumserwerb des D an § 935 I. Folglich paßt § 816 I 1 nicht, weil die Verfügung des nichtberechtigten S dem berechtigten G gegenüber nicht wirksam ist. Der dem Schutz des G dienende § 935 I scheint also dem G einen Anspruch abzuschneiden, an dem G sehr wohl interessiert sein kann: D mag unbekannt oder unerreichbar sein, so daß die Vindikation des G (§ 985) gegen ihn nicht durchgesetzt werden kann, oder D mag das Gerät alsbald wesentlich verschlechtert haben.

In *Fall 148* könnte G von S freilich allemal Schadensersatz verlangen (aus §§ 989, 990 und §§ 992, 823 I, auch aus § 823 II mit § 242 StGB). Auch hat G gegen S einen Herausgabeanspruch nach §§ 687 II, 681 S. 2, 667, der den vollen von S erzielten Erlös umfaßt, selbst wenn dieser den Schaden des G übersteigt. Daher bedeutete es in Fall 148 für G keinen Nachteil, wenn nicht auch noch der Anspruch aus § 816 I 1 gegeben ist. Aber das ist bei Veräußerungsketten anders: Der gutgläubige D möge das Fernsehgerät an X weiterveräußert haben. Dann hat G gegen D weder einen Schadensersatzanspruch noch einen Anspruch auf Erlösherausgabe aus § 687 II. Um hier einen Anspruch G – D aus § 816 I 1 zu begründen, läßt man für diese Vorschrift auch das nachträgliche Wirksamwerden einer zunächst unwirksamen Verfügung genügen. Dieses Wirksamwerden kann G nach § 185 II 1 Alt. 1 herbeiführen, indem er die Verfügung des Nichtberechtigten (S oder D) genehmigt. Im Ergebnis hat daher der durch § 935 Geschützte ein Wahlrecht, ob er mit § 985 sein Eigentum verfolgen oder über §§ 185 II 1 Alt. 1, 816 I 1 den Veräußerungserlös fordern will.

Der Weg über §§ 185 II 1 Alt. 1, 816 I 1 bewährt sich übrigens in gleicher Weise, wenn die Wirksamkeit einer Verfügung nicht an § 935 ge-

---

[3] Etwa *BGHZ* 29, 157; *Palandt-Thomas,* § 816 Anm. 5 b. Abweichend (Begrenzung auf den Wert des Verfügungsgegenstandes) *Larenz,* SBT, § 69 IV a und (mit anderer Begründung) *Medicus,* BürgR, Rdnrn. 723, 726.

scheitert ist, sondern an der Unredlichkeit des Erwerbers: Auch dann kann der Berechtigte durch Genehmigung den Tatbestand des § 816 I 1 erfüllen.

Fall 149 (Der großzügige Freund: § 816 I 2)

Wie o. *Fall 147,* doch möge *S* das Fernsehgerät jetzt nicht weiterverkauft, sondern es seiner Freundin *D* geschenkt haben.

Die §§ 932 ff. enthalten keine Sonderregelung für den unentgeltlichen Erwerb: Auch dieser ist also vom Nichtberechtigten möglich (allenfalls mag ein Geschenk eher Verdacht an der Berechtigung des Veräußerers erwecken und daher Anlaß zu Nachforschungen geben, deren Unterbleiben guten Glauben nach § 932 II ausschließt). *D* kann also das Gerät zu Eigentum erworben haben. Doch korrigiert hier § 816 I 2 schuldrechtlich die sachenrechtliche Zuordnung des Eigentums: Bei unentgeltlichen Verfügungen eines Nichtberechtigten soll derjenige, „welcher auf Grund der Verfügung unmittelbar einen rechtlichen Vorteil erlangt", diesen an den Berechtigten herausgeben müssen. Der Vorteil liegt hier bei *D,* wenn sie nach §§ 929, 932 Eigentum erworben hat: Dieses muß sie also nach § 816 I 2 auf *G* zurückübertragen. Im Ergebnis erweist sich damit der unentgeltliche gutgläubige Erwerb schuldrechtlich als nicht beständig.

Fall 150 (Die nicht mitgeteilte Rückzession: § 816 II)

Der Bauunternehmer *G* hat von seinem Lieferanten *S* einen Kredit erhalten. Zur Sicherung hat er bestimmte Kundenforderungen an *S* abgetreten; diese Abtretungen sind den Kunden auch mitgeteilt worden. Später zahlt *G* den Kredit an *S* zurück. Daher werden ihm die Kundenforderungen zurückübertragen, doch unterbleibt eine Anzeige hiervon an die Kunden. Diese zahlen an *S.* Wie ist die Rechtslage?

Hier haben die Kunden nicht an ihren wahren Gläubiger *G* gezahlt, der ja durch die Rückzession die Forderungen zurückerhalten hatte. Regelmäßig hat eine solche Leistung an einen Nichtgläubiger keine befreiende Wirkung. Eine Ausnahme folgt hier aber aus § 407 I: Danach werden die Kunden in ihrem Vertrauen darauf geschützt, die bisher bestehende und ihnen mitgeteilte Gläubigerschaft des *S* dauere an. Die Kunden brauchen also nicht noch einmal an *G* zu zahlen. Den Nachteil hat folglich *G,* einen unberechtigten Vorteil dagegen hat *S.* Das gleicht § 816 II aus: Der Nichtberechtigte, der eine gegenüber dem Berechtigten wirksame Leistung erhält, muß diese an den Berechtigten herausgeben. In *Fall 150* schuldet also *S* dem *G* die Herausgabe (= Zahlung) der von den Kunden an ihn geleisteten Beträge.

II. Andere Eingriffe (§ 812 I 1 Alt. 2)

Fall 151 (Unberechtigte Vermietung: Ausweitung des § 816 I 1?)

Bei dem Bauernhof des *S* hat *G* ein Ferienhaus. *S* hat die Schlüssel dieses Hauses, um dort von Zeit zu Zeit nach dem Rechten zu sehen. Ohne Wissen des *G* verschafft *S* sich dadurch Nebeneinkünfte, daß er das Haus an Dritte vermietet. Erst nach Jahren erfährt *G* durch Zufall davon. Was kann er von *S* verlangen?

§ 816 I behandelt nur „Verfügungen". Darunter versteht man die Übertragung, Belastung, Inhaltsänderung oder Aufgabe eines Rechts.[4] Die bloße Vermietung durch *S* hat aber keine solche Wirkung auf das Eigentum des *G* ausgeübt. Andererseits greift die Vermietung aber in die durch § 903 beschriebenen Befugnisse des Eigentümers ein. Daher will eine Mindermeinung[5] auf die Vermietung und ähnliche obligatorische Nutzungsgeschäfte § 816 I analog anwenden. Doch dürfte das schon am Fehlen einer Gesetzeslücke scheitern: Für Eingriffe ohne Verfügungscharakter steht die allgemeine Eingriffskondiktion aus § 812 I 1 Alt. 2 bereit (Erwerb „in sonstiger Weise"). Sie benötigt man z. B. auch beim Verbrauch fremder Sachen oder beim Eigentumserwerb nach den §§ 946 ff. (vgl. u. *Fall 152*). Dieser Anspruch aus § 812 I 1 Alt. 2 geht nach der zutreffenden h. M. auf den Wert der Nutzung (§ 818 II, vgl. u. § 27 *Fall 162*). Ein Mehrerlös, den *S* durch besondere Geschäftstüchtigkeit erzielt haben sollte, wird also mit den §§ 812, 818 nicht erfaßt;[6] dazu eignet sich nur § 687 II 1 (vgl. u. § 29 *Fall 191*).

Fall 151 zeigt übrigens noch eine weitere Besonderheit der Eingriffskondiktion: Möglicherweise hat ja die Benutzung des Ferienhauses durch Fremde dem *G* keinen meßbaren Vermögensschaden gebracht (etwa weil *S* eigene Wäsche verwendet, die Stromrechnung bezahlt und das verbrauchte Heizmaterial wieder ergänzt hat). Man könnte dann meinen, die Bereicherung des *S* sei nicht „auf Kosten" des *G* erfolgt. Aber so, nämlich als Hinweis auf einen Schaden, ist dieses Tatbestandsmerkmal nicht zu verstehen. Vielmehr will es den Kondiktionsgläubiger bestimmen, also denjenigen, der soll verlangen können, was der Schuldner zuviel hat: Gläubiger ist bei der Eingriffskondiktion derjenige, in dessen Recht eingegriffen worden ist; ob er auch einen Schaden hat, bleibt gleich.

---

[4] Vgl. *Löwisch*, AT, § 15.
[5] Etwa *Larenz*, SBT, § 69 IV a S. 566.
[6] Also anders als nach h. M. mit dem Anspruch aus § 816 I 1, vgl. o. Fn. 3.

Fall 152 (Das gestohlene Baumaterial: Funktion des § 951)

S hat bei seinem Hausbau Material verwendet, das dem G gestohlen worden war. Welche Ansprüche hat G?

Hier hatte S, auch wenn er gutgläubig war, wegen § 935 I an dem Baumaterial zunächst rechtsgeschäftlich kein Eigentum erwerben können. Dennoch ist er durch den Einbau nach §§ 946, 93, 94 Eigentümer geworden (genauer: Das Baumaterial hat seine Eigenschaft als selbständige Sachen eingebüßt und wird jetzt vom Eigentum des G an seinem Grundstück mitumfaßt; vgl. den Wortlaut von § 946). Gäbe es keine ergänzende gesetzliche Regelung, so könnte man zweifeln, ob dieser vom Gesetz bestimmte Eigentumserwerb „kondiktionsfest" sein soll (wie es der entgeltliche gutgläubige Erwerb vom Nichtberechtigten nach § 816 I 1 ist, vgl. o. *Fall 147*). Solche Zweifel vermeidet § 951, indem er dem Rechtsverlierer eine „Vergütung in Geld nach den Vorschriften über die Herausgabe einer ungerechtfertigten Bereicherung" gewährt. Allerdings ist nach ganz h. M. § 951 I 1 selbst keine Anspruchsgrundlage. Aber er stellt erstens klar, daß der Rechtserwerb nach den §§ 946–950 nach Bereicherungsrecht ausgleichungspflichtig macht, wenn die übrigen Voraussetzungen des § 812 gegeben sind; anders gesagt: Die §§ 946–950 schaffen keinen Rechtsgrund, der die Anwendung des Bereicherungsrechts ausschließt. Man kann das endlich auch so formulieren: § 951 I 1 enthält eine Rechtsgrundverweisung (Tatbestandsverweisung) in das Bereicherungsrecht. Und zweitens bedeutet § 951 I 1 („Vergütung in Geld" in Verbindung mit § 951 I 2, daß der Bereicherungsanspruch des Rechtsverlierers hier ausnahmsweise nicht auf das primär Erlangte geht, sondern nur auf dessen Geldwert (vgl. u. § 27 *Fall 160*).

Beide Funktionen des § 951 I werden an *Fall 152* klar: Die Rechtsgrundverweisung auf § 812 bedeutet, daß die Voraussetzungen dieser Vorschrift zu prüfen sind. Davon kommt hier als vorliegend bloß die allgemeine Eingriffskondiktion nach § 812 I 1 Alt. 2 in Betracht. Deren Voraussetzungen sind gegeben, da der Einbau durch S einen von keinem Rechtsgrund gedeckten Eingriff in das Eigentum des G darstellt. Und die Beschränkung des G auf Wertersatz in Geld bewirkt, daß S den Bau nicht zu zerstören braucht, um das Material zurückzugeben. Damit wird dasjenige Ergebnis abgesichert, zu dem auch der Eigentumserwerb des S nach § 946 führt, indem er die Vindikation des G aus § 985 ausschließt: Im Interesse der Erhaltung wirtschaftlicher Werte wird der Altberechtigte auf Geldansprüche beschränkt.

Fall 153 (Der untreue Kammerdiener: Zuweisungsgehalt beim allgemeinen Persönlichkeitsrecht)

Der wohlhabende Industrielle G beschäftigte über viele Jahre den S als Kammerdiener. Nachdem S seinen Dienst im Streit beendet hat, veröffentlicht er in einer Illustrierten seine Memoiren. Diese enthalten Enthüllungen aus der Intimsphäre des G. Was kann dieser von S verlangen?

In Betracht kommen sicher Schadensersatzansprüche aus der Verletzung einer aus dem Dienstvertrag nachwirkenden Pflicht oder aus § 823 I (Allgemeines Persönlichkeitsrecht, vgl. o. § 8 *Fall 52*). Wenn eine Fortsetzung der „Enthüllungen" zu besorgen ist, kommt auch ein Unterlassungsanspruch in Frage (vgl. o. § 21 *Fall 133*). Zudem mag man hier noch an eine Eingriffskondiktion denken: Mit dieser könnte G eine gewisse Beteiligung an dem Honorar erstreben, das S durch die in das Persönlichkeitsrecht des G eingreifende Veröffentlichung erzielt hat.

Hier ergeben sich aber Schwierigkeiten. Das Allgemeine Persönlichkeitsrecht stellt nämlich bloß ein sog. Rahmenrecht dar, dessen Unbestimmtheit schon bei der Rechtswidrigkeitsprüfung zu Besonderheiten geführt hat (vgl. o. § 8 *Fall 53*). Aber selbst wenn Rechtswidrigkeit vorliegt (wie regelmäßig in *Fall 153*), folgt daraus noch nicht ohne weiteres die Eingriffskondiktion des verletzten Rechtsinhabers. Vielmehr stellt die h. M. darauf ab, ob der Eingriff den Zuweisungsgehalt des verletzten Rechts berührt hat.[7] Damit wird vorausgesetzt, daß es Rechte oder ähnliche eingriffsfähige Positionen ohne eigenen Zuweisungsgehalt gibt. Das kann man z. B. für den nichtberechtigten Besitz annehmen:[8] Ein unerlaubter Eingriff in diesen ist zwar rechtswidrig (§ 858 I); dem rechtlosen Besitzer ist aber keinerlei Nutzung des Besitzes erlaubt. Daher kann der Besitzer als solcher (also abgesehen von einem Recht zum Besitz) auch keine Eingriffskondiktion geltend machen.

Entsprechend muß man auch beim Allgemeinen Persönlichkeitsrecht nach einem positiven Zuweisungsgehalt fragen. Der BGH hat einen solchen Zuweisungsgehalt bejaht für konkrete Ausprägungen des Persönlichkeitsrechts, nämlich für das Recht am eigenen Bild[9] und für den Namen.[10] Für das Allgemeine Persönlichkeitsrecht selbst ist ein solcher Zuweisungsgehalt streitig;[11] ich neige zur Bejahung. Problematisch bleibt dann aber, welchen Betrag G in *Fall 153* von S zu verlangen hat: Gewiß kann das nicht der ganze von S erzielte Betrag sein, weil dieser ja

---

[7] Vgl. (kritisch) *Reuter-Martinek*, Ungerechtfertigte Bereicherung, 1983, § 7 I, III.
[8] Dazu monographisch *Kurz*, Der Besitz als möglicher Gegenstand der Eingriffskondiktion, 1969.
[9] BGHZ 20, 345 (Paul Dahlke).
[10] BGHZ 81, 75 (Carrera).
[11] Vgl. *Larenz*, SBT, § 68 II S. 534, auch *Schlechtriem*, in Festschr. f. Hefermehl, 1976, S. 445 ff.

nicht allein (gleichsam mühelos) durch das Eindringen in den Zuweisungsgehalt des fremden Persönlichkeitsrechts erzielt worden ist, sondern auch durch eigene Mühe des *S.* Am ehesten wird man sich an demjenigen Betrag orientieren müssen, den der Inhaber des Persönlichkeitsrechts üblicherweise für die Erlaubnis einer solchen Veröffentlichung erhält. Problematisch wird das freilich, wenn eine solche Erlaubnis üblicherweise gerade nicht erteilt wird. Für einen solchen Fall ist der *BGH*[12] denn auch in einen Deliktsanspruch wegen schuldhafter Persönlichkeitsverletzung ausgewichen.

III. Zusammenfassung

1. Die wichtigste Kondiktion wegen eines Erwerbs „in sonstiger Weise" (§ 812 I 1 Alt. 2), also die wichtigste Nichtleistungskondiktion ist die *Eingriffskondiktion.* Hier hat der Bereicherungsschuldner das herauszugebende „etwas" nicht durch eine Leistung des Gläubigers erlangt, sondern es sich selbst genommen.

2. *Sonderfälle der Eingriffskondiktion* sind in § 816 geregelt: die wirksame entgeltliche (§ 816 I 1) oder unentgeltliche (§ 816 I 2) Verfügung über fremdes Recht und die dem Berechtigten gegenüber wirksame Leistungsannahme durch einen Nichtberechtigten (§ 816 II). Dabei genügt, daß der Berechtigte eine zunächst unwirksame Verfügung durch seine Genehmigung (§ 185 II 1) nachträglich wirksam gemacht hat.

3. Für die *allgemeine Eingriffskondiktion* aus § 812 I 1 Alt. 2 bleibt Raum bei allen Eingriffen, die keine Verfügung darstellen: etwa bei der Vermietung oder Verpachtung fremder Sachen oder beim Eigentumsverlust durch Verbindung, Vermischung, Verarbeitung (§§ 946–951) und Sachverbrauch.

4. Nach h. M. ist die *Rechtswidrigkeit des Eingriffs* für die Eingriffskondiktion weder allemal notwendig noch genügend. Entscheiden soll vielmehr der Eingriff in den fremden Zuweisungsgehalt: Der Eingreifende nimmt sich etwas, was dem Berechtigten zur alleinigen vermögensmäßigen Nutzung zugewiesen ist. Im einzelnen gibt es hier freilich viele Unklarheiten und Meinungsverschiedenheiten.

---

[12] *BGHZ* 26, 349 (Herrenreiter: Ein Bild eines Kölner Brauereibesitzers war ohne seinen Willen für die Okasa-Werbung verwendet worden).

§ 26. Andere Nichtleistungskondiktionen

Daß etwas „in sonstiger Weise" erlangt worden ist, hat in § 812 I 1 Alt. 2 bloß die negative Bedeutung „nicht durch Leistung (des Anspruchstellers)". Hierunter fallen außer der Eingriffskondiktion noch einige weitere, freilich viel seltenere Fallgruppen.

I. Die Fallgruppen

Fall 154 (Zwangsvollstreckung und Eigentumsvorbehalt: Rückgriffskondiktion)

K kauft bei *V* ein Motorrad für 5000 DM: 1000 DM zahlt *K* sofort, der Rest soll in acht Monatsraten von je 500 DM beglichen werden. *V* behält sich das Eigentum vor (§ 455). Als nur noch zwei Raten zu zahlen sind, will *G*, ein Gläubiger des *K*, die Zwangsvollstreckung in das Motorrad betreiben. Da *G* fürchtet, daß *V* demgegenüber sein vorbehaltenes Eigentum geltend machen wird (nach § 771 ZPO), zahlt er zunächst für *K* die restlichen 1000 DM an *V*. Welche Ansprüche hat *G* deshalb gegen *K*?

Hier hat *G* als Dritter (§ 267) für *K* geleistet und diesen dadurch von seiner Restkaufpreisschuld befreit. In bestimmten qualifizierten Fällen einer solchen Drittleistung gibt § 268 III dem Dritten durch eine gesetzliche Forderungszession den Rückgriff gegen den befreiten Schuldner. Ein solcher privilegierter Fall liegt hier jedoch nicht vor.

Auch ein Rückgriff aus berechtigter Geschäftsführung ohne Auftrag (§§ 683 S. 1, 670) scheidet sicher aus: Da die Zahlung der Restschuld die Zwangsvollstreckung ermöglichen sollte, hat sie nicht dem Willen des *K* entsprochen (vgl. u. § 30 *Fall 193/4*). In Betracht kommt daher allenfalls ein Anspruch aus unberechtigter Geschäftsführung, § 684 S. 1: Danach müßte *K* (als Geschäftsherr) an *G* (als den Geschäftsführer) das durch die Geschäftsführung Erlangte „nach den Vorschriften über die Herausgabe einer ungerechtfertigten Bereicherung" herausgeben (vgl. u. § 30 *Fall 194*). Dabei spricht § 684 S. 1 nach h. M.[1] eine Rechtsfolgenverweisung auf die §§ 818 ff. aus; dieser Anspruch wäre also kein Bereicherungsanspruch.

Zu § 812 kommt man nur, wenn man – was vertretbar ist – einen Fremdgeschäftsführungswillen des *G* verneint (weil *G* eben nur seine eigenen Interessen fördern wollte). Dabei scheidet eine Leistungskondiktion aus: *G* hat an *V* und nicht an *K* geleistet;[2] dem *K* hat diese Leistung nur gleichsam reflexartig Nutzen gebracht. Auch eine Eingriffskondiktion kommt nicht in Betracht: *K* hat sich ja von *G* nichts genommen.

---

[1] Etwa *Palandt-Thomas*, § 684, Anm. 1.

[2] Str., vgl. etwa *Larenz*, SBT, § 68 III c; *Medicus*, BürgR, Rdnr. 684 f. Aber bei Annahme einer Leistung *G – K* wäre die Kondiktion durch § 814 Alt. 1 ausgeschlossen.

Übrig bleibt also nur eine andere Nichtleistungskondiktion. Und da diese hier dem Rückgriff gegen den befreiten Schuldner dient, nennt man sie Rückgriffskondiktion: Mit dieser kann G in *Fall 154* von K Zahlung von 1000 DM verlangen.

Fall 155 (Der fremde Pkw: Verwendungskondiktion)

G läßt den Pkw des S neu lackieren. Muß S dem G dessen Aufwendungen ersetzen?

Den Vorteil aus der Lackierung hat S als Eigentümer des Pkw; er hat also „etwas erlangt". Das kann durch Leistung geschehen sein, nämlich wenn G mit der Lackierung zweckgerichtet das Vermögen des S mehren wollte, z. B. um eine Schadensersatzpflicht zu erfüllen *(solvendi causa)* oder schenkungshalber *(donandi causa)*. Dann kommt nur eine Leistungskondiktion in Betracht, wenn der Rechtsgrund gefehlt hat: etwa weil G zum Schadensersatz nicht verpflichtet war oder weil S die von G beabsichtigte Schenkung abgelehnt hat.

G kann aber die Lackierung auch ohne den für eine Leistung nötigen Zuwendungswillen veranlaßt haben: Wenn G etwa geglaubt hatte, der Pkw gehöre ihm selbst, fehlte ihm schon das Bewußtsein, fremdes Vermögen zu mehren. Denkbar ist aber auch, daß G den Wagen gestohlen hatte und ihn durch die Neulackierung so verändern wollte, daß er nicht wiedererkannt werden konnte. Dann wußte G zwar, daß die Lackierung einer fremden Sache galt, doch fehlte ihm der Wille zur Mehrung fremden Vermögens. Eine Leistungskondiktion scheidet also in beiden Fällen schon mangels einer Leistung des G aus.

Von den Nichtleistungskondiktionen kommt die Eingriffskondiktion nicht in Betracht: Der mögliche Bereicherungsschuldner S hat sich ja nichts durch Eingriff in fremden Rechtskreis genommen. Und auch eine Rückgriffskondiktion kann nicht vorliegen, weil S von keiner eigenen Schuld befreit worden ist (er schuldete ja die Lackierung des Pkw keinem Dritten). Daher muß man hier an einen weiteren Typ der Nichtleistungskondiktion denken, nämlich an die Verwendungs- (oder Aufwendungs)kondiktion.[3]

Diese Kondiktion ist aber nicht allemal dann anwendbar, wenn jemand fremde Sachen ohne Rechtsgrund verbessert. Vielmehr kann sich hier das Problem der aufgedrängten Bereicherung ergeben (vgl. u. § 27 *Fall 162*): Womöglich will S die neue Lackierung ja gar nicht; vielleicht hat ihm sogar die alte besser gefallen. Vor allem aber besteht häufig zwischen dem durch die Verwendungen begünstigten Eigentümer (hier S) und dem Verwendenden (hier G) ein Eigentümer-Besitzer-Verhältnis

---

[3] Die Begriffe „Aufwendung" und „Verwendung" werden nicht ganz einheitlich gebraucht (vgl. *Medicus*, BürgR, Rdnrn. 874 ff.): Meist dient „Aufwendung" als Oberbegriff, während „Verwendung" die auf einen bestimmten Gegenstand bezogenen Aufwendungen meint.

(denn als Nichtbesitzer hätte *G* die Lackierung kaum veranlassen können). Und für dieses gibt es in den §§ 994 ff. eine eigene Regelung des Verwendungsersatzes,[4] die Ansprüche des unredlichen Besitzers stark einschränkt (§§ 994 II, 996, 997). Können diese Einschränkungen mit der Verwendungskondiktion überwunden werden?

Wenn man in *Fall 155* annimmt, *G* habe den Pkw gestohlen, würde diese Konkurrenzfrage konkret bedeuten: War die Neulackierung nur nützlich und nicht notwendig, so erhält *G* nach § 996 keinen Verwendungsersatz. Auch sein Wegnahmerecht scheitert an § 997 II, weil die Abtrennung des neuen Lacks für ihn keinen Nutzen hat (zudem müßte *G* dann nach § 258 S. 1 den alten Lack wiederherstellen!). *S* erhielte also die neue Lackierung unentgeltlich.

Die h. M. und insbesondere die Rechtsprechung nimmt das in der Tat an,[5] doch gibt es auch eine – m. E. vorzugswürdige – Gegenansicht.[6] Deren stärkstes Argument dürfte sein, daß sich keine überzeugenden Gründe für eine Schlechterstellung des besitzenden Verwenders gegenüber dem nichtbesitzenden (auf den ja die §§ 994 ff. unanwendbar sind) erkennen lassen. Diese Gegenansicht gerät dann freilich an die Frage der aufgedrängten Bereicherung (vgl. u. § 27 *Fall 162*).

Fall 156 (Die doppelte Banküberweisung: Fehlen einer Anweisung)

G hat gegen *S* eine Forderung; ob diese 500 DM oder 1000 DM beträgt, ist zwischen beiden streitig. *S*, der nur 500 DM zu schulden behauptet, erteilt seiner Bank einen entsprechenden Überweisungsauftrag. Dieser wird ausgeführt, doch wird die Ausführung versehentlich nicht vermerkt. Daher werden alsbald noch einmal 500 DM an *G* überwiesen. Wie ist die Rechtslage?

Hier ist die erste, vom Willen des *S* getragene Überweisung zweifellos eine Leistung des *S* an *G* (vgl. u. § 28 *Fall 177*). Eine Leistungskondiktion käme insoweit nur in Betracht, wenn *S* dem *G* nicht einmal diese ersten 500 DM geschuldet hätte; eine Nichtleistungskondiktion scheidet überhaupt aus.

Dagegen kann die zweite Überweisung keine Leistung des *S* an *G* darstellen: *S* fehlt ja schon der Wille zu einer Vermögensmehrung.[7] Aber auch eine Leistung der Bank an *G* kommt nicht in Betracht: Die Bank hat ja nicht gegenüber *G* einen Zweck verfolgt, sondern nur gegenüber ihrem Kunden *S* (sie wollte ihre vermeintliche Pflicht aus dem mit *S* geschlossenen Girovertrag erfüllen). Daher haben weder *S* noch die Bank eine Leistungskondiktion gegen *G*.

---

[4] Vgl. *Gerhardt*, SaR, § 10, 5 S. 68 ff.
[5] Etwa BGHZ 41, 157 für §§ 951, 812; *Reuter-Martinek*, Ungerechtfertigte Bereicherung, 1983, § 20 III 3.
[6] Vgl. *Medicus*, BürgR, Rdnr. 897.
[7] Darüber kann man nur hinwegkommen, indem man allein auf die Sicht des Leistungsempfängers *G* abstellt. Vgl. dazu u. § 28 *Fall 182*.

Von den Nichtleistungskondiktionen scheidet eine Eingriffskondiktion schon deshalb aus, weil G nicht in fremden Rechtskreis eingegriffen hat. Auch eine Rückgriffs- oder eine Verwendungskondiktion kommen ersichtlich nicht in Betracht. Übrig bleibt also nur eine andere Nichtleistungskondiktion, und zwar naheliegenderweise der Bank gegen G: Der Erwerb des G ist hier nämlich deshalb „auf Kosten" der Bank erfolgt, weil diese das Konto ihres Kunden S mit den zweiten 500 DM nicht belasten darf (bzw. eine schon erfolgte Belastung rückgängig machen muß): Insoweit fehlte ja ein die Belastung rechtfertigender Auftrag des S. Auf die Einzelheiten dieser Situation wird in u. § 28 bei der Behandlung der Mehrpersonenverhältnisse zurückzukommen sein (Fall 185). Hier genügt einstweilen die Feststellung, daß es neben Eingriffs-, Rückgriffs- und Verwendungskondiktion noch weitere (seltene) Nichtleistungskondiktionen gibt. Gebräuchliche Bezeichnungen für diese fehlen freilich bisher.

II. Zusammenfassung

1. Neben der Eingriffskondiktion gibt es noch *weitere Fallgruppen der Nichtleistungskondiktion;* Beispiele dafür bieten die Befreiung von eigener Schuld durch fremde Leistung (Rückgriffskondiktion), die Bereicherung durch fremde Verwendungen (Verwendungskondiktion) sowie die Bereicherung beim Fehlen einer Anweisung.

2. *Die wesentliche Problematik* bei der Rückgriffs- und der Verwendungskondiktion besteht in der *Abgrenzung* gegenüber anderen Ausgleichsregelungen, etwa der Geschäftsführung ohne Auftrag und dem Eigentümer-Besitzer-Verhältnis. Insoweit sind die Einzelheiten vielfach zweifelhaft und streitig.

§ 27. Der Inhalt von Bereicherungsansprüchen

Als Inhalt von Bereicherungsansprüchen wird vielfach „die Bereicherung" angegeben. Das ist aber ungenau, wie schon der Wortlaut des § 812 I 1 zeigt: Dieser ergibt als Inhalt der Herausgabepflicht – und zwar einheitlich für die Leistungskondiktion und die Nichtleistungskondiktionen – das ohne rechtlichen Grund erlangte „etwas". Auch die Absätze 1 und 2 des § 818 wissen nichts von einer Beschränkung auf die noch vorhandene Bereicherung; diese kommt erst in Abs. 3 ins Spiel. Daher wird auch im folgenden (unten I, II) zunächst von der Frage nach dem Fortbestand der Bereicherung abgesehen; diese wird erst anschließend (unten III, IV) behandelt.

I. Der gegenständlich herauszugebende Erwerb

Fall 157 (Der Tausch: Inhalt der Herausgabepflicht)

A und *B* tauschen: *A* übereignet dem *B* einen gebrauchten Pkw, *B* überträgt dem *A* siebenprozentige Pfandbriefe im Nennwert von 6000 DM. Nach einem Jahr stellt *B* fest, daß *A* ihm einen erheblichen Unfall des Pkw trotz einer diesbezüglichen Frage in Täuschungsabsicht verschwiegen hat. *B* ficht deshalb den Tauschvertrag wegen arglistiger Täuschung (§ 123) an. Welche Herausgabeansprüche haben A und *B*?

Da die Anfechtung den Tauschvertrag rückwirkend vernichtet (§ 142 I), haben *A* und *B* jeweils auf eine Nichtschuld geleistet. Deshalb können beide ihre Leistung nach § 812 I 1 Alt. 1 kondizieren: also *A* den Pkw und *B* die Pfandbriefe. Doch ergibt sich hier im einzelnen ein Unterschied:

Die Übereignung des Pkw an *B* ist wegen des Abstraktionsprinzips[1] trotz der Vernichtung des Rechtsgrundes „Tausch" wirksam geblieben. Das von *B* Erlangte besteht also in Besitz und Eigentum an dem Pkw; folglich umfaßt die geschuldete „Herausgabe" auch Rückgabe und Rückübereignung.

Die Übertragung der Pfandbriefe an *B* unterliegt zwar gleichfalls dem Abstraktionsprinzip. Sie ist also nicht schon wegen der Nichtigkeit des Grundgeschäfts unwirksam. Doch kann hier die auf § 123 gestützte Anfechtung des *B* auch das dingliche Erfüllungsgeschäft erfassen: Die arglistige Täuschung war eben auch für die Übertragung der Pfandbriefe kausal, so daß Fehleridentität vorliegt.[2] Damit fällt das Eigentum an den Papieren mit der Anfechtung an *B* zurück; er kann also den Besitz schon nach § 985 herausverlangen (vindizieren). Doch scheidet deshalb eine Kondiktion nicht völlig aus. Denn es bleibt ja richtig, daß *A* den Besitz an den Pfandbriefen durch eine Leistung des *B* rechtsgrundlos erlangt hat. Folglich konkurriert mit der Vindikation des *B* eine Leistungskondiktion auf Herausgabe des Besitzes *(condictio possessionis): A* ist auch aus § 812 I zur Rückgabe der Pfandbriefe verpflichtet (mit der Folge aus § 818 I, vgl. u. *Fall 159*).

Fall 158 (Der Unfall des Tauschwagens: Surrogate)

In o. *Fall 157* möge *B* mit dem von *A* erhaltenen Wagen schuldlos in einen Unfall verwickelt worden sein. Die Haftpflichtversicherung des schuldigen Dritten möge dem B für die entstandenen Sachschäden 1000 DM überwiesen haben. Kann *A* neben dem beschädigten Pkw auch diesen Betrag verlangen?

Nach § 818 I ist das regelmäßig zu bejahen: Dort wird die Herausgabepflicht u. a. auf dasjenige erstreckt, was der Empfänger als Ersatz für die Beschädigung des erlangten Gegenstandes erwirbt. Voraussetzung ist

---

[1] Vgl. dazu o. § 1 *Fall 3* mit Fn. 1.
[2] Vgl. dazu *Medicus*, AT, Rdnr. 231 ff.

freilich, daß *B* das Geld noch nicht zur Ausführung der Reparatur verwendet hat: Dann kommt dieses dem *A* ja schon dadurch zugute, daß er
den Pkw repariert zurückerhält.

Fall 159 (Die Pfandbriefzinsen: Nutzungsherausgabe)

In o. *Fall 157* sind während der Zeit, in der *A* die Pfandbriefe hatte, an ihn 420 DM
Zinsen gezahlt worden. Kann *B* außer den Pfandbriefen selbst auch diesen Betrag verlangen?

Außer den Surrogaten nennt § 818 I auch die vom Empfänger gezogenen Nutzungen (vgl. § 100). Dazu gehören als Rechtsfrüchte auch die
Zinsen; sie sind also neben den Pfandbriefen herauszugeben (= zu zahlen).

Dieses einfache Ergebnis wird jedoch durch folgendes kompliziert: *B*
hatte mit seiner Anfechtung das Eigentum an den Pfandbriefen (und vor
allem die Gläubigerstellung hinsichtlich der verbrieften Forderungen)
zurückerworben. Damit entstand zwischen *B* und *S* ein Eigentümer-Besitzer-Verhältnis, und in diesem gelten für die Nutzungsherausgabe die
§§ 987, 988, 990. Bleibt daneben Raum für § 818 I?

In *Fall 159* spielt das freilich für das Ergebnis keine Rolle: Da *A* die
von ihm selbst verübte Täuschung und damit den Anfechtungsgrund gekannt hat, wird er nach § 142 II so behandelt, als hätte er den Mangel seines Eigentums gekannt. Folglich war er unrechtmäßiger Besitzer der
Pfandbriefe. Als solcher muß er nach §§ 990 I 1, 987 I die gezogenen
Nutzungen ebenso herausgeben wie nach §§ 812, 818 I. Dagegen würden die Ergebnisse für einen redlichen Besitzer auseinandergehen: Dieser braucht bei entgeltlichem Erwerb vor der Rechtshängigkeit (d. h. vor
der Zustellung der gegen ihn gerichteten Klage, §§ 261 I, 253 I ZPO) nur
die sog. Übermaßfrüchte herauszugeben, die regelmäßig Teile der Sachsubstanz darstellen, § 993 I. Demgegenüber weiß § 818 I von einer solchen Privilegierung des Redlichen nichts; dieser darf also keine Nutzungen behalten. Man könnte das dadurch ausgleichen wollen, daß man
§ 818 I bei Vorliegen eines Eigentümer-Besitzer-Verhältnisses für unanwendbar hält. Aber dann stünde der Gläubiger deshalb schlechter, weil er
Eigentümer geblieben ist und nur den Besitz eingebüßt hat – ein offen-
sichtlich verfehltes Ergebnis. Daher wird die Lösung lauten müssen, daß
man die Leistungskondiktion des Eigentümers auch im Eigentümer-Besitzer-Verhältnis zuläßt: Wer den Besitz durch Leistung des Eigentümers
erlangt hat, muß also nach § 818 I auch die redlich gezogenen Nutzungen herausgeben.[3]

---

[3] Dazu ausführlich *Reuter-Martinek*, Ungerechtfertigte Bereicherung, 1983, § 20 I 2.
Die Rechtsprechung hat bisweilen mit der analogen Anwendung des § 988 geholfen:
Die rechtsgrundlose Erlangung der Muttersache sei der unentgeltlichen gleichzustellen.
Dem steht aber entgegen, daß der rechtsgrundlose Erwerber (anders als der unentgeltli-
che) ein Opfer gebracht haben kann.

II. Wertersatz

Fall 160 (Die Nutzung des Tauschwagens: Mangel der Herausgabefähigkeit)

In o. *Fall 157* hat *B* bis zu der auf seine Anfechtung folgenden Rückabwicklung den von *A* erhaltenen Pkw genutzt. Was kann *A* deswegen verlangen?

Da die Vorteile aus dem Sachgebrauch zu den Nutzungen gehören (§ 100), paßt auch hier § 818 I. Diese Vorteile können aber wegen ihrer Beschaffenheit nicht einfach herausgegeben werden. Daher muß § 818 I hier durch Abs. 2 ergänzt werden: *B* schuldet Wertersatz. Dabei berechnet die Praxis den Wert der Benutzung eines Pkw regelmäßig nach der gefahrenen Strecke: Jeweils 1000 km sollen 1% des Preises für den Pkw ausmachen.

Fall 161 (Der weiterverkaufte Tauschwagen: Unmöglichkeit der Herausgabe; commodum ex negotiatione)

In o. *Fall 157* möge *B* den von *A* erhaltenen Pkw noch vor der Anfechtung an *D* für 5000 DM weiterveräußert haben. Wie ist die Rechtslage?

Regelmäßig wird eine solche Veräußerung den *B* zur Rückgabe des Pkw unvermögend machen. Dann kommen zwei Gegenstände des Bereicherungsanspruchs in Betracht: entweder Wertersatz (§ 818 II) oder Herausgabe des von *B* erzielten Veräußerungserlöses. Das zweite wäre anzunehmen, wenn § 818 I auch den Veräußerungserlös umfaßte, das sog. *commodum ex negotiatione*.[4] Unter den Wortlaut der Vorschrift fällt dieser Erlös nicht: Er ist weder „auf Grund eines erlangten Rechts" [5] noch als „Ersatz für die Zerstörung, Beschädigung oder Entziehung" des Pkw angefallen. Wo das BGB auch den Veräußerungserlös erfassen will, pflegt es sich anders auszudrücken, z. B. „durch ein Rechtsgeschäft erwirbt, das sich auf das Vorbehaltsgut bezieht" (§ 1418 II Nr. 3) oder „durch Rechtsgeschäft mit Mitteln der Erbschaft erwirbt" (§ 2019 I). Daher umfaßt § 818 I nach richtiger Ansicht nicht den durch ein selbständiges Veräußerungsgeschäft erzielten Erlös. Weil durch die Veräußerung also kein Surrogat entstanden ist, bleibt nur § 818 II: *B* muß dem *A* den Wert des Pkw ersetzen (für den freilich der erzielte Erlös einen Anhalt geben kann).

---

[4] Von lat. *negotiari* = Handel treiben.
[5] Hierhin würde etwa die auf eine rechtsgrundlos erlangte Forderung erbrachte Leistung gehören.

Fall 162 (Der unerwünschte Lack: aufgedrängte Bereicherung)

In o. § 26 *Fall 155* hatte *G* den Pkw des *S* neu lackieren lassen. Der neue Lack möge dem *S* nicht gefallen. Hat *G* trotzdem Bereicherungsansprüche?

Wie oben ausgeführt, kommt hier unter bestimmten Umständen eine Aufwendungskondiktion des *G* gegen *S* in Betracht. Ein Anspruch, dessen Inhalt sich nach Bereicherungsrecht bestimmt, würde sich auch aus ungerechtfertigter Geschäftsführung ohne Auftrag ergeben, § 684 S. 1. Da eine Herausgabe der Lackierung „wegen der Beschaffenheit des Erlangten" nicht möglich ist, kommt nur Wertersatz in Betracht, § 818 II. Fraglich ist in solchen Fällen aber die Berechnung des Wertes.

Von einer Bereicherung kann sicher nicht gesprochen werden, wenn die neue Lackierung den Verkehrswert des Pkw nicht erhöht hat, etwa weil der alte Lack noch gut war und *G* durch die Neulackierung nur das Aussehen des Wagens verändern wollte. Die Problematik beginnt aber, wenn eine Werterhöhung zwar objektiv vorliegt, aber dem *S* unerwünscht kommt, etwa weil ihm die neue Farbe nicht gefällt oder er sich eine Neulackierung derzeit nicht leisten konnte. Man spricht hier plastisch von einer aufgedrängten Bereicherung.

Ziemlich einig ist man sich heute darüber, daß dieser Unerwünschtheit irgendwie Rechnung getragen werden muß. Das gelingt auch ohne weiteres, wenn der Empfänger den aufgedrängten Wert mit einem Anspruch auf Beseitigung (§ 1004) oder Schadensersatz (etwa §§ 823 I, 249 S. 1) abwehren kann: Tut er das, so entfällt eine etwa eingetretene Bereicherung. Bei Fehlen solcher Ansprüche hat eine sich ausbreitende Meinung[6] eine subjektive Wertberechnung vorgeschlagen: Aus § 818 II solle nur derjenige Betrag geschuldet werden, den das Erlangte gerade dem Empfänger wert sei. Demgegenüber hat jedoch *Larenz*[7] eine solche subjektive Wertberechnung als mit dem Gesetzessinn unvereinbar erwiesen. Er will stattdessen mit einer erweiternden Anwendung von § 818 III helfen: Wie ein späterer Wegfall der Bereicherung den redlichen Empfänger entlaste (vgl. u. III), müsse das anfängliche Fehlen einer Bereicherung von Anfang an die Haftung ausschließen.

Nach der einen wie nach der anderen Ansicht kann *G* in Fall 162 von *S* nichts verlangen, wenn dieser sich eine objektiv vorliegende Werterhöhung nicht zunutze macht, etwa indem er den Pkw zu einem höheren Preis verkauft oder eine sonst nötig gewesene Lackierung erspart.

---

[6] Vor allem *Koppensteiner(-Kramer)*, Ungerechtfertigte Bereicherung, 1975, S. 171 ff.
[7] In: Festschr. f. von Caemmerer, 1978; S. 209 ff.

Fall 163 (Der eigenmächtige Gitarrenschüler: Wertberechnung und Minderjährigenschutz)

Der 15jährige S nimmt bei G Gitarrenunterricht für 20 DM je Stunde. Dabei behauptet S das Einverständnis seiner Eltern. Erst als G die Bezahlung für die ersten fünf Stunden verlangt, stellt sich heraus, daß die Eltern nichts wissen und auch nicht nachträglich einverstanden sind. Was kann G von S verlangen?

Hier mag man zunächst an Schadensersatzansprüche aus einem Verschulden bei Vertragsverhandlungen denken, weil S den G angelogen hat. Doch ist schon fraglich, ob die Zulassung solcher Ansprüche den Minderjährigenschutz nicht zu stark beeinträchtigt; womöglich muß G sich mit dem Widerrufsrecht aus § 109 begnügen. Zumindest aber müßte G hier einen Schaden nachweisen, also daß ihm anderer Gewinn entgangen ist (§ 252). Daher mag G seine Forderung als Bereicherungsanspruch aus §§ 812 I 1 Alt. 1, 818 II zu begründen suchen: Er habe seine Dienste rechtsgrundlos auf eine vermeintliche Verbindlichkeit geleistet; da die Dienste wegen ihrer Beschaffenheit (§ 818 II) nicht herausgabefähig seien, habe S den Wert zu ersetzen. Dieser aber folge aus dem üblichen Stundensatz von 20 DM.

Wenn das zuträfe, müßte ein Minderjähriger ihm erbrachte Leistungen im Ergebnis ebenso bezahlen wie ein Volljähriger. Der Schutz vor rechtsgeschäftlichen Belastungen, den die §§ 107 ff. dem Minderjährigen gewähren, ginge so über das Bereicherungsrecht wieder verloren. Das kann nicht richtig sein. Daher müssen bei der Wertbestimmung die Absichten der gesetzlichen Vertreter berücksichtigt werden. Insbesondere muß die Bereicherung wie eine aufgedrängte (vgl. o. *Fall 162*) behandelt werden, wenn sie diesen Plänen widerspricht. Danach muß in *Fall 163* der Gitarrenunterricht nur bezahlt werden, wenn die Eltern des S diesem ohnehin solchen Unterricht geben lassen wollten (doch werden sie dann regelmäßig schon nach § 108 genehmigen).

III. Wegfall der Bereicherung; verschärfte Haftung

Fall 164 (Das verlorene Verlobungsgeschenk: § 818 III)

Fräulein G schenkt ihrem Verlobten S einen Sportwagen, den S aber schon wenig später bei einem Unfall zu Schrott verwandelt. Nach einiger Zeit geht auch die Verlobung auseinander. Was kann G von S verlangen?

Bei Auflösung eines Verlöbnisses verweist § 1301 S. 1 wegen der Geschenke auf Bereicherungsrecht. Daher sind die §§ 818 ff. hier selbst dann anwendbar, wenn man in § 1301 entgegen der h. M. nur eine Rechtsfolgeverweisung sieht (vgl. o. § 24 *Fall 144* Fn. 11 f.). G kann deshalb von S nach § 818 I die Abtretung derjenigen Ersatzansprüche verlangen, die dieser wegen des Unfalls gegen Dritte haben sollte (vgl. o. *Fall 158*). Wie aber bei Fehlen solcher Ersatzansprüche?

S ist dann „zur Herausgabe (des Erlangten oder einer Surrogats) außerstande". Daher paßt § 818 II mit der Verpflichtung zum Wertersatz. Eine solche Verpflichtung zwänge den *S* dazu, sein übriges Vermögen anzugreifen und nicht bloß das herauszugeben, was er im Zusammenhang mit der Verlobung erlangt hat. Zu diesem Ergebnis führen in der Tat Schadensersatzansprüche: Sie sollen ohne Rücksicht auf die Bereicherung des Schuldners ausgleichen, was im Vermögen des Gläubigers zu wenig ist. Doch setzen Schadensersatzansprüche in der Regel Verschulden des Schädigers oder eine von ihm zu vertretende Betriebsgefahr voraus. Dagegen kann man Bereicherungsschuldner werden, ohne daß man etwas zu vertreten hätte oder mit einer Rückgewährpflicht rechnen müßte. Deshalb hat das BGB den Bereicherungsanspruch milder gestaltet: Die Herausgabe- und die Wertersatzpflicht sind nach § 818 III regelmäßig ausgeschlossen, „soweit der Empfänger nicht mehr bereichert ist". Der Bereicherungsanspruch richtet sich in diesen Fällen also – anders als der Schadensersatzanspruch – auf dasjenige, was im Vermögen des Empfängers zuviel ist. Man kann dann von einem „Auskehrungsanspruch" (auf „Auskehrung" des Überschusses) sprechen.

In *Fall 164* kann *G* also nichts verlangen, wenn der Schrott des Wagens wertlos ist und *S* auch keine Ersatzansprüche gegen Dritte hat.

Fall 165 (Die mißglückte Rückgabe: Haftungsverschärfung)

Wie o. *Fall 164*, nur soll *S* jetzt den Unfall nach Auflösung des Verlöbnisses erlitten haben, als er den Wagen der *G* zurückbringen wollte.

Als Grund für die Privilegierung des Bereicherungsschuldners durch § 818 III war eben unter anderem die Unkenntnis des Schuldners von seiner Rückgabepflicht genannt worden. In *Fall 165* paßt dieser Grund nicht: Hier kannte *S* seine Rückgabepflicht ja schon (und wollte diese auch erfüllen). Dem trägt § 819 I Rechnung: Danach soll der Empfänger, der den Mangel des Rechtsgrundes (und damit typischerweise auch seine Herausgabepflicht) kennt, ebenso wie ein auf Herausgabe verklagter Schuldner haften (das bedeutet „Rechtshängigkeit", vgl. §§ 261 I, 253 ZPO). Und dieser wiederum haftet „nach den allgemeinen Vorschriften", § 818 IV (denn er ist ein Schuldner, der keine besonders milde Behandlung verdient). Diese „allgemeinen Vorschriften" sind insbesondere die §§ 291, 292 mit den dort ausgesprochenen Verweisungen.

Das bedeutet für *Fall 165:* Da *S* einen „bestimmten Gegenstand (nämlich den Wagen) herauszugeben" hatte, haftet er nach §§ 292 I 1, 989 auf Schadensersatz, wenn der Wagen durch sein Verschulden untergegangen ist. Dagegen wird *S* nach § 275 I frei, wenn ihn kein Verschulden an dem Unfall trifft.

Fall 166 (Das bedingte Geschenk: anfänglich verschärfte Haftung)

Der Vater G schenkt seinem Sohn S einen Pkw unter der Bedingung, daß S fleißig studiere. Bei einem Unfall wird der Pkw durch ein Alleinverschulden des S zerstört. Jetzt verliert dieser jede Lust am Studium und schließt sich einer Rockgruppe an. Was kann G von S verlangen?

Nach dem bisher Gesagten scheint ein Bereicherungsanspruch des G aus § 812 I 2 Alt. 1 *(condictio ob causam finitam,* vgl. o. § 24 *Fall 138)* an § 818 III zu scheitern. Denn im Zeitpunkt des Unfalls (der „Entreicherung") hatte S noch ordentlich studiert; die auflösende Bedingung der Schenkung war also noch nicht eingetreten und seine Herausgabepflicht war noch nicht entstanden. Aber der Sinn des Haftungsprivilegs aus § 818 III paßt hier nicht recht: S wußte ja von Anfang an, daß die Schenkung bis zum erfolgreichen Abschluß des Studiums unter einer Bedingung stand. Bis zu diesem Abschluß ist also das Vertrauen des S darauf, den Wagen dauernd behalten zu dürfen, nicht schutzwürdig. Hieraus zieht § 820 I 2 die Konsequenz: Wenn der Wegfall des Rechtsgrundes nach dem Geschäftsinhalt als möglich angesehen wurde, unterliegt der Empfänger schon von seinem Empfang an der verschärften Haftung wie nach Rechtshängigkeit. In *Fall 166* schuldet S also auch dann nach §§ 820 I 2, 819 I, 818 IV, 292 I 1, 989[8] Schadensersatz, wenn sich der Unfall noch während der Zeit eifrigen Studierens ereignet hat.

Fall 167 (Das weiterverschenkte Geschenk I: § 822)

S hat ein Geschenk seiner Verlobten G an D weiterverschenkt. Danach geht die Verlobung auseinander. Welche Ansprüche hat G?

Hier kann sich S gegenüber dem Bereicherungsanspruch der G für einen Wegfall der Bereicherung vor dem Ende des Verlöbnisses auf § 818 III berufen. Denn eine Haftungsverschärfung nach § 819 I ist noch nicht eingetreten. Auch § 820 I 2 paßt nicht, weil das Verlöbnis kein Rechtsgeschäft darstellt, nach dessen Inhalt der Wegfall des Rechtsgrundes (also das Ende des Verlöbnisses) als möglich angesehen wird (trotz Fehlen eines Erfüllungsanspruchs, § 1297 I, bedeutet das Verlöbnis insbesondere nicht bloß ein bedingtes Eheversprechen!). Der Bereicherungsanspruch der G scheitert also, wenn S kein anderes Geschenk an D erspart hat (vgl. u. *Fall 168*), an § 818 III. Und an den letztlich bereicherten D kommt G weder nach § 1301 S. 1 noch nach § 812 I heran: Mit D war G nicht verlobt, an D hat sie nichts geleistet und D hat auch nicht in sonstiger Weise auf Kosten der G etwas erlangt (sondern auf Kosten des S).

Schon bei oben § 25 *Fall 149* war aber in § 816 I 2 eine Regel sichtbar geworden: Die Interessen eines unentgeltlichen Erwerbers müssen hinter

---

[8] Die Verweisungstechnik des BGB kann also selbst bei relativ einfachen Fällen zu langen Paragraphenketten führen!

diejenigen eines Rechtsverlierers zurücktreten. Anders als bei § 816 I 2 hat hier G zwar durch die Verfügung des S nicht ihr Eigentum verloren; dieses war ja schon vor der Verfügung auf S übertragen worden. Verloren hat die G aber wegen § 818 III ihren Bereicherungsanspruch gegen S. Das gleicht § 822 aus: D soll so behandelt werden, als ob er die Zuwendung von der G ohne rechtlichen Grund erhalten hätte. Das bedeutet: Die G hat einen Bereicherungsanspruch gegen D; dieser muß also das Geschenk herausgeben, soweit er noch bereichert ist.

Fall 168 (Das weiterverschenkte Geschenk II: Ersparnisbereicherung)

Wie oben *Fall 167*, doch möge S dem D auf jeden Fall eine Schenkung gemacht haben.

Auch hier kann S zwar das ihm gemachte Geschenk nicht mehr an die G herausgeben. Trotzdem kann man nicht sagen, die Bereicherung des S sei weggefallen und dieser also nach § 818 III auch von der Verpflichtung zum Wertersatz (§ 818 II) freigeworden. Vielmehr hat S durch das Weiterverschenken die Aufwendungen für die Besorgung eines anderen Geschenks an D erspart. Gleich liegt es etwa, wenn jemand rechtsgrundlos erworbenen Wein verbraucht und so seine schon vorhandenen Bestände schont. Man spricht hier von einer Ersparnisbereicherung: Geschuldet wird dann die Zahlung des ersparten Wertes.

In *Fall 168* ist es freilich denkbar, daß das Geschenk der G das Geschenk des S an D beeinflußt hat: Womöglich hätte S dem D ein weniger wertvolles Geschenk gemacht, wenn ihm nicht das von der G erhaltene Geschenk zur Verfügung gestanden hätte. In solchen Fällen erhält die G mit ihrem auf § 1301 S. 1 gestützten Anspruch gegen S nicht den vollen Wert ihres Geschenks zurück, sondern nur den geringeren Betrag der Ersparnis. Dann kann G aus § 822 gegen D nur noch wegen desjenigen Betrages Ansprüche stellen, um den der Wert des an D gelangten Geschenks die Ersparnis des S übersteigt (das folgt aus dem Wort „soweit" in § 822).

Fall 169 (Das weiterverschenkte Geschenk III: Verschärfte Haftung des Erstempfängers)

Wie o. *Fall 167*, doch möge S das von der G erhaltene Geschenk erst nach der Auflösung des Verlöbnisses an D weitergeschenkt haben. Ansprüche der G?

Ein Anspruch G – D aus § 822 scheitert hier nach dem Wortlaut des § 822. Denn nach dieser Vorschrift ist D nur insoweit zur Herausgabe verpflichtet, als die Herausgabepflicht des S (nach § 818 III) durch das Weiterverschenken ausgeschlossen ist. Das trifft hier aber nicht zu: S haftet seit seiner Kenntnis vom Ende des Verlöbnisses nach den allgemeinen Vorschriften, §§ 819 I, 818 IV, 292 I, 989. Da er sein Unvermögen zur Rückgabe des Geschenks vorsätzlich herbeigeführt hat, schuldet er der G also Schadensersatz.

Die hieraus folgende vorrangige Haftung des direkt beschenkten S ist unbedenklich, wenn *G* ihren Anspruch gegen *S* wirklich durchsetzen kann. Fragwürdig wird das Ergebnis jedoch, wenn *S* nicht erreichbar oder nicht zahlungsfähig ist: Dann hat der weiterbeschenkte *D* nur deshalb eine bereicherungsrechtlich[9] unangreifbare Position, weil er das Geschenk von einem Unredlichen erhalten hat; ein von einem Redlichen Beschenkter würde nach § 822 haften. Warum dem Zweitbeschenkten die Unredlichkeit seines Vormanns derart zugute kommen soll, ist nicht ohne weiteres einzusehen. Die Rechtsprechung beläßt es aber bei diesem Ergebnis.[10]

Fall 170 (Das schadhafte Geschenk: Wegfall der Bereicherung durch Aufwendungen)

Der von der *G* ihrem Verlobten *S* geschenkte Sportwagen möge ein Gebrauchtwagen mit erheblichen Mängeln gewesen sein. *S* möge 2000 DM und viel Zeit aufgewendet haben, um den Wagen tadellos instandzusetzen. Schon wenig später geht die Verlobung auseinander. *G* fordert jetzt den wesentlich wertvoller gewordenen Wagen zurück. Mit Recht?

Bisher, nämlich in den *Fällen 164* bis *169*, waren als Beispiele für den Wegfall der Bereicherung nur Untergang oder Weitergabe des Erlangten erwähnt worden. *Fall 170* zeigt demgegenüber, daß für § 818 III auch an Aufwendungen des Empfängers auf das Erlangte zu denken ist: Müßte *S* den verbesserten Wagen ohne Ausgleich herausgeben, so bedeutete das über die bloße Auskehrung der Bereicherung hinaus ein zusätzliches Vermögensopfer.

In solchen Fällen hilft das BGB regelmäßig mit einem Anspruch auf Verwendungsersatz. Aber die diesem Ziel dienenden Regelungen passen in *Fall 170* nicht: Die §§ 994 ff. scheitern in direkter Anwendung am Fehlen eines Eigentümer-Besitzer-Verhältnisses (*S* war ja Eigentümer und Besitzer in einer Person). Entsprechend anwendbar können die §§ 994 ff. zwar auch im Bereicherungsrecht über §§ 819, 818 IV, 292 werden, aber nur für den verklagten oder unredlichen Bereicherungsempfänger. Endlich scheiden auch die §§ 683 S. 1, 670 und die §§ 684 S. 1, 818 aus, weil *S* ein eigenes Geschäft besorgt hat. Ihm muß also anders geholfen werden.

Diese Hilfe besorgt § 818 III: Die Bereicherung kann auch dadurch wegfallen, daß infolge des bereichernden Vorgangs an anderen Stellen des Empfängervermögens Nachteile aufgetreten sind. Dabei kommt es nicht darauf an, ob die Aufwendungen dem Bereicherungsgläubiger nützen oder nicht.[11]

---

[9] Stattdessen kommt jedoch eine Haftung des *D* aus §§ 3 I Nr. 3 AnfG, 32 Nr. 1 KO in Betracht, wenn dieser von einem Zahlungsunfähigen oder später zahlungsunfähig Gewordenen beschenkt worden ist.

[10] Etwa *BGH*, NJW 1969, 605, anders etwa MünchKomm-*Lieb*, § 822 Rdnr. 6 mit weit. Angaben.

[11] Etwa *Reuter-Martinek*, Ungerechtfertigte Bereicherung, 1983, § 17 III 2 b.

In *Fall 170* kann der Betrag der Aufwendungen (einschließlich des Geldwertes der von S aufgewendeten Arbeitszeit) zwar nicht von dem herauszugebenden Wagen „abgezogen" werden. Doch braucht S den Wagen nur Zug um Zug gegen den Ersatz seiner Aufwendungen zurückzuübereignen.[12]

Fall 171 (Das gestohlene Rind: Erwerbspreis bei § 816 I 1)

D hat ein Rind des G gestohlen und dieses an den Viehhändler S für 8000 DM verkauft. S verkauft das Rind für 11000 DM an den Fleischwarenfabrikanten X. Was kann G von S verlangen?

Wenn G die wegen § 935 I zunächst unwirksame Veräußerung des S an X genehmigt, entsteht gegen S der Anspruch aus §§ 185 II 1, 816 I 1 (vgl. o. § 25 *Fall 148*). Dieser richtet sich nach h. M. auf den Veräußerungserlös, also auf 11 000 DM.[13] Hiervon kann S aber nach dem eben zu *Fall 170* Gesagten seine Aufwendungen auf die Tiere abziehen, etwa Transport- und Fütterungskosten. Zweifelhaft ist dagegen, ob auch der an D gezahlte Kaufpreis von 8000 DM abgezogen werden darf.

Dem Charakter des Bereicherungsanspruchs als regelmäßig auf den Überschuß beschränkter „Auskehrungsanspruch" würde ein solcher Abzug entsprechen. Doch sprechen zwei wesentliche Argumente dagegen: Erstens bedeutet die Eingriffskondiktion einen die Vindikation ersetzenden „Rechtsfortwirkungsanspruch" (vgl. o. § 25 *Fall 147*), und einer solchen Vindikation hätte S den an einen Dritten gezahlten Erwerbspreis gleichfalls nicht entgegenhalten können, weil dieser keine nach den §§ 994 ff. zu ersetzende werterhöhende Verwendung darstellt. Und zweitens ist es dem S eher zuzumuten, sich wegen seines Schadens aus §§ 440 I, 325 an seinen ihm regelmäßig bekannten Verkäufer D zu halten, als daß man dem G die Suche nach dem ihm regelmäßig unbekannten Dieb zumuten kann. Hier hat eben S und nicht G dem D zu Unrecht vertraut.

Die h. M.[14] fügt sich diesen Argumenten und läßt bei § 816 I 1 den Abzug des an den nichtberechtigten Vormann gezahlten Erwerbspreises nicht zu. Danach kann S in *Fall 171* die an D gezahlten 8000 DM nicht abziehen.

Fall 172 (Der bissige Hund: Entreicherung durch Vermögensfolgeschäden?)

S erhält aufgrund eines zunächst unerkannt nichtigen Geschäfts von G einen Hund. Dieser beißt alsbald einen Briefträger; S muß 100 DM als Schadensersatz leisten. Erst

---

[12] Dieses Ergebnis ähnelt demjenigen, zu dem § 1000 im Eigentümer-Besitzer-Verhältnis führt.

[13] Vgl. o. § 25 *Fall 147* Fn. 3. Regelmäßig wird der erzielte Erlös aber dem objektiven Wert auf der betreffenden Handelsstufe entsprechen.

[14] Etwa *BGHZ* 55, 176; vgl. *Medicus*, BürgR, Rdnr. 725.

dann stellt sich die Nichtigkeit heraus. Kann S die Rückübereignung des Hundes vom Ersatz der gezahlten 100 DM abhängig machen?

Trotz der Rechtsgrundlosigkeit der auf Dauer gedachten Übereignung ist S hier Tierhalter geworden. Folglich hat er mit der Zahlung der 100 DM eine eigene Schuld (aus § 833) getilgt. Zu dieser Verpflichtung wäre es ohne den Erwerb des Hundes nicht gekommen; der Verlust des S ist also (auch adäquat) kausal durch den Erwerb bedingt. Andererseits hängt der Verlust aber nicht mit der Rechtsgrundlosigkeit des Erwerbs und dem enttäuschten Vertrauen auf dessen Beständigkeit zusammen. Vielmehr beruht er auf dem Willen des S, einen Hund zu halten, und dieser Wille selbst war nicht mangelhaft (etwa wegen Minderjährigkeit des S).

In solchen Fällen verneint die h. M. das Vorliegen einer Entreicherung.[15] Die dafür gegebenen Begründungen gehen freilich weit auseinander,[16] und entsprechend unsicher ist auch die Abgrenzung solcher nicht abzugsfähiger Folgeschäden. Besonders einprägsam scheint mir die Formulierung *Flumes*.[17] Der Bereicherungsschuldner dürfe nicht die Folgen seiner willentlichen vermögensmäßigen Entscheidung auf den Bereicherungsgläubiger abwälzen. Konkret für *Fall 172* bedeutet das: S hat sich (rechtlich fehlerfrei) entschieden, Hundehalter zu werden; daher soll er die hieraus folgenden Nachteile endgültig tragen müssen.

IV. Die Saldotheorie

Fall 173 (Der nichtige Kauf I: ungestörte Rückabwicklung)

V verkauft an K einen gebrauchten Pkw für 5000 DM. Der Vertrag wird von beiden Parteien ausgeführt. Später stellt sich heraus, daß die erklärtermaßen beabsichtigte[18] Einigung über die Gewährleistung des V für Sachmängel nicht gelungen war. Welche Ansprüche haben V und K gegeneinander?

Hier liegt ein versteckter Dissens vor, der nach § 155 im Zweifel zur Nichtigkeit des Kaufvertrags führt.[19] V und K haben also auf eine Nichtschuld geleistet und können ihre Leistungen nach § 812 I 1 Alt. 1 *(condictio indebiti)* zurückverlangen. V kann also von K die Rückübereignung des Wagens verlangen und K von V die Rückzahlung der 5000 DM.[20] Beide Ansprüche stammen aus der Ausführung desselben nichtigen Vertrages und damit aus „demselben rechtlichen Verhältnis" im Sinne von

---

[15] Etwa *Reuter-Martinek* (o. Fn. 11), § 17 III 2 b Fn. 65; *Esser-Weyers,* SBT, § 51 II 1 c.
[16] Vgl. *Reuter-Martinek* (o. Fn. 11), § 17 I.
[17] In: Festschr. f. Niedermeyer, 1953, S. 103, 154 F., kritisch *Reuter-Martinek* (o. Fn. 11), § 17 II 2.
[18] Wäre diese Absicht nicht erklärt worden, so würden einfach die §§ 459 ff. gelten; der Vertrag wäre gültig.
[19] Vgl. *Löwisch,* AT, § 10 Fall 36.
[20] Von außerdem herauszugebenden Nutzungen (§ 818 I) wird hier abgesehen.

§ 273 I 1.[21] Folglich haben V und K jeweils das Zurückbehaltungsrecht aus §§ 273, 274: Jeder schuldet die Rückgabe nur Zug um Zug gegen die Herausgabe der eigenen Leistung.

Fall 174 (Der nichtige Kauf II: Untergang einer Leistung)

Wie o. *Fall 173*, doch möge jetzt der Pkw bei K durch einen Unfall zerstört worden sein, noch bevor sich der Dissens herausgestellt hatte.

Soweit K aus dem Unfall Ersatzansprüche gegen Dritte erworben hat, sind diese nach § 818 I an die Stelle des primär erlangten Pkw getreten (vgl. o. *Fall 158*): V braucht also den erhaltenen Kaufpreis nur gegen Abtretung dieser Ansprüche oder gegen Herausgabe des aufgrund dieser Ansprüche Erlangten zurückzuzahlen. Aber bei Fehlen eines solchen Surrogats für den Pkw ist mit dessen Zerstörung die Bereicherung des K weggefallen. Da dieser weder verklagt (§ 818 IV) noch unredlich (§ 819 I) war noch ein anderer Grund für eine Haftungsverschärfung (§§ 819 II, 820) vorliegt, ist K nach § 818 III freigeworden. Damit entfällt das Zurückbehaltungsrecht des V nach §§ 273, 274, das ja einen Gegenanspruch voraussetzt. Folglich scheint V einseitig den Kaufpreis zurückzahlen zu müssen, und zwar ohne Rücksicht auf ein Verschulden des K an dem Unfall (K haftet ja nicht auf Schadensersatz!).

Zu diesem Ergebnis gelangt in der Tat die sog. *Zweikondiktionentheorie*. Denn nach ihr sollen auch die Leistungen zur Erfüllung gegenseitiger Verträge mit zwei selbständigen, nur über §§ 273, 274 verbundenen Kondiktionen rückabgewickelt werden. Dem ist aber schon früh die *Saldotheorie* entgegengesetzt worden, die *BGHZ* 53, 144 (147) im Anschluß an *Larenz* als eine „von der Rechtsprechung aus Billigkeitsgründen vorgenommene Gesetzeskorrektur" bezeichnet hat. Dabei sieht man die zu korrigierende Unbilligkeit der Zweikondiktionentheorie – bezogen auf *Fall 174* – in folgendem: Der Käufer K hat an die Wirksamkeit des Kaufvertrags geglaubt; nur deshalb kann er ja auch kondizieren (sonst § 814) und ohne Rücksicht auf sein Verschulden den Wegfall der Bereicherung geltend machen (sonst §§ 819, 818 IV, 292, 989). Bei solcher Wirksamkeit läge aber das Risiko, daß der Pkw bei einem Unfall zerstört wird, unentrinnbar beim Käufer (der es nur durch eine Vollkaskoversicherung hätte vermeiden können). Dieser durfte also insbesondere nicht hoffen, dieses Risiko auf den Verkäufer zurückschieben zu können. Folglich soll der Käufer den Verlust der Kaufsache, der ihn bei Wirksamkeit des Kaufs getroffen hätte, auch bei dessen Nichtigkeit tragen müssen. Danach ist in *Fall 174* der Wert des zerstörten Pkw von dem Anspruch auf Kaufpreisrückzahlung abzuziehen: Das ergibt dann den „Saldo", von dem die Theorie ihren Namen hat. Wenn – wie regelmäßig – der Kaufpreis dem Wert der Kaufsache entspricht, hebt die Saldotheorie also bei

---

[21] So etwa *RGZ* 108, 329 (336), unstreitig.

Sachzerstörung den Anspruch auf Kaufpreisrückzahlung vollständig auf.

Fall 175 (Der nichtige Kauf III: Einschränkungen der Saldotheorie)

Wie o. *Fall 174*, doch möge *K* jetzt nach dem Unfall bemerken, daß *V* ihn über die Fahrleistung des Wagens arglistig getäuscht hatte. Was kann *K* von *V* verlangen?

Hier stellt die gegenüber der Angabe des *V* höhere Fahrleistung einen Sachmangel des Wagens dar, § 459 II. Dieser dürfte nach der „reinen" Saldotheorie nichts daran ändern, daß nach Anfechtung (§§ 123, 142 I) der Wert des zerstörten Wagens von dem Anspruch auf Kaufpreisrückzahlung abgezogen wird. Nur mindert der Mangel den Wert des Wagens, so daß regelmäßig noch ein Saldo zugunsten des *K* übrigbleiben wird. Doch gerät die Saldotheorie hier in Widerspruch zum Recht des Rücktritts: Ohne die Anfechtung hätte *K* ja wegen des Sachmangels wandeln können, § 462. Dieses Recht wäre nach §§ 467 S. 1, 350 durch eine von *K* nicht verschuldete Zerstörung des Pkw nicht ausgeschlossen. Nur eine verschuldete Zerstörung stünde nach §§ 467 S. 1, 351 der Wandlung entgegen (wobei man dann zu der schwierigen Frage gelangt, unter welchen Voraussetzungen der den Mangel nicht kennende Käufer im Umgang mit seiner eigenen Sache überhaupt schuldhaft handeln kann).[22]

Es liegt nahe, diese Wertung des Rücktritts- und Wandlungsrechts auf die Saldotheorie zu übertragen.[23] Bei unverschuldetem Untergang der Kaufsache darf der Käufer den Kaufpreis voll zurückverlangen; insoweit kann also die Saldotheorie nicht gelten. Denn wenn wegen § 350 sogar ein wirksamer Kaufvertrag die Sachgefahr nicht dauerhaft auf den Käufer übertragen kann, darf man einem nichtigen Kauf diese Wirkung erst recht nicht zuschreiben. Anwendbar bleibt die Saldotheorie dagegen entsprechend § 351 bei verschuldetem Untergang der Kaufsache: Der Käufer erhält dann also regelmäßig bloß den Betrag zurück, den er angesichts des Mangels über den Sachwert hinaus gezahlt hat.

Fall 176 (Der nichtige Kauf IV: Weitere Einschränkung der Saldotheorie)

Der zehnjährige *G* kauft sich von Geld, das er von seinen Eltern für Schulhefte bekommen hat, bei *S* Schokolade. Diese verzehrt er alsbald. Welche Ansprüche hat *G* gegen *S*?

Hier ist der Kaufvertrag, wenn er von den Eltern des *G* nicht noch nachträglich genehmigt wird, nach §§ 107, 108 nichtig. *G* kann also den gezahlten Kaufpreis zurückverlangen. Daß er nicht umgekehrt den objektiven Wert (§ 818 II) der verzehrten Schokolade ersetzen muß, folgt

---

[22] Dazu vor allem *von Caemmerer,* in 1. Festschr. f. Larenz, 1973, S. 621, 627 ff., anders *Medicus,* SAT, § 49 II 2.

[23] So auch *BGHZ* 53, 144, (147 ff.), vgl. *Medicus,* SBT, § 129 II.

schon aus dem oben zu *Fall 163* Gesagten. Dem ist hier hinzuzufügen, daß dieses Ergebnis auch durch die Saldotheorie nicht wieder beseitigt werden darf: *S* kann also den Wert der Schokolade auch nicht von dem zurückzuzahlenden Kaufpreis abziehen.

Damit haben sich hier und in *Fall 175* zwei wichtige Ausnahmen von der Saldotheorie ergeben. Es kommen auch noch weitere in Betracht.[24] Danach ist fraglich, ob man in der Saldotheorie wirklich noch eine einigermaßen geschlossene „Theorie" sehen darf. Zumindest sind die Ausnahmen derart gewichtig, daß sie der angeblichen Regel an Bedeutung kaum nachstehen.

V. Zusammenfassung

1. Herauszugeben ist nach § 812 I primär *das Erlangte*. Bei Sachen ist zu unterscheiden, ob der Bereicherungsschuldner nur den Besitz (bei Grundstücken auch die Grundbucheintragung) oder darüber hinaus das Eigentum erlangt hat; danach unterscheidet sich der Inhalt der Herausgabepflicht.

2. Außer dem Erlangten sind nach § 818 I auch *die gezogenen Nutzungen und bestimmte Surrogate* herauszugeben. Dazu gehört nach h. M. jedoch nicht der durch besonderes Rechtsgeschäft erzielte Veräußerungserlös (das *commodum ex negotiatione*).

3. Der Anspruch aus § 818 I auf die gezogenen Nutzungen besteht nach h. M. trotz § 993 I *auch im Eigentümer-Besitzer-Verhältnis*, wenn der Besitzer den Besitz durch Leistung des Eigentümers erhalten hat.

4. Bei (anfänglicher oder nachträglicher) Unmöglichkeit der Herausgabe des Erlangten, der Nutzungen oder der Surrogate ist nach § 818 II *der Wert zu ersetzen*. Dieser Wert ist zunächst (doch vgl. u. 6) objektiv zu ermitteln, also ohne Rücksicht auf die Nützlichkeit für den konkreten Empfänger.

5. Die Eigenart von Bereicherungsansprüchen zeigt sich in § 818 III. Danach soll der Schuldner regelmäßig nur herausgeben müssen, was in seinem Vermögen (noch) zuviel ist, aber kein zusätzliches Opfer zu bringen gezwungen sein. Eine Entreicherung (ein *Wegfall der Bereicherung*) kann sich aus zwei Gründen ergeben:
   a) der Gegenstand der Herausgabepflicht scheidet ersatzlos aus dem Vermögen des Bereicherungsschuldners aus;
   b) der Gegenstand bleibt zwar im Vermögen des Schuldners, doch

---

[24] Vgl. ausführlich *Reuter-Martinek* (o. Fn. 11), § 17 III 3 b, c.

macht dieser im Vertrauen auf die Beständigkeit seines Erwerbs Aufwendungen, die sich jetzt als für ihn nutzlos herausstellen.

6. Eine sich ausbreitende Meinung stellt dem nachträglichen Wegfall der Bereicherung deren *ursprüngliches Ausbleiben* gleich. Über § 818 II kann der Schuldner also auch geltend machen, die Leistung habe in seinem Vermögen nicht ihren vollen objektiven Wert entfaltet. Das gilt vor allem bei der *aufgedrängten Bereicherung* und bei nicht in Natur herausgabefähigen Leistungen an nicht voll Geschäftsfähige.

7. Bei § 816 I 1 rechnet die h. M. den vom Verfügenden an seinen unberechtigten Vormann *gezahlten Erwerbspreis* nicht zu den nach § 818 III berücksichtigungsfähigen Aufwendungen.

8. Der *Schutz durch § 818 III versagt,* wenn der Empfänger den Mangel des Rechtsgrundes kennt (§ 819 I), auf Herausgabe verklagt ist (§ 818 IV), mit einer Herausgabepflicht rechnen muß (§ 820 I) oder sonst schutzunwürdig ist (§ 819 II).

9. Hat der Erstempfänger das Erlangte *weiterverschenkt* und haftet er daher nach § 818 III nicht mehr, so ist an seiner Stelle nach § 822 der Beschenkte nach Bereicherungsregeln herausgabepflichtig. Dieser Fall muß von § 816 I 2 unterschieden werden: Bei § 822 stammt die Schenkung vom Berechtigten, bei § 816 I 2 vom Nichtberechtigten.

10. Bei der Rückabwicklung unwirksamer gegenseitiger Verträge wird § 818 III durch die *Saldotheorie* eingeschränkt: Der Wert der wegen § 818 III nicht mehr zurückzugewährenden Gegenleistung soll von der zurückzugebenden Leistung abgezogen werden. Doch gibt es hiervon gewichtige Ausnahmen, etwa zugunsten von Minderjährigen und in Analogie zu § 350. Danach ist der „theoretische" Wert der Saldotheorie zweifelhaft.

§ 28. Bereicherungsansprüche in Mehrpersonenverhältnissen

Bisher hatte ich mich im wesentlichen auf Zweipersonenverhältnisse beschränkt: bei der Leistungskondiktion fast völlig (außer bei § 822) und bei der Eingriffskondiktion nach Möglichkeit (unmöglich war es bei § 816). Jetzt sollen auch die besonders umstrittenen Mehrpersonenverhältnisse einbezogen werden. Bei ihnen tritt zusätzlich zu den bisher erörterten Problemen die Frage auf, wer von wem soll kondizieren können.

Im einzelnen lassen sich zwei verschiedene Konstellationen finden: Erstens können mehrere Leistungsverhältnisse miteinander verbunden sein. Und zweitens kann eine Leistung mit einem Erwerb in sonstiger Weise zusammentreffen. Entsprechend wird im folgenden gegliedert.

I. Mehrheit von Leistungsverhältnissen

Fall 177 (Der nichtige Bauvertrag: Leistungsverhältnisse und Kondiktion)

Der Grundstückseigentümer G schließt mit dem Bauunternehmer S einen Bauvertrag. Dieser wird von beiden Seiten erfüllt: S läßt durch seine Arbeiter auf dem Grundstück das versprochene Haus errichten, G läßt durch seine Bank an S den vereinbarten Werklohn überweisen. Dann stellt sich die Unwirksamkeit des Bauvertrags heraus. Wer kann von wem kondizieren?

Hier sind – wie häufig in der Wirklichkeit – nicht mehr bloß zwei Personen beteiligt, sondern außer S auch dessen Arbeiter und außer G auch dessen Bank. Trotzdem ist es offenbar sinnvoll und im Ergebnis auch unstreitig, daß mit der Rückabwicklung des Bauvertrags weder die Arbeiter noch die Bank etwas zu tun haben: Arbeiter und Bank sind weder Parteien noch Leistungsempfänger des fehlerhaften Bauvertrages; auch können beide regelmäßig dessen Wirksamkeit nicht beurteilen; weiter haben beide keinen Einfluß auf die Entstehung oder Vermeidung von Unwirksamkeitsgründen. Schon deshalb finden Leistungskondiktionen nur zwischen G und S statt. Dafür spricht insbesondere auch, daß jeder Kondiktionsgläubiger das Risiko der Zahlungsunfähigkeit derjenigen Person tragen soll, die er sich selbst als Vertragspartner ausgesucht hat. Demgegenüber wäre es beispielsweise offenbar ungerecht, wenn die Arbeiter des S sich mit G auseinandersetzen müßten, mit dem sie nicht kontrahiert haben.

Um das danach allein richtige Ergebnis zu begründen, kann man auf den Zusammenhang zwischen Leistung und Zweck zurückgreifen, also darauf, daß jede Leistung einen Zweck verfolgt. Unter den Leistungen überwiegen die *solvendi causa* erfolgenden und damit unter den Zwecken der Tilgungszweck. Die für die Leistungskondiktion maßgeblichen Leistungsverhältnisse werden danach regelmäßig durch die Verpflichtungen bestimmt: Jeder Beteiligte leistet als Schuldner jeweils an seinen Gläubiger, um seine Verbindlichkeit zu tilgen. Daraus folgt für *Fall 177:*

(1) Die Arbeiter leisten an S, weil sie ihren Arbeitsvertrag erfüllen wollen; umgekehrt leistet S bei der Lohnzahlung an die Arbeiter;

(2) die Bank leistet an ihren Kunden G, um ihre Pflicht aus dem Girovertrag zu erfüllen;

(3) G und S leisten aneinander zur Erfüllung ihrer gegenseitigen Pflichten aus dem Bauvertrag; bezogen auf diesen Vertrag sind die Arbeiter und die Bank jeweils nur Leistungsgehilfen. Schematisch:

Die Leistungskondiktion findet dann jeweils in dem fehlerhaften Leistungsverhältnis zwischen den an diesem beteiligten Personen statt; die an dem fehlerhaften Verhältnis nicht beteiligten Personen bleiben von Bereicherungsansprüchen regelmäßig unberührt.

Fall 178 (Der „durchgelieferte" Dampfkessel: Anweisungsverhältnis; Doppelnichtigkeit)

Die Maschinenfabrik *A* verkauft einen Dampfkessel an den Großhändler *B*. Noch ehe *A* geliefert hat, gelingt dem *B* der Weiterverkauf an *C*. *B* bittet nun den *A*, direkt an *C* zu liefern, und *A* tut das auch. Später stellen sich als nichtig heraus
(1) der Kaufvertrag *A – B*,
(2) der Kaufvertrag *B – C*,
(3) beide Kaufverträge (etwa weil *B* entmündigt war und sein Vormund die Genehmigung verweigert).
Wer kann von wem was kondizieren?

Bei oben *Fall 177* waren verschiedene Vertragstypen (Geschäftsbesorgungsvertrag, Werkvertrag, Arbeitsverträge) über verschiedene Gegenstände beteiligt. Demgegenüber handelt es sich in *Fall 178* um gleichartige Verträge über denselben Gegenstand. Trotzdem gilt die bei *Fall 177* entwickelte Regel auch hier: Kondiziert wird in dem fehlerhaften Rechtsverhältnis zwischen den an diesem beteiligten Personen. Daher muß bei (1) zwischen *A* und *B* kondiziert werden. Daß *B* den Dampfkessel nicht mehr hat, führt nicht etwa dazu, daß *A* diesen nun von *C* verlangen könnte. Vielmehr muß *B*, weil er zur Herausgabe des Erlangten außerstande ist, den Wert ersetzen, § 818 II. Bei (2) taucht diese Schwierigkeit nicht einmal auf: *C* hat den Dampfkessel ja und muß ihn an *B* übereignen.

Zweifeln kann man nur bei (3): Hier muß ja *C* an *B* und *B* an *A* herausgeben; soll *A* hier nicht direkt von *C* die Herausgabe verlangen (auf *C* „durchgreifen") können? Das liegt umso näher, wenn man annimmt, das Eigentum an dem Kessel sei ohne Zwischenerwerb des *B* direkt von *A* auf *C* übertragen worden (was im Einzelfall zutreffen kann).[1] In der Tat ist bei einem solchen „Doppelmangel" (beide Glieder der Vertragskette sind unwirksam) früher bisweilen eine Direktkondiktion bejaht worden. Heute verneint die ganz h. M. jedoch diese Möglichkeit, und zwar mit guten Gründen: Möglicherweise haben ja jeweils schon *C* an *B* und *B* an *A* den Kaufpreis bezahlt; vielleicht auch bestehen jeweils zwischen den beiden Partnern aus der Geschäftsverbindung noch andere Forderungen. Die deswegen in Betracht kommenden Zurückbehaltungsrechte (§§ 273, 274) dürfen nicht durch eine Direktkondiktion ausgeschaltet werden. Denn wenn *A* bei *C* den Kessel kondiziert, könnte *C*

---

[1] Das ist der sog. „Geheißerwerb": Die Übergabe erfolgt auf Geheiß durch oder an einen Dritten. Vgl. *Baur*, SaR, § 51 III 3 mit Angaben, dazu jetzt (auch rechtshistorisch) *Flume*, Der Eigentumserwerb bei Leistungen im Dreiecksverhältnis, in: Festschr. f. Ernst Wolf, 1985, S. 61.

dem ja nicht seine Forderungen gegen *B* entgegenhalten. Auch hat *A* den *C* nicht als Partner ausgesucht; es wäre also befremdlich, wenn er diesen als Schuldner bekäme.

Zweifelhaft ist bei (3) freilich, worauf sich die Kondiktion *A – B* richtet. Die bis vor kurzem h. M. hatte so argumentiert: Bei *B* sei an die Stelle des Kessels der Bereicherungsanspruch gegen *C* getreten. Daher könne *A* von *B* nur die Abtretung dieses Anspruchs fordern; das ist die sog. „Kondiktion der Kondiktion". Doch paßt diese Ansicht, wenn zunächst *B* Eigentümer des Kessels geworden war, schon nicht zum Wortlaut des § 818 I: Die Kondiktion gegen *C* bedeutet für *B* ja keinen „Ersatz für die Zerstörung, Beschädigung oder Entziehung" des Kessels. Auch führt die Kondiktion der Kondiktion, wie vor allem *Canaris*[2] betont hat, bei *A* zu einer Kumulation der Risiken: *A* trage dann nämlich die Insolvenzrisiken von *B* und *C*. Auch müsse *A* nicht bloß mit Einwendungen des *B* rechnen, sondern nach der Anspruchsabtretung auch mit denen des *C*. Daher soll nach dieser neueren Ansicht die Kondiktion *A – B* nicht auf Abtretung der Kondiktion *B – C* gehen, sondern auf den Wert (§ 818 II) des Kessels.[3] Soweit diese Lösung dem *B* die Berufung darauf abschneidet, er selbst könne den Kessel oder dessen Wert von *C* nicht zurückerlangen, führt sie zu einer Einschränkung des § 818 III. Im Grunde gelangt man hier wieder zu der oben § 27 *Fall 172* angesprochenen Problematik nach der Bedeutung „willentlicher vermögensmäßiger Entscheidungen" des Bereicherungsschuldners. Denn eine solche Entscheidung liegt ja auch in dem Entschluß des *B*, den Kessel an *C* weiterzuverkaufen.

Fall 179 (Der falsche Täter: Leistung auf vermeintlich eigene Schuld)

Der Händler *S* fordert von *G* Schadensersatz: Der schlecht beaufsichtigte Sohn des *G* habe seine – des *S* – Schaufensterscheibe eingeworfen (§ 832). *G* zahlt. Später stellt sich heraus, daß nicht der Sohn des *G* der Übeltäter war, sondern der Sohn eines Dritten *D*. Bei wem kann *G* kondizieren?

Hier hat sich *G* für den Schuldner gehalten. Er wollte also – dem *S* erkennbar – auf diese seine eigene Schuld zahlen und nicht auf die Schuld des *D*. Folglich kommt § 267 nicht in Betracht; die Schuld des *D* ist nicht erloschen. Und da eine eigene Schuld des *G* bei *S* nicht bestand, kann *G* nach § 812 I 1 Alt. 1 bei *S* kondizieren.

Manche wollen freilich dem *S* ein Wahlrecht geben: Er soll seine Zahlung nachträglich auf die Schuld des *D* „umdirigieren" und so seinen Bereicherungsanspruch gegen *S* für einen solchen gegen *D* eintauschen können.[4] Daran mag *G* interessiert sein, wenn er bei *D* leichter Befriedi-

---

[2] In: 1. Festschr. f. Larenz, 1973, S. 799, 809 ff.

[3] Vgl. zu diesem Problemkreis außer *Canaris* (o. Fn. 2) jetzt *Reuter-Martinek*, Ungerechtfertigte Bereicherung, 1983, §§ 11 I; 14 I 3.

[4] So vor allem *von Caemmerer*, in: Festschr. f. Dölle I, 1963, S. 150 ff. = Ges. Schriften I, 1968, S. 351 ff.

gung finden kann (etwa durch Aufrechnung) als bei *S*. Aber die – recht komplizierten und daher hier nicht darzustellenden – Gründe gegen ein solches Wahlrecht überwiegen wohl doch.[5] Daher muß sich in *Fall 179 G* mit seiner Kondiktion gegen *S* zufriedengeben.

Fall 180 (Der gute Vater: Zahlung auf nicht bestehende fremde Schuld)

S, der volljährige Sohn des *D*, hat sich mit seinen Ratenverpflichtungen übernommen. Daher zahlt *D* für *S* die letzten Raten für den Kauf eines Gebrauchtwagens an den Verkäufer *G*. *S* hatte jedoch kurz vor dieser Zahlung wegen eines Sachmangels den Kaufvertrag gewandelt. Wer kann kondizieren?

Die vollzogene Wandlung (vgl. § 465) hat die Kaufpreisschuld beseitigt; vor dem Vollzug hatte *S* eine dauernde Einrede (vgl. § 478 I). *D* hat also geleistet, wo nicht geleistet werden mußte. Folglich muß bei *G* (nach § 812 I 1 Alt. 1 oder § 813) kondiziert werden können. Zu fragen ist aber, wem diese Kondiktion zusteht: dem *D*, der als Dritter geleistet hat, oder dem *S*, dessen Schuld durch die Leistung getilgt werden sollte. Diese bei der Drittleistung (§ 267) auftauchende Frage findet bei der Leistung auf eigene Schuld keine Parallele und kann daher nicht mit den dort entwickelten Regeln entschieden werden.

Manche meinen, in solchen Fällen wolle der leistende Dritte eine Zuwendung an den zu befreienden Schuldner. Folglich habe er nicht an den (vermeintlichen) Gläubiger geleistet; bei diesem könne also nur der (vermeintliche) Schuldner kondizieren, für den die Leistung erfolgt sei. Demgegenüber bejaht die h.M.[6] eine Leistungskondiktion des Dritten bei dem Gläubiger wenigstens dann, wenn dieser nicht auf Veranlassung durch den Schuldner geleistet hatte. Ich halte das für vorzugswürdig: Die Gegenansicht kann in solchen Fällen nicht erklären, wie der durch die Leistung Begünstigte eine Kondiktion gegen den Empfänger erwerben soll.

In *Fall 180* kann also der Vater *D* bei *G* kondizieren. Ob *D* dem *S* in anderer Weise etwas zuwenden will, mag er dann erneut entscheiden.

Fall 181 (Die Abfindung der Schwester: echter Vertrag zugunsten Dritter)

Der verwitwete Bauer *S* ist alt geworden. Er übergibt daher seinem Sohn *G* den Hof. In dem Übergabevertrag verpflichtet sich *G* nicht nur zu Unterhaltsleistungen an seinen Vater, sondern auch zur Zahlung einer Rente an seine Schwester *D*. *G* zahlt zwei Jahre lang, dann wird der Übergabevertrag durch Anfechtung vernichtet. Von wem kann *G* kondizieren?

---

[5] Vor allem *W. Lorenz*, in: Rechtsvergleichung und Rechtsvereinheitlichung, Festschr. Institut Heidelberg, 1967, S. 267 ff., vgl. *Reuter-Martinek*, Ungerechtfertigte Bereicherung, 1983, § 12 III 4 b.

[6] Vgl. ausführlich *Reuter-Martinek* (o. Fn. 5), § 12 III; meine Ansicht habe *ich* dargelegt in BürgR, Rdnr. 684.

Hinsichtlich der Leistungen an den Vater *S* entsteht keine Schwierigkeit: Dieser ist als Vertragspartner gewiß zugleich der Leistungsempfänger. Auch die oben bei *Fall 177* und *178* angestellten Erwägungen über die richtige Risikoverteilung und über Zurückbehaltungsrechte (*G* kann den Hof zurückbehalten) deuten auf *S* als den Kondiktionsschuldner.

Schwierigkeiten bestehen dagegen hinsichtlich der Leistungen an die Schwester *D*. Diese hatte einen eigenen Anspruch gegen *G*, weil der Übergabevertrag nach § 330 S. 2 ein echter Vertrag zugunsten Dritter ist.[7] Daneben konnte aber nach § 335 im Zweifel auch *S* die Leistung an *D* fordern; insoweit schuldete *G* also zwei Gläubigern. Welcher von beiden für die Kondiktion zuständig ist, dürfte sich kaum allgemein entscheiden lassen. Denn die Erwägungen über die richtige Risikoverteilung helfen hier nicht eindeutig: Zwar hat *G* nur mit seinem Vater kontrahiert (und auch nur im Verhältnis zu diesem hilft das Zurückbehaltungsrecht). Andererseits hat *G* sich aber mit den Zahlungen an *D* einverstanden erklärt, und deren Anspruch gegen *D* war nach § 334 denselben Einwendungen ausgesetzt wie derjenige des Vaters, also gewissermaßen von diesem Anspruch abhängig.

Für die praktisch wichtige Gruppe der Versorgungsverträge (wie in *Fall 181* einer vorliegt) tritt aber ein Gesichtspunkt hinzu, der eine eindeutige Entscheidung ermöglicht: Wenn *D* keine Unterhaltsansprüche mehr gegen ihren Vater *S* hatte (vgl. §§ 1601 ff.), hat dieser ihr die Rentenansprüche gegen *G* unentgeltlich zugewendet. Und für den unentgeltlichen Erwerb bestimmt § 822 eine subsidiäre Eigenhaftung des Zweitempfängers (vgl. o. § 27 *Fall 167*). Daher kann *G* direkt bei seiner Schwester *D* kondizieren, soweit der Vater durch die Rentenzahlungen nicht bereichert ist.[8]

Fall 182 („Idealheim": Irrtümer über Leistenden und Leistungsempfänger)

S vereinbarte mit der „Idealheim-GmbH" die schlüsselfertige Errichtung eines Wohnhauses zu einem garantierten Festpreis. Der Geschäftsführer der GmbH, ein Architekt *A*, trat aber gegenüber dem Bauunternehmer *G* gleichwohl als Vertreter des *S* auf. Nach Fertigstellung des Baus verlangt *G* von *S* den vereinbarten Preis. *S* meint, er habe nur mit der GmbH zu tun, und verweigert an *G* jede Zahlung. Mit Recht?

Die zu diesem Fall ergangene Entscheidung des *BGH*[9] ist eine der berühmtesten Entscheidungen zum Bereicherungsrecht überhaupt. Dabei ist die Rechtslage auf den ersten Blick keineswegs besonders kompliziert: Eine Vollmacht hatte *S* der I-GmbH nicht erteilt (auch nicht konkludent, weil sie nicht zu dem Festpreis paßte). Auch die Voraussetzungen einer

---

[7] Vgl. *Löwisch*, SAT, § 14; *Larenz*, SAT, § 17 I; *Medicus*, SAT, § 66.
[8] Ebenso etwa *Canaris* (o. Fn. 5), S. 799, 833, vgl. auch *Reuter-Martinek* (o. Fn. 5), § 12 IV, bes. S. 484 f.
[9] *BGHZ* 36, 30.

Duldungs- oder Anscheinsvollmacht[10] lagen nicht vor. Daher konnte die I-GmbH den S nicht wirksam vertreten; Vertragsansprüche G – S scheiden also aus. Wohl aber hatte G geleistet, um den vermeintlich mit S bestehenden Vertrag zu erfüllen: Das spricht für eine Leistungskondiktion G – S (§§ 812 I 1 Alt. 1, 818 II). Andererseits mußte S aber annehmen, G sei nur Gehilfe der I-GmbH, die ihm ja das Haus schuldete. Aus der Sicht des S lag also eine Leistung der I-GmbH vor; für diese kam eine Kondiktion schon deshalb nicht in Betracht, weil sie dem S wirksam verpflichtet war. Daher wird das Problem des Falles gewöhnlich unter dem Stichwort erörtert, aus welcher Sicht die Leistung zu beurteilen ist: aus derjenigen des Leistenden oder derjenigen des Empfängers.

Der BGH hat im Ergebnis auf die Sicht des Leistungsempfängers S abgestellt und daher einen Bereicherungsanspruch des G gegen diesen verneint.[11] Diese Ansicht ist auf Widerspruch gestoßen: Es komme auf den Willen des Leistenden an.[12] Damit wäre eine Leistungskondiktion G – S an sich möglich; wenn S schon an die I-GmbH gezahlt oder sonst Dispositionen im Vertrauen auf deren Verpflichtung getroffen hat, könnte das über § 818 III berücksichtigt werden. Der Unterschied zwischen beiden Ansichten zeigt sich also im wesentlichen, wenn S noch nicht an die I-GmbH gezahlt hat und daher gegenüber G weniger schutzwürdig ist. Dennoch dürfte sich in neuerer Zeit auch die Literatur[13] überwiegend der Ansicht des BGH angeschlossen haben: Danach kommt in *Fall 182* eine Kondiktion G – S unter keinen Umständen in Frage; G muß sich aus § 179 an die I-GmbH halten (und trägt damit das Risiko von deren Zahlungsunfähigkeit).

II. Leistung und Erwerb in sonstiger Weise

Fall 183 („Jungbullen": Leistung und Eingriff)

D stiehlt bei dem Landwirt G zwei Jungbullen und verkauft diese für 1700 DM an den gutgläubigen Fleischwarenfabrikanten S, der die Tiere verwertet. G verlangt von S 1700 DM. Mit Recht?

Hier war ein Eigentumserwerb des S von D an § 935 I gescheitert. Wohl aber ist das Eigentum des G durch Verarbeitung (§ 950) untergegangen. Daher verweist § 951 I 1 für einen Bereicherungsanspruch G – S auf § 812 I 1 Alt. 2 (vgl. o. § 25 *Fall 152*). Dessen Voraussetzungen liegen auch vor: S hat die Bullen durch die Verarbeitung verbraucht, ohne dazu dem G gegenüber berechtigt gewesen zu sein. Daß S die Bullen von D

---

[10] Vgl. *Löwisch*, AT, S. 39 ff.; *Medicus*, AT, Rdnrn. 930; 969 ff.
[11] Bestätigt in *BGHZ* 40, 272; *BGH*, JZ 1975, 27; *BGHZ* 72, 246.
[12] Etwa *Flume*, JZ 1962, 281; *Canaris* (o. Fn. 2), S. 799, 826 f.; *Medicus*, BürgR, Rdnr. 687 f.
[13] Zuletzt temperamentvoll *Reuter-Martinek* (o. Fn. 5), § 12 I 3 b.

gekauft hatte, ändert daran nichts: Wegen § 935 I hatte D dem S das dinglich – also auch gegen G – wirkende Eigentum gerade nicht verschaffen können, sondern nur den unberechtigten Besitz. Deshalb liegt hier ein Zusammentreffen von Leistung und Eingriff bei S noch nicht vor. Der BGH[14] hat deshalb den S mit Recht verurteilt; ein Abzug des an den nichtberechtigten D gezahlten Kaufpreises ist ebenso wie bei § 816 I 1 abgelehnt worden (vgl. o. § 27 Fall 171); das ist konsequent.

Fall 184 (Das unter Eigentumsvorbehalt gelieferte Baumaterial: Leistung und Eingriff)

Der Baustoffhändler G liefert an den Bauunternehmer D Baumaterial unter Eigentumsvorbehalt. D baut dieses jedoch noch vor Zahlung des Kaufpreises aufgrund eines Bauvertrages in das Grundstück des S ein. Da D in Konkurs fällt, verlangt G von S den Wert des Materials ersetzt.

Für Ansprüche des G scheidet eine vertragliche Grundlage offenbar aus. Auch eine Verpflichtung aus dem Eigentümer-Besitzer-Verhältnis oder aus Delikt kommt für den schuldlosen S nicht in Betracht. Übrig bleiben nur Bereicherungsansprüche, und zwar wegen eines Eingriffserwerbs: Eine Leistung des G an S liegt ja nicht einmal aus der Sicht des G vor.[15] § 951 I 1, der hier wegen § 946 anwendbar ist, spricht denn auch ausdrücklich von einem Bereicherungsanspruch des Rechtsverlierers (also G) gegen denjenigen, „zu dessen Gunsten die Rechtsänderung eintritt". Das ist hier zweifellos der Grundstückseigentümer S.

Nun bedeutet aber § 951 I 1 nach der zutreffenden h. M. nur eine Rechtsgrundverweisung auf § 812 (vgl. o. § 25 Fall 152). Ein Bereicherungsanspruch G – S muß sich also auch auf § 812 I 1 Alt. 2 stützen lassen (eine Leistung G – S liegt ja nicht vor). In der Tat scheint es auf den ersten Blick, als habe S das Baumaterial in sonstiger Weise auf Kosten des G erworben, ohne daß dafür im Verhältnis zu G ein Rechtsgrund bestanden hätte.

Trotzdem wird der hiernach naheliegende Bereicherungsanspruch G – S abgelehnt. Begründet worden ist das von vielen mit dem sog. Subsidiaritätsdogma: Was jemand durch Leistung erhalten habe, könne er nicht zugleich in sonstiger Weise erworben haben. Der Einbau stelle für S eine Leistung des D dar; folglich brauche S darüber nur mit D und nicht mit G abzurechnen. Inzwischen neigt aber die h. M. mit Recht dazu, diese Anwendung des Subsidiaritätsdogmas abzulehnen: Logisch zwingend ist das Dogma nur im Verhältnis zwischen denselben Personen; dort schließt in der Tat ein Erwerb durch Leistung den Erwerb in sonstiger Weise (also nicht durch Leistung) aus. Dagegen kann eine Leistung sehr wohl einen Erwerb vermitteln, der im Verhältnis zu einem Dritten einen

---

[14] BGHZ 55, 176, dazu Reuter-Martinek (o. Fn. 5), § 10 II 1 b.
[15] Anders als in dem „Idealheimfall", o. Fall 182.

Eingriff bedeutet. Daß hier die Nichtleistungskondiktion des Dritten gegen den Erwerber ausgeschlossen sein soll, läßt sich nicht einfach mit einem (unkodifizierten) Dogma begründen. Vielmehr bedarf es dazu weitergehender Erwägungen.

Auf der Suche nach diesen kann man sich daran erinnern, daß auch § 816 I 1 ein Zusammentreffen von Leistung und Eingriff regelt: Der Erwerb erfolgt hier einerseits durch Leistung des nichtberechtigten Veräußerers, andererseits aber auch unter Eingriff in das Recht des Altberechtigten. Dennoch richtet § 816 I 1 die Nichtleistungskondiktion nur gegen den Veräußerer und nicht (auch) gegen den entgeltlichen (§ 816 I 2!) Erwerber.

Damit will der Gesetzgeber den entgeltlichen redlichen Erwerb „kondiktionsfest" machen, also ihm schuldrechtliche Beständigkeit verleihen. Diese Erwägung läßt sich nun auf *Fall 184* übertragen: Da der Bauvertrag entgeltlich und das Baumaterial dem *G* nicht abhanden gekommen war, hätte der gutgläubige *S* dieses bei einer rechtsgeschäftlichen Übereignung nach §§ 932, 929, 816 I 1 kondiktionsfest erworben. Dieses Ergebnis darf sich nicht ändern, wenn das Material ohne voraufgehende rechtsgeschäftliche Übereignung eingebaut worden ist.

Der Ausschluß der Nichtleistungskondiktion *G – S* folgt also nicht aus einem Subsidiaritätsdogma, sondern aus den gesetzlichen Wertungen in den §§ 932, 935, 816 I 1. Dementsprechend wäre *S* nicht geschützt, wenn der Einbau unentgeltlich erfolgt, das Material abhanden gekommen oder *S* bösgläubig gewesen wäre. In diesen Fällen erweist sich zugleich das Subsidiaritätsdogma auch im Ergebnis als unrichtig.

Fall 185 (Die doppelte Banküberweisung: Fehlen einer Anweisung)

Wie oben § 26 *Fall 156:* Durch einen Bankirrtum wird ein von *S* zugunsten des *G* erteilter Überweisungsauftrag über 500 DM zweimal ausgeführt. *G* will auch die zweiten 500 DM nicht herausgeben, weil er angeblich von *S* insgesamt 1000 DM zu fordern hatte. Kann von *G* kondiziert werden und durch wen?

Hinsichtlich der ersten 500 DM liegt zweifelsfrei eine Leistung des *S* an *G* vor; sie könnte nur von *S* mit der Leistungskondiktion zurückverlangt werden, wenn die vermeintliche Verbindlichkeit nicht (einredefrei) bestanden hat. Hinsichtlich der zweiten 500 DM könnte eine Leistung allenfalls aus der Sicht des Empfängers *G* anzunehmen sein: Dieser mag glauben, *S* habe sich inzwischen davon überzeugt, auch die zweiten 500 DM zu schulden, und wolle diese Schuld durch die weitere Überweisung tilgen. Objektiv fehlt es dagegen an einer Leistung des *S:* Dieser wollte dem *G* ja nicht noch ein zweites Mal etwas zuwenden. Aber auch eine Leistung der Bank an *G* liegt nicht vor, weil diese gegenüber *G* keinen eigenen Zweck verfolgte, sondern nur ihren Girovertrag mit *S* erfüllen wollte (vgl. o. *Fall 177*). Bei objektiver Betrachtung kann der Erwerb des *G* also nicht durch Leistung erfolgt sein.

Daher war schon oben in § 26 *Fall 156* eine Nichtleistungskondiktion der Bank (die ja mangels eines Überweisungsauftrags das Konto ihres Kunden *S* mit den zweiten 500 DM nicht belasten darf) gegen *G* bejaht worden.[16] Freilich kann sich dann *G* gegenüber dieser Kondiktion nicht darauf berufen, er habe den ihm irrtümlich überwiesenen Betrag von *S* zu bekommen. Aber für diesen Einwand besteht auch kein ausreichendes Schutzbedürfnis: Eine etwa begründete Forderung *G – S* ist ja nicht erloschen, weil nicht zu ihrer Erfüllung geleistet worden ist. Sollte *G* aber im Vertrauen auf die Rechtsbeständigkeit seines Erwerbs schädliche Dispositionen getroffen haben, so wird er durch § 818 III ausreichend geschützt. Das gilt etwa, wenn *G* in diesem Vertrauen seinen Anspruch auf die zweiten 500 DM gegen *S* hat verjähren lassen.

Der *BGH* stimmt dieser Lösung für den Fall zu, daß der Empfänger *G* den Mangel der Anweisung gekannt hat.[17] Dagegen liegt es nach neueren Entscheidungen nahe, daß der *BGH* der Bank gegen einen redlichen Empfänger die Nichtleistungskondiktion nicht gewähren will.[18] Dem wäre aber nicht zu folgen: Der Redlichkeit des Empfängers wird schon durch den Vertrauensschutz aus § 818 III ausreichend Rechnung getragen.

III. Zusammenfassung

1. Bei einer *Verbindung mehrerer Leistungsverhältnisse,* wie sie insbesondere bei der (untechnisch weit verstandenen) Anweisung vorkommt, erfolgt die bereicherungsrechtliche Rückabwicklung regelmäßig (Ausnahmen § 822 und unten 7) jeweils in den mangelhaften Rechtsverhältnissen. Das gilt auch, wenn mehrere Rechtsverhältnisse mangelhaft sind (sog. Doppelmangel): Dann finden also mehrere Leistungskondiktionen zwischen den Partnern der mehreren Rechtsverhältnisse statt.

2. *Beim Doppelmangel* richtet sich die Kondiktion gegen den Erstempfänger nach einer vordringenden, wohlbegründeten Ansicht nicht darauf, daß dieser seine Kondiktion gegen den Zweitempfänger abtrete. Vielmehr soll der Erstempfänger den Wert (§ 818 II) des vom Gläubiger Erhaltenen schulden.

3. Aus der *Leistung auf eine in Wahrheit nicht bestehende eigene Schuld* hat die Leistungskondiktion unzweifelhaft der Leistende. Ebenso ist

---

[16] Ebenso die überwiegende Literatur: etwa *Canaris* (o. Fn. 2), S. 799, 821 ff.; *Reuter-Martinek* (o. Fn. 5), § 11 I, III 1 b aa.

[17] Etwa *BGHZ* 66, 362; 372; 67, 75.

[18] *BGHZ* 87, 246 (Ausführung von widerrufenem Überweisungsauftrag); *BGHZ* 89, 376 (Ausführung von widerrufenem Dauerauftrag). Freilich machen beide Entscheidungen Vorbehalte für die Fälle, in denen von vornherein eine Anweisung fehlt; sie treffen also den *Fall 185* nicht ganz deutlich.

nach der zutreffenden h. M. für die Leistung auf eine *in Wahrheit nicht bestehende fremde Schuld* zu entscheiden (hier kann also nicht derjenige kondizieren, auf dessen Schuld der Dritte leisten wollte).

4. *Beim echten Vertrag zugunsten Dritter,* bei dem also sowohl der Versprechensempfänger wie auch der Dritte die Leistung forden können, gibt es für die Kondiktion des Leistenden keine für alle Fälle passende Einheitslösung. Doch kann der Leistende wenigstens dann auf den Dritten greifen, wenn dieser die Leistung im Verhältnis zum Versprechensempfänger unentgeltlich erhalten soll.

5. *Bei der Vertretung ohne Vertretungsmacht* läßt der *BGH* keine Leistungskondiktion des Dritten gegen den Vertretenen zu, wenn aus dessen Sicht eine Leistung des Vertreters vorlag. Das ist aber str.; der nötige Schutz des redlichen Empfängers läßt sich auch über § 818 III erreichen.

6. *Beim Zusammentreffen von Leistung und Eingriff* ist der Rechtserwerber wenigstens dann gegen eine Eingriffskondiktion des Rechtsverlierers zu schützen, wenn ein redlicher Erwerb vom Nichtberechtigten möglich gewesen wäre. Das folgt aus gesetzlichen Wertungen, ohne daß man das sog. „Subsidiaritätsdogma" bräuchte.

7. *Beim Fehlen einer Anweisung* hat der scheinbar Angewiesene, aus dessen Vermögen die Zuwendung stammt, nach richtiger Ansicht eine Nichtleistungskondiktion gegen den Empfänger ohne Rücksicht auf dessen Redlichkeit.

6. Teil. Geschäftsführung ohne Auftrag

§ 29. Abgrenzung der Geschäftsführung ohne Auftrag

Die Geschäftsführung ohne Auftrag ist in § 677 umschrieben durch die Worte „wer ein Geschäft für einen anderen besorgt, ohne von ihm beauftragt oder ihm gegenüber sonst dazu berechtigt zu sein". Das umfaßt vieles, und daher kann die GoA bei der Lösung von Fällen häufig zu erörtern sein. Doch gibt es viele dem Gesetzeswortlaut nicht ohne weiteres zu entnehmende Gründe dafür, im Einzelfall die Anwendung der §§ 677 ff. zu verneinen. Diese Gesichtspunkte sind zunächst zu erörtern.

I. Geschäftsführung

Fall 186 (Die dunkle Strohpresse: Weite des Geschäftsführungsbegriffs)

S fährt seinen Traktor mit angehängter Strohpresse bei Dunkelheit auf einer Bundesstraße. Der Traktor ist beleuchtet, nicht jedoch die Strohpresse; diese verdeckt zugleich die Rücklichter des Traktors. Der nachfolgende *G* kann seinen Pkw gerade noch an der plötzlich vor ihm auftauchenden Strohpresse vorbeilenken. Er hält sein Fahrzeug nach dem Überholen an und stoppt den *S*, um ihn auf die Gefährlichkeit seines Tuns hinzuweisen. Auf den haltenden Zug des *S* fährt nun der Lkw des *D* auf; *G* wird schwer verletzt. Er verlangt von *S* und *D* Schadensersatz.

In diesem Prozeß ist es um den Einwand der Beklagten *S* und *D* gegangen, den *G* treffe ein erhebliches Mitverschulden (§§ 9 StVG, 254 BGB): Er hätte das dunkle Fahrzeug nicht anhalten dürfen, so daß dieses noch gefährlicher wurde, sondern hätte mit seinem beleuchteten Pkw hinterherfahren sollen. Demgegenüber hätte dem *G* eine Vorschrift aus dem Recht der GoA nützen können: Nach § 680 hat der Geschäftsführer nur Vorsatz und grobe Fahrlässigkeit zu vertreten (was hier beides zu verneinen war), wenn die Geschäftsführung eine dem Geschäftsherrn drohende dringende Gefahr abwehren sollte. Daher kam es darauf an, ob das einfache Anhalten eines Fahrzeugs schon als Geschäftsführung angesehen werden kann. Der *BGH*[1] hat das in Übereinstimmung mit der h. M. bejaht; der Begriff der Geschäftsführung (oder -besorgung) ist also bei den §§ 677 ff. ganz weit.[2]

---

[1] *BGHZ* 43, 188.
[2] Anders als nach h. M. bei § 675, vgl. etwa *Medicus*, SBT, § 105 II.

II. Fremdheit des Geschäfts

Fall 187 (Die Hausreparatur: Zuständigkeit kraft Eigentums)

Der wenig begüterte *E* muß an seinem Haus umfangreiche Reparaturen vornehmen lassen. Er möchte wissen, ob er die Kosten hierfür wenigstens teilweise von dem wohlhabenden Mieter *M* und der Stadtsparkasse *S* ersetzt verlangen kann, die an dem Hausgrundstück eine Hypothek hat: Die Reparatur nutze ja auch dem *M* und der *S*.

Nach dem BGB ist für die Erhaltung einer Sache deren Eigentümer zuständig. Das gilt insbesondere auch im Verhältnis zum Mieter und zum Hypothekengläubiger. Denn nach § 536 hat der Vermieter die Mietsache in dem vertragsmäßigen Zustand zu erhalten, und die §§ 1133, 1134 ergeben eine ähnliche Pflicht des Eigentümers gegenüber dem Hypothekengläubiger. Zwar sind abweichende schuldrechtliche Vereinbarungen möglich. Aber sie pflegen bei der Miete nur über kleinere Reparaturen („Schönheitsreparaturen") getroffen zu werden und sind bei der Hypothek ganz unüblich.

Danach war das Geschäft, das *E* in *Fall 187* besorgt hat, sein eigenes. § 677 sagt zwar nicht ausdrücklich, für die GoA müsse es sich um ein fremdes Geschäft handeln. Aber das ergibt sich doch aus der Gesamtheit der §§ 677 ff.[3]: Dort werden nämlich Ansprüche des Geschäftsherrn gegen den Geschäftsführer geordnet und umgekehrt. Geschäftsherr und Geschäftsführer müssen also verschiedene Personen sein. Daran aber fehlt es, wenn jemand als Geschäftsführer ein Geschäft besorgt, für das er allein zuständig und folglich der Geschäftsherr ist. In *Fall 187* kann *E* also seine Kosten nicht über die §§ 677 ff. auf andere Begünstigte abwälzen.[4]

Fall 188 (Die begehrte Eintrittskarte: subjektiv fremdes Geschäft)

S weiß, daß sein Freund *G* gern ein bestimmtes Länderspiel sehen möchte, aber im Vorverkauf keine Karte mehr bekommen hat. Als *S* erfährt, daß ein Bekannter eine Karte abzugeben hat, erwirbt er diese und teilt das bald darauf dem *G* mit. Kann *G* die Karte von *S* auch dann verlangen, wenn *S* inzwischen das Spiel lieber selbst sehen möchte?

Hier kann fraglich sein, ob die bloße Mitteilung des *S* an *G* zu einem Vertrag zwischen beiden geführt hat, aus dem *G* die Karte fordern kann. Es gibt aber noch eine zweite Möglichkeit der Anspruchsbegründung, nämlich aus GoA (§§ 683 S. 1, 681 S. 2, 667 Alt. 2, vgl. u. § 30 *Fall 193/4*). Zwar kann man nicht sagen, die Besorgung der Karte sei objektiv ein Geschäft des *G* gewesen, so daß *S* mit der Besorgung allemal ein fremdes Geschäft geführt hätte. Vielmehr konnte jedermann eine solche Karte

---

[3] Ganz h. M., a. A. jetzt freilich *Gursky*, AcP 185 (1985), 13, 14 ff.
[4] Dagegen kann *G* von *M* u. U. eine Mieterhöhung verlangen, vgl. § 3 des MHRG (= Art. 3 des 2. WohnraumkündigungsschutzG v. 18. 12. 1974).

besorgen; es handelt sich also um ein objektiv neutrales Geschäft. Doch kann ein solches zum subjektiv fremden werden, wenn es mit einem Fremdgeschäftsführungswillen („für einen anderen“) ausgeführt wird. So liegt es hier, weil *S* die Karte für *G* erwerben wollte. Zwischen beiden besteht also das Rechtsverhältnis der GoA.

III. Der Fremdgeschäftsführungswille

Fall 189 (Verwendungen auf gestohlenes Gut: unerkannt fremdes Geschäft)

D stiehlt das schon recht abgenutzte Fahrrad des *G* und verkauft es für 40 DM an den gutgläubigen *S*. Dieser läßt es für 80 DM instandsetzen. Als *G* das Fahrrad von *S* herausverlangt, fordert dieser den Ersatz der Reparaturkosten. Mit Recht?

Hier hat *S* trotz seines guten Glaubens kein Eigentum erlangt, weil das Fahrrad dem *G* abhanden gekommen war, § 935 I 1. Dieser kann es also nicht nur nach § 985 von *S* herausverlangen, sondern ist auch als Eigentümer für die Reparatur zuständig geblieben. Folglich hat *S* ein objektiv fremdes Geschäft geführt.

Trotzdem liegt hier keine GoA mit den aus ihr sich ergebenden Pflichten vor. Denn nach § 677 muß das Geschäft ja „für einen anderen“ geführt worden sein. Und dieser (schon eben bei *Fall 188* erwähnte) Fremdgeschäftsführungswille fehlt hier: Der gutgläubige *S* hat sich ja für den Eigentümer gehalten und daher auch für sich selbst handeln wollen. § 687 I stellt das Ergebnis noch zusätzlich klar: GoA soll nicht gelten, wenn jemand ein fremdes Geschäft in der Meinung besorgt, es sei sein eigenes. Deshalb ist *S* in *Fall 189* gegenüber *G* auf die Möglichkeiten zum Verwendungsersatz nach dem Eigentümer-Besitzer-Verhältnis[5] beschränkt (§§ 994[6], 996, 1000).

Fall 190 (Verwendungen des Hehlers: erkannt fremdes Geschäft)

Wie o. *Fall 189,* doch soll *S* jetzt beim Kauf des Fahrrads von dem Diebstahl gewußt haben.

Im Gegensatz zu o. *Fall 189* scheitert hier das Vorliegen von GoA nicht schon am Fehlen der Kenntnis von der Fremdheit des Geschäfts: *S* weiß ja, daß das Fahrrad ihm nicht gehören kann. Aber diese Kenntnis von der Fremdheit allein genügt noch nicht, damit das Geschäft „für einen anderen“ im Sinne von § 677 geführt wird. Vielmehr gehört dazu auch der Wille, die Ergebnisse der Geschäftsführung dem anderen zukommen zu lassen. Und daran fehlt es in *Fall 190: S* wollte ja das von ihm gekaufte und reparierte Fahrzeug selbst benutzen. Darum scheitert GoA

---

[5] Nach h. M. hat *S* auch keine Verwendungskondiktion, vgl. o. § 26 *Fall 155*.

[6] Zur Verweisung von § 994 II auf die GoA vgl. u. *Fall 190*.

auch hier wieder am Fehlen des Fremdgeschäftsführungswillens. In solchen Fällen, in denen „jemand ein fremdes Geschäft als sein eigenes besorgt, obwohl er weiß, daß er dazu nicht berechtigt ist" (§ 687 II 1), spricht man von „unechter Geschäftsführung ohne Auftrag" oder „Geschäftsanmaßung": Der Geschäftsführer hat sich die Besorgung eines Geschäfts angemaßt, obwohl dieses ihn erkanntermaßen nichts angeht und er sich auch dem in Wahrheit Zuständigen nicht unterordnen will.

Übrigens trifft die Unanwendbarkeit der GoA den *S* in *Fall 190* viel härter als oben in *Fall 188*. Denn aus dem zwischen *G* und *S* bestehenden Eigentümer-Besitzer-Verhältnis kann der unredliche Besitzer den Ersatz bloß nützlicher Verwendungen überhaupt nicht verlangen, vgl. § 996. Und für notwendige Verwendungen verweist § 994 II für den Unredlichen auf das Recht der GoA. Das erscheint auf den ersten Blick seltsam: Eben war ja festgestellt worden, für den seine Nichtberechtigung Kennenden fehle von den Tatbestandsmerkmalen der GoA der Fremdgeschäftsführungswille. Insoweit scheint die Verweisung also von vornherein fehlzugehen. Um das zu vermeiden, sieht man in § 994 II keine Verweisung auf den vollen Tatbestand der GoA. Gemeint sein soll vielmehr bloß die Unterscheidung der Rechtsfolgen in den §§ 683, 684.[7] Für *Fall 190* bedeutet das: *S* erhält also auch für notwendige Reparaturen nur dann Kostenersatz nach §§ 683 S. 1, 670, wenn diese Notwendigkeit auch bei der von *G* beabsichtigten weiteren Verwendung des Fahrrads besteht. Folglich sind danach sogar die Kosten einer Reparatur der Bremsen nicht zu ersetzen, wenn *G* das Fahrrad nicht mehr zum Fahren benutzen wollte. Insoweit kommt bloß nach §§ 684 S. 1, 812 I 1 Alt. 2, 818 II ein Bereicherungsanspruch in Betracht, etwa wenn *G* bei einem Verkauf des Fahrrads wegen des guten Zustands der Bremsen einen höheren Erlös erzielt.

Fall 191 (Unberechtigte Vermietung: Rechtsfolgen aus § 687 II)

In o. § 25 *Fall 151* hatte *S* das Ferienhaus des *G* unberechtigt an Fremde vermietet. Hier schuldet *S* nach §§ 812 I 1 Alt. 2, 818 II mit der allgemeinen Eingriffskondiktion Wertersatz, also den bei der Vermietung solcher Ferienhäuser allgemein erzielbaren Betrag. Kann *G* auch einen hierüber hinausgehenden, nur durch die besondere Geschäftstüchtigkeit des *S* erzielten Mehrerlös verlangen?

Wäre *S* von *G* zum Vermieten beauftragt gewesen, so müßte er nach § 667 den vollen Erlös herausgeben, könnte freilich nach § 670 auch umgekehrt den Ersatz seiner Aufwendungen (für Inserate, Bettwäsche usw.) verlangen. Bei *Fall 191* fehlt ein solcher Auftrag; *S* hat also unberechtigt in Geschäftsanmaßung gehandelt. Es wäre offenbar ungereimt, wenn *S* aus dem erkannten Fehlen seiner Berechtigung Vorteile ziehen, nämlich den über den marktüblichen Mietzins hinausreichenden Erlös behalten

---

[7] Vgl. *Gerhardt*, SaR, S. 69 f. sowie u. § 30 *Fall 193/4*.

könnte. Daher räumt § 687 II 1 dem Geschäftsherrn das Recht ein, den Geschäftsanmaßer wie einen Beauftragten zu behandeln. Dieser ist dann also aus § 667 verpflichtet. Freilich soll dann auch umgekehrt der Geschäftsanmaßer Aufwendungsersatz verlangen können: zwar nicht nach Auftragsrecht (§ 670), aber doch wenigstens nach Bereicherungsrecht. Das meint die sprachlich verunglückte[8] Verweisung des § 687 II 2 auf § 684 S. 1, der seinerseits auf Bereicherungsrecht verweist (vgl. u. § 30 *Fall 194*).

In *Fall 191* kann also *G* von *S* nach §§ 687 II 1, 681 S. 2, 667 den vollen Erlös fordern. Umgekehrt muß dann allerdings *G* nach §§ 687 II 2, 684 S. 1, 818 II dem *S* dessen Aufwendungen ersetzen, soweit diese den *G* bereichern.

Fall 192 (Die Dachreparatur: Irrtum über die Person des Geschäftsherrn)

D, der Nachbar des *S,* ist auf längere Zeit verreist. Ein heftiger Sturm beschädigt das Dach des von *D* bewohnten Hauses. *S* sorgt für die Reparatur und bittet *D* nach dessen Rückkehr um Kostenerstattung. Erst jetzt erfährt *S* zu seinem Erstaunen, daß das Haus nicht dem *D* gehört, sondern dem *G,* von dem *D* es bloß gemietet hat. Wer muß die Kosten ersetzen?

Hier liegt ein Fremdgeschäftsführungswille des *S* vor und damit erstmals in diesem § 29 wirklich GoA. Jedoch fallen der vermeintlich und der in Wirklichkeit zuständige Geschäftsherr auseinander: *S* wollte für *D* handeln statt für den Eigentümer *G.* Doch ist nach § 686 ein solcher Irrtum über den Geschäftsherrn unerheblich: Die Geschäftsführungsfolgen treten für und gegen den wirklichen Geschäftsherrn ein. Das ist in *Fall 192 G:* Bloß von ihm kann also *S* nach §§ 683 S. 1, 670 Aufwendungsersatz fordern.

IV. Zusammenfassung

1. *Das Merkmal „Geschäftsbesorgung"* in § 677 ist ganz weit: Es umfaßt auch einfache Tätigkeiten, sofern diese nur überhaupt Wirkungen auf eine andere Person haben können.

2. Das Recht der GoA regelt *Folgen des Handelns außerhalb des eigenen Zuständigkeitsbereichs.* Daher sind die §§ 677 ff. unanwendbar, wenn das Geschäft in die Zuständigkeit des Handelnden gehört, auch wenn dieser irrtümlich eine fremde Zuständigkeit annimmt.

3. *Objektiv neutrale Geschäfte,* die also keiner bestimmten Person zu-

---

[8] Der Fehler liegt darin, daß § 684 S. 1 eine Herausgabe*pflicht* des Geschäftsherrn bestimmt, während § 687 II 1 diesem ja gerade einen Herausgabe*anspruch* auf denselben Gegenstand gewährt. Vgl. etwa *Medicus,* SBT, § 124 III 2.

gewiesen sind, können durch einen *Fremdgeschäftsführungswillen* des Handelnden zu (subjektiv) fremden Geschäften werden.

4. Darüber hinaus ist aber auch bei *objektiv fremden Geschäften* dieser Fremdgeschäftsführungswille nötig, um die Anwendbarkeit der §§ 677–686 zu begründen. Dieser Wille fehlt, wenn der Handelnde sich irrtümlich selbst für zuständig hält oder wenn er trotz Kenntnis der fremden Zuständigkeit den Geschäftserfolg für sich haben will. Doch kann im zweiten Fall der zuständige Geschäftsherr den Handelnden im wesentlichen wie einen auftragslosen Geschäftsführer behandeln, § 687 II („unechte Geschäftsführung", „*Geschäftsanmaßung*").

5. Bei Vorliegen des Fremdgeschäftsführungswillens ist ein *Irrtum über die Person des Geschäftsherrn* unbeachtlich, § 686.

§ 30. Die beiden Arten der Geschäftsführung ohne Auftrag

Soeben in o. § 29 waren Fälle ausgeschieden worden, in denen es an der Fremdheit des Geschäfts oder doch an dem Willen des Geschäftsführers fehlte, dieses für einen anderen zu besorgen. Aber auch in dem danach verbleibenden Anwendungsbereich der §§ 677 ff. bedarf es noch einer grundlegenden Unterscheidung.

I. Berechtigte und unberechtigte GoA

Fall 193 (Die hilfreichen Nachbarn: berechtigte GoA)

Die Eheleute *G* sind schwer verunglückt und liegen bewußtlos im Krankenhaus. Deshalb springt die Nachbarin *S* ein: Sie versorgt die minderjährigen Kinder der Familie *G* und erledigt die nötigen Einkäufe.

Fall 194 (Die besserwisserischen Nachbarn: unberechtigte GoA)

Die Eheleute *G* wollen ihre Kinder schon früh zur Selbständigkeit erziehen. Daher lassen sie bei mehrtägiger Abwesenheit die Kinder häufig allein und ohne Aufsicht zurück. Die Nachbarin *S* mißbilligt diese Erziehungsmethode. Als die Eheleute *G* wieder einmal verreist sind, verschafft sich *S* Einlaß in deren Wohnung und versorgt die Kinder.

In beiden Fällen ist die Versorgung der Kinder schon objektiv Sache der Eltern *G.* Deshalb führt in beiden Fällen *S* ein fremdes Geschäft, und das geschieht auch mit Fremdgeschäftsführungswillen: Der Erfolg des Eingreifens gelangt ja notwendig zu den Eltern. Trotzdem besteht ein wesentlicher Unterschied: In *Fall 193* dürfte das Eingreifen dem mutmaßlichen Willen der Eltern entsprechen, während in *Fall 194* der Elternwille diesem Eingreifen entgegensteht. Das Handeln von *S* in *Fall 193* ist also erwünscht und verdient eine günstige rechtliche Regelung. Dagegen hat sich *S* in *Fall 194* eigenmächtig und besserwisserisch über die gesetzliche (Art. 6 II GG, § 1626 I) Zuständigkeitsverteilung hinweggesetzt: Eine solche Geschäftsführung muß eher verhindert als gefördert werden.

Das BGB regelt denn auch wirklich beide Fallgruppen grundverschieden. Allerdings steht diese Unterscheidung nicht – wie man erwarten sollte – an der Spitze der Regelung der GoA, also in § 677. Vielmehr ergibt sie sich erst aus den §§ 683 S. 1, 684 S. 1 in Verbindung mit den §§ 678–680:

Wenn die Übernahme der Geschäftsführung „dem Interesse und dem wirklichen oder mutmaßlichen Willen des Geschäftsherrn entspricht", kann der Geschäftsführer wie ein Beauftragter Aufwendungsersatz verlangen, §§ 683 S. 1, 670. Man nennt das „berechtigte" GoA;[1] sie bildet zugleich einen Rechtfertigungsgrund. Zudem haftet der Geschäftsführer hier nur für Vorsatz oder grobe Fahrlässigkeit, wenn er eine dem Geschäftsherrn drohende dringende Gefahr abwenden will („Notgeschäftsführung").[2]

Fehlt umgekehrt diese Übereinstimmung mit Interesse und Willen des Geschäftsherrn, so kann der Geschäftsführer nur Herausgabe dessen fordern, was der Geschäftsherr durch die Geschäftsführung erlangt hat, und zwar bloß nach Bereicherungsrecht, § 684 S. 1. Soweit der Geschäftsherr nichts erlangt oder das Erlangte wieder verloren hat (§ 818 III), erhält der Geschäftsführer hier also nichts. Wenn er Schaden anrichtet, haftet er schon wegen leichter Fahrlässigkeit bei der Übernahme, § 678; die eigentliche Schadenszufügung braucht hier also nicht vom Verschulden umfaßt zu sein! Diese Fallgruppe heißt unberechtigte GoA; sie bildet keinen Rechtfertigungsgrund.

Für die *Fälle 193, 194* bedeutet das: In *Fall 193* liegt berechtigte GoA vor. Also kann *S* von den Eltern *G* nach §§ 683 S. 1, 679 ihre Aufwendungen für die Kinder ersetzt verlangen, soweit sie die Aufwendungen nach den Umständen für nötig halten durfte. Die notwendigen Eingriffe von *S* in den Haushalt des *G*, etwa der Aufenthalt in der fremden Wohnung und der Verbrauch der fremden Speisen, sind gerechtfertigt. Wenn *S* durch Unvorsichtigkeit Schaden angerichtet, etwa beim Spülen Geschirr zerschlagen hat, haftet sie analog[3] § 680 nur bei grober Fahrlässigkeit.

Ganz anders in *Fall 194:* Hier ist die Geschäftsführung durch *S* unberechtigt. Da der entgegenstehende Willen der Eltern *G* wenigstens erkennbar war, hat *S* auch ohne weiteres Verschulden die in der Wohnung

---

[1] Freilich darf das nicht mit der „sonstigen Berechtigung" zur Geschäftsführung verwechselt werden, die nach § 677 die Anwendung der §§ 677 ff. gerade ausschließt.

[2] Vgl. schon o. § 29 *Fall 186.*

[3] Direkt paßt § 680 nicht, weil die dringende Gefahr nicht dem Geschäftsherrn (den Eltern) droht, sondern den Kindern. Aber die §§ 1626 ff. verbinden die Interessen von Eltern und Kindern so eng, daß die Analogie begründet erscheint.

von G etwa angerichteten Schäden zu ersetzen. Was S bei den Einkäufen für die Kinder ausgelegt hat, kann sie nur insoweit ersetzt verlangen, als G – etwa durch die Einsparung anderer Lebensmittel – noch bereichert ist, §§ 684 S. 1, 818 III. Endlich kommt hier auch eine Strafbarkeit von S (z. B. wegen Hausfriedensbruchs, § 123 StGB) in Betracht, weil die Geschäftsführung ja nicht gerechtfertigt ist.

Fall 195 (Die gefährlichen Kinder: Wahrnehmung öffentlicher Interessen)

In o. *Fall 194* beginnen die sich selbst überlassenen Kinder der Eheleute G damit, Flaschen vom Balkon der Wohnung auf die Straße zu werfen. Die Eheleute hatten früher bei ähnlicher Gelegenheit geäußert, ihre Kinder sollten sich in dieser Weise austoben dürfen; lieber solle die Haftpflichtversicherung einmal zahlen müssen, als daß bei den Kindern ein Aggressionsstau entstünde. Die Nachbarin S verschafft sich Einlaß in die Wohnung und stellt die noch übrigen Flaschen sicher. Mit Recht?

Man braucht hier nicht den Rechtfertigungsgrund der Nothilfe (§ 227 BGB, § 32 StGB) zu bemühen, der einen gegenwärtigen Angriff auf einen Straßenpassanten voraussetzen würde. Vielmehr läßt schon das Recht der GoA den Willen des Geschäftsherrn nicht unbeschränkt maßgeblich sein: Nach § 679 endet diese Maßgeblichkeit, wo es um öffentliche Interessen oder gesetzliche Unterhaltspflichten geht. Folgerichtig stellt denn auch § 683 S. 2 ein so begründetes Eingreifen zur berechtigten GoA, selbst wenn der Wille des Geschäftsherrn entgegensteht.

In *Fall 195* sind öffentliche Interessen im Spiel, weil Passanten von den Flaschen getroffen werden oder durch die Splitter zu Schaden kommen können. Daher ist ein entgegenstehender Wille der Eltern G bedeutungslos: S handelt in berechtigter GoA und ist daher gerechtfertigt.

Fall 196 (Der mutige Bankkunde: Irrtum über den Willen des Geschäftsherrn)

Der Bankräuber D bedroht im Schalterraum der Bank G Kassierer und Kunden mit einer Waffe und fordert Geld. Der Kunde S springt den D von hinten an, um ihn zu überwältigen. Bei dem dabei entstehenden Handgemenge wird S verletzt. Die Bank hatte ihre Angestellten jedoch angewiesen, einen drohenden Geldverlust nicht unter Gefährdung von Leib oder Leben zu verhindern. Ersatzansprüche S – G?

Hier mag S geglaubt haben, sein aussichtsreicher Angriff auf D entspreche dem Interesse und dem Willen der Bank G. Aber § 683 S. 1 stellt nicht auf dasjenige ab, was der Geschäftsführer – und sei es auch im besten Glauben – angenommen hat, sondern auf die Wirklichkeit. Und hier war der Wille von G durch die interne Anweisung klar zum Ausdruck gekommen; der mutmaßliche Wille oder das objektive Interesse spielen daher keine Rolle mehr.[4] Dem S nützt es auch nichts, daß er als Kunde

---

[4] Nach richtiger Ansicht gibt es insbesondere keinen Vorrang des Interesses gegenüber dem wirklichen Willen, vgl. *Medicus,* SBT, § 124 II 1 b: Die Privatautonomie wird bei der GoA nur durch § 679 eingeschränkt.

die interne Anweisung der Bank nicht kennen konnte. Daher hat S in *Fall 196* nur als nichtberechtigter Geschäftsführer gehandelt[5] und schon deshalb keinen Ersatzanspruch gegen G. Doch kommt dem S hier § 539 I Nr. 9 c RVO zugute: Nach dieser Vorschrift sind kraft Gesetzes Personen versichert, „die sich ... zum Schutz eines widerrechtlich Angegriffenen persönlich einsetzen." Das trifft für S zu; dieser erhält daher von der Unfallversicherung diejenigen Leistungen, die sonst bei einem Arbeitsunfall zu erbringen sind.[6]

Fall 197 (Der leichtsinnige Bergsteiger: unnötige Rettungsmaßnahmen)

S steigt zu einer nicht ungefährlichen Bergtour auf und gibt dabei an, er werde am Abend wieder zurücksein. Unterwegs überlegt es sich S jedoch anders; er bleibt, ohne jemandem Nachricht zu geben, zwei Nächte lang auf einer Hütte. Die Bergführer seines Ausgangsortes suchen vergeblich nach dem vermeintlich Verunglückten und haben dadurch Einnahmeausfälle. Können sie diese von S erstattet verlangen?

Hier liegt es wieder nahe, an einen Anspruch auf Aufwendungsersatz aus berechtigter Geschäftsführung ohne Auftrag zu denken, §§ 683 S. 1, 670. Aber auch hier steht wieder entgegen, daß S in Wirklichkeit nicht „gerettet" werden wollte, weil er gar nicht in Gefahr war. Darum ist hier mit dem Recht der GoA nichts zu machen.[7]

Fall 198 (Die ungeschickte Hilfe: unsorgfältige Geschäftsführung)

In o. *Fall 193* hat die Nachbarin S bei der notwendigen Versorgung der G'schen Kinder nicht auf den Preis der gekauften Lebensmittel geachtet. Auch hat sie den Kindern verdorbene Wurst gegeben, so daß diese erkrankt sind. Wie steht es mit den so verursachten Kosten?

Hier war zwar die Übernahme der Geschäftsführung berechtigt. Aber das bedeutet nicht, daß der Geschäftsführer nun nach Belieben walten dürfte. Vielmehr ergibt sich die Schranke für die ersatzfähigen Aufwendungen schon aus § 670: Der Geschäftsführer mußte sie den Umständen nach für erforderlich halten dürfen. Zudem entsteht durch die Übernahme der Geschäftsführung auch ein gesetzliches Schuldverhältnis zwischen dem Geschäftsherrn und dem Geschäftsführer. Geschuldet wird daraus eine Geschäftsführung nach dem „Interesse des Geschäftsherrn mit Rücksicht auf dessen wirklichen oder mutmaßlichen Willen" (§ 677). Nach richtiger Ansicht[8] ist hiermit trotz des etwas anderen Wortlauts dasselbe gemeint wie in § 683 S. 1: Für die Ausführung kommt es ebenso wie für die Übernahme in erster Linie auf den Willen des Geschäftsherrn an; sein Interesse hilft nur bei der Ermittlung des mutmaßlichen Willens.

---

[5] So *OLG Karlsruhe*, VersR 1977, 936 f.
[6] Übrigens hat *BGH*, VersR 1984, 1194 in solchen Fällen dem Versicherungsträger mit Recht einen Rückgriff gegen den schuldlos Angegriffenen versagt.
[7] Vgl. zu solchen Fällen *Stoll*, in: Festg. f. Weitnauer, 1980, S. 411 ff.
[8] So etwa *Esser-Weyers*, SBT, § 46 II 4b, a. A. aber etwa *Palandt-Thomas*, § 677 Anm. 5 a.

Diese Rangfolge ergibt sich schon aus § 681 S. 1, wonach der Geschäftsführer möglichst die Entschließung des Geschäftsherrn abwarten soll: Diese bringt ja den Willen und nicht ein davon verschiedenes objektives Interesse des Geschäftsherrn zur Geltung.

Wenn der Geschäftsführer die hieraus folgenden Pflichten in zu vertretender Weise verletzt, schuldet er aus §§ 280, 286 oder positiver Forderungsverletzung Schadensersatz. Zu vertreten ist außer Vorsatz regelmäßig jede Fahrlässigkeit; in Notfällen aber bloß grobe, § 680. Nur einem nicht voll geschäftsfähigen Geschäftsführer bleibt diese Haftung aus Sonderverbindung erspart, § 682 (ihn trifft aber ggf. eine Delikts- oder Bereicherungshaftung).

Für *Fall 198* bedeutet das: Erkennbar unnötig aufgewendete Kosten kann Frau *S* nicht ersetzt verlangen. Auch muß sie die Kosten der Heilung der erkrankten Kinder ersetzen. Endlich hat *S* sich so bald als möglich mit den verletzten Eltern in Verbindung zu setzen und deren Entschließung abzuwarten. Doch kommt der *S* hier überall das Haftungsprivileg von § 680 zugute.

II. Zusammenfassung

1. Das BGB unterscheidet zwischen *berechtigter* (§ 683 S. 1) *und unberechtigter* (§ 684 S. 1) *GoA*. Berechtigt ist die Geschäftsführung, wenn ihre Übernahme dem wirklichen und bei dessen Fehlen dem mutmaßlichen Willen des Geschäftsherrn entspricht; für die Ermittlung des mutmaßlichen Willens kann das Interesse helfen. Ein der Geschäftsführung entgegenstehender Wille bleibt aber außer Betracht, wo ohne diese eine dem öffentlichen Interesse dienende Pflicht oder eine gesetzliche Unterhaltspflicht des Geschäftsherrn unerfüllt bliebe, § 679.

2. Durch die Übernahme entsteht zwischen Geschäftsherrn und Geschäftsführer ein *gesetzliches Schuldverhältnis*. Dieses verpflichtet den Geschäftsführer zur Ausführung entsprechend dem Willen und in zweiter Linie dem Interesse des Geschäftsherrn, § 677. Auch muß der Geschäftsführer nach Möglichkeit dem Geschäftsherrn Mitteilung machen und dessen Entschließung abwarten, § 681 S. 1. Eine Verletzung dieser Pflichten macht den voll geschäftsfähigen (§ 682) Geschäftsführer bei Vertretenmüssen schadensersatzpflichtig. Der Haftungsmaßstab ist gegenüber dem allgemein geltenden (§ 276 I 1) bei der Notgeschäftsführung gemildert, § 680. Umgekehrt genügt für den unberechtigten Geschäftsführer schon ein Verschulden bei der Übernahme der Geschäftsführung, § 678.

3. *Der berechtigte Geschäftsführer* kann nach §§ 683 S. 1, 670 wie ein Beauftragter Ersatz seiner Aufwendungen verlangen. Umgekehrt muß er nach §§ 681 S. 2, 667 das durch die Geschäftsführung Erlangte an den Geschäftsherrn herausgeben.

4. *Der unberechtigte Geschäftsführer* hat gegen den Geschäftsherrn nur Ansprüche nach Bereicherungsrecht, § 684 S. 1. Doch kann der Geschäftsherr diese Ansprüche durch eine Genehmigung der Geschäftsführung abwehren; hierdurch wird die Geschäftsführung zur berechtigten, § 684 S. 2.

§ 31. Zweifelhafte Fragen zur Geschäftsführung ohne Auftrag

I. Abgrenzungsfragen, insbesondere zum Fremdgeschäftsführungswillen

Fall 199 (Die Dachreparatur: Leistungen auf einen Vertrag mit einem Dritten)

In o. § 29 *Fall 192* hatte *S* dafür gesorgt, daß das durch einen Sturm beschädigte Dach auf dem Haus des verreisten Nachbarn *G* repariert wurde. Gesetzt den Fall, *S* hätte sich dazu des Dachdeckers *D* bedient. Von wem kann *D* seinen Werklohn fordern?

Als Schuldner des Anspruchs kommt zunächst *S* in Betracht. Das ist unproblematisch, wenn *S* mit dem *D* im eigenen Namen einen Werkvertrag abgeschlossen hat: Dann wird die Vergütung aus § 631 I geschuldet. Ist *S* dagegen im Namen des *G* aufgetreten, so muß unterschieden werden: Wenn *G* die Vertretung genehmigt, schuldet er selbst nach § 177 die Vergütung. Verweigert er jedoch die Genehmigung, so haftet *S* nach § 179 als Vertreter ohne Vertretungsmacht. Denn auch wenn *S* im Verhältnis zu *G* als berechtigter Geschäftsführer ohne Auftrag gehandelt hat, entsteht für ihn daraus keine Vertretungsmacht, sondern nur der Anspruch auf Aufwendungsersatz nach §§ 683, S. 1, 670.

Viel problematischer ist ein Anspruch des *D* gegen *G* (an dem *D* etwa interessiert sein kann, wenn *S* zahlungsunfähig ist). Ein solcher Anspruch bestünde nach §§ 683 S. 1, 670, wenn *D* spontan eingegriffen, also nicht zuvor einen Vertrag mit *S* abgeschlossen hätte. Dagegen wird der Anspruch durch diesen Vertragsschluß zweifelhaft: Ist die Vertragserfüllung damit nicht schon objektiv zum eigenen Geschäft des *D* geworden? Oder fehlt dem *D* nicht wenigstens subjektiv ein Fremdgeschäftsführungswille, weil er ja nur seine Verbindlichkeit erfüllen will? Eine in neuerer Zeit vordringende Ansicht verneint wenigstens diesen Fremdgeschäftsführungswillen, was zutrifft: Das Recht der GoA kann nicht dazu dienen, dem einen Partner eines gegenseitigen Vertrages einen zusätzlichen Vergütungsanspruch gegen einen von der Vertragserfüllung begünstigten Dritten zu verschaffen. Trotzdem läßt eine ältere, auch heute noch beachtlich vertretene Ansicht in solchen Fällen Geschäftsführungsansprüche zu;[1] dem ist aber nicht zu folgen. Daher muß sich auch in *Fall 199 D* mit Ansprüchen gegen *S* begnügen.

Fall 200 (Die Bimsgrube: das auch-fremde Geschäft)

G hat eine Bimsgrube gepachtet und beutet sie aus. Bei starken Regenfällen werden aus der Grube mehrfach Bims und Abraum auf die nahe Bundesstraße geschwemmt, so daß diese rutschig wird. Das für die Verkehrssicherung zuständige Bundesland läßt die Straße jeweils wieder säubern. Die erheblichen Kosten hierfür verlangt es von *S* ersetzt. Mit Recht?

Der Fall zeigt, daß für ein Geschäft – wenigstens auf den ersten Blick – mehrere Personen zuständig sein können: hier einerseits *S* als der (wenn auch womöglich schuldlose) Verursacher und andererseits das Land kraft seiner Verkehrssicherungspflicht. Wenn das Land seine eigene Pflicht erfüllt, besorgt es also zugleich auch ein Geschäft des *S*. Solche „auch-fremden Geschäfte" sind gerade an der Grenzlinie zwischen privatem und öffentlichem Recht häufig: etwa auch die Brandbekämpfung,[2] Sicherungsmaßnahmen bei Ölunfällen,[3] Erschließung von Bauland,[4] das Freihalten von Wasserstraßen.[5]

Eine verbreitete Meinung bejaht bei solchen gemischt fremd-eigenen Geschäften regelmäßig den Fremdgeschäftsführungswillen: Dieser sei dort ebenso zu vermuten wie bei ganz fremden Geschäften.[6] Insbesondere der *BGH* kommt so aber nicht – wie man erwarten könnte – zum Ersatz eines (sozusagen auf den Fremdanteil entfallenden) Teiles der Aufwendungen. Vielmehr sollen dem Geschäftsführer, obwohl es sich doch auch um sein eigenes Geschäft handelt, die Aufwendungen voll ersetzt werden. So ist denn auch der Pächter der Bimsgrube von *Fall 200* in die ganzen Kosten der Straßenreinigung verurteilt worden.[7]

Dagegen läßt sich zunächst schon einwenden, der Fremdgeschäftsführungswillen sei in solchen Fällen nur eine Fiktion: Die handelnde Behörde wolle nur ihre eigene öffentlichrechtliche Pflicht erfüllen und nicht als Geschäftsführer für einen Privatmann tätig sein. Ein Indiz dafür bildet, daß die Behörde nicht die Entschließung des privaten Geschäftsherrn abwarten will (§ 681 S. 1). Zudem müßte die h. M. eigentlich zu einer seltsamen Konsequenz gelangen: Wenn in *Fall 200* zugleich ein Geschäft des *S* und des Landes vorliegt, müßte der Fremdgeschäftsführungswille auch für *S* vermutet werden, wenn dieser die Straße gereinigt hätte; *S* müßte dann vom Land vollen Ersatz verlangen können. Die Un-

---

[1] Vgl. letztens *Gursky*, AcP 185 (1985), 11, 36 ff., mit vielen Belegen.
[2] Etwa *BGHZ* 40, 28.
[3] Etwa *BGHZ* 54, 157.
[4] Etwa *BGHZ* 61, 359.
[5] Etwa *BGHZ* 65, 384.
[6] Ausführliche Darstellung mit Nachweisen bei *Larenz*, SBT, § 57 I a S. 348 ff., speziell gegen die h. M. *Hauss*, in: Festg. f. Weitnauer, 1980, S. 333, 343 ff.
[7] *BGHZ* 65, 354.

sinnigkeit dieses Ergebnisses zeigt, daß die zu ihm hinführende Überlegung einen Fehler aufweist.

Dieser Fehler dürfte in folgendem liegen: Die öffentliche Hand leistet den Bürgern im Rahmen der Daseinsvorsorge mannigfache Dienste. Ein Teil von ihnen ist unentgeltlich (oder genauer: bereits mit den Steuern abgegolten), wie etwa die Aufnahme eines Verkehrsunfalls oder die Verfolgung eines Diebes durch die Polizei. Dagegen soll ein anderer Teil der öffentlichen Dienste durch Gebühren abgegolten oder es soll nach Polizeirecht Kostenersatz geleistet werden. Ob für eine bestimmte Dienstleistung das eine oder das andere zutrifft, muß das öffentliche Recht entscheiden; diese Vorfrage darf durch die undifferenzierte Anwendung des Rechtes der GoA nicht übergangen werden.

Der *BGH*[8] hat die Vorfrage nach der öffentlichrechtlichen Lastenverteilung insofern angeschnitten, als er dem Landesrecht entnommen hat, der Betreiber einer Bimsgrube müsse Straßenverschmutzungen ohne Rücksicht auf sein Verschulden beseitigen. Dann kann man *S* zur Erstattung der vollen Kosten für verpflichtet halten. Fraglich bleibt aber, ob dieser Anspruch nicht eher auf öffentliches Recht gestützt werden sollte als auf die privatrechtliche GoA.[9]

Fall 201 (Die unvorsichtigen Radfahrer: Ersatz für Selbstaufopferung im Straßenverkehr)

S befährt mit seinem Pkw mit mäßiger Geschwindigkeit eine Landstraße. Ihm kommen drei jugendliche Radfahrer entgegen, die zunächst hintereinander fahren. Plötzlich biegt einer von ihnen nach links ab und gelangt so in die Fahrbahn des *S*. Dieser reißt, um einen Zusammenstoß zu vermeiden, seinen Wagen nach rechts herum und gerät dadurch an einen Straßenbaum. Kann er seine hierbei entstandenen Sach- und Personenschäden von dem Radfahrer ersetzt verlangen?

Eine solche Ersatzpflicht kann sich aus Delikt ergeben, nämlich aus § 823 I (Verletzung von Körper und Eigentum) und § 823 II BGB mit § 2 II StVO (Rechtsfahrgebot). Beides setzt aber Deliktsfähigkeit (§ 828 II) und Verschulden voraus. Wenigstens das Verschulden ließ sich jedoch in dem vom *BGH*[10] entschiedenen Fall nicht feststellen, weil der Radfahrer womöglich von einem vor ihm fahrenden Radler überraschend behindert worden war. Daher mußte *S* seinen Anspruch auf die §§ 683 S. 1, 670 stützen. Das führt erstens zu der – gleich unten bei *II* zu erörternden – Frage, ob auch unfreiwillig erlittene Nachteile „Aufwendungen" im Sinne der §§ 683 S. 1, 670 bedeuten können. Und zweitens ergibt sich bei *Fall 201* noch ein weiteres Problem: Ist es nicht ein objektiv eigenes

---

[8] *BGHZ* 65, 354 (358).
[9] Keine Bedenken bestehen natürlich, wenn das öffentliche Recht auf die Regeln der GoA verweist.
[10] *BGHZ* 38, 270, dazu etwa *Berg*, JuS 1975, 681, 685. Vgl. weiter *BGHZ* 92, 357, wo in einem ähnlichen Fall zutreffend ein Ersatzanspruch aus § 904 S. 2 verneint wird.

Geschäft jedes Kraftfahrers, niemanden anders anzufahren? Und kann man subjektiv einen Fremdgeschäftsführungswillen annehmen? Denn vielfach wird das Ausweichen eher instinktiv als bedacht erfolgen, und selbst wenn der Fahrer überlegt, wird er oft wenigstens zugleich eigene Interessen verfolgen, etwa sein Auto oder sein Gewissen schonen wollen.

Der *BGH* hat ein objektiv eigenes Geschäft des Fahrers bejaht, wenn der durch die Selbstaufopferung vermiedene Unfall für ihn kein unabwendbares Ereignis nach § 7 II StVG gewesen wäre: In einem solchen Fall müsse der Fahrer ja sogar für fremden Schaden einstehen und umso mehr seinen eigenen tragen. Doch lag in *Fall 201* ein unabwendbares Ereignis vor, weil *S* nur mäßig schnell gefahren und der Radler nur etwa 6 m vor *S* auf die falsche Fahrbahn abgebogen war. Unter dieser Voraussetzung bejaht der *BGH* nicht bloß das Vorliegen eines fremden Geschäfts für *S,* sondern auch den Fremdgeschäftsführungswillen.

Diese Entscheidung scheint mir vertretbar, aber vom Ergebnis her keineswegs unbedenklich: Nach §§ 683 S. 1, 670 sind ja diejenigen Aufwendungen, die der Geschäftsführer „den Umständen nach für erforderlich halten durfte", ohne Rücksicht auf deren Erfolg zu ersetzen. Der jugendliche Radler müßte also selbst dann zahlen, wenn er trotz des Ausweichmanövers angefahren worden wäre. Der *BGH* [11] nennt diese Konsequenz „offenbar unbillig". Er will daher nicht vollen Aufwendungsersatz gewähren, sondern nur einen Anspruch auf eine „angemessene Entschädigung". Bei dessen Bemessung seien „die verschiedenartigen Umstände des Einzelfalles" zu berücksichtigen. Deshalb hat der *BGH* in *Fall 201* die vom Berufungsgericht vorgesehene hälftige Schadensteilung gebilligt.

II. Der Aufwendungsersatz

Eben in *Fall 201* ist noch ein weiteres Problem erwähnt worden: Regelmäßig bestehen die „Aufwendungen", deren Ersatz der Geschäftsführer nach §§ 683 S. 1, 670 verlangen kann, aus freiwilligen Vermögensopfern, etwa aus den für die Dachreparatur verwendeten Ziegeln oder dem für die Lebensmittel ausgegebenen Geld. Den Gegensatz dazu bilden die unfreiwillig erlittenen Nachteile, die Schäden. Die Grenzziehung zwischen beidem gelingt aber nicht immer deutlich. So kann der Kraftfahrer, der freiwillig von der Straße heruntergefahren ist, bestimmte Schäden an seinem Wagen bewußt in Kauf genommen haben. Mit anderen Nachteilen (z. B. einer leichteren Körperverletzung) mag er zwar rechnen, aber doch darauf hoffen, daß diese nicht eintreten. Noch andere Nachteile wieder mögen zwar von ihm nicht vorausbedacht worden sein, aber im-

---

[11] *BGHZ* 38, 270 (279).

merhin einigermaßen naheliegen. Hier überall kann man fragen, ob solche Nachteile noch als Aufwendungen ersetzt verlangt werden können. Man ist heute darüber einig, daß auch unverhofft aus einer gefährlichen Geschäftsführung entstehende Nachteile unter den Aufwendungsersatz fallen.[12] Allerdings soll ein bloß adäquater Zusammenhang[13] zwischen der Geschäftsführung und dem Nachteil nicht genügen, also nicht schon jede spürbare Erhöhung der Wahrscheinlichkeit des Nachteilseintritts durch die Geschäftsführung. Wer z.B. einen fremden Brief zum Postkasten bringen will und bei dem dazu nötigen Überqueren einer belebten Straße angefahren wird, kann für diesen Schaden keinen Ersatz vom Auftraggeber verlangen. Dagegen wird ein Ersatzanspruch bejaht, wenn der Nachteil als Folge der Geschäftsführung mit nicht ganz geringer Wahrscheinlichkeit vorauszusehen war. Eine neuere Lehre begründet das im wesentlichen gleiche Ergebnis mit einer auf richterlicher Rechtsfortbildung beruhenden Risikohaftung des Geschäftsherrn für die spezifischen Gefahren der in seinem Interesse erfolgten Tätigkeit.[14] Hierfür wird auch auf die Formulierung des ein ähnliches Problem betreffenden § 110 I HGB hingewiesen, wonach Schäden ersatzfähig sind, die unmittelbar aus der Geschäftsführung oder aus mit dieser untrennbar verbundenen Gefahren stammen.[15]

In *Fall 201* spielen diese Formulierungsunterschiede keine Rolle: Dort sind die Sach- und Personenschäden gewiß typische Folgen des Herunterfahrens von der Straße. Von daher steht ihrer Ersatzfähigkeit also nichts im Wege.

Fall 202 (Die Behandlung des Bewußtlosen: Dienstleistungen als Aufwendungen)

Nach einem Unfall liegt *G* bewußtlos am Straßenrand. Der an dem Unfall unbeteiligte Kraftfahrer *S* hält an: Er verbindet *G* und bringt ihn in das nächste Krankenhaus. Welche Ansprüche hat *S* deshalb gegen *G*?

Wenn *S* eigenes Verbandsmaterial benützt hat, hat er dessen Wert sicher aufgewendet. Ebenso stellt es eine Aufwendung dar, wenn *S* (etwa als Taxifahrer) auf eine andere Verdienstmöglichkeit verzichtet hat, um dem *G* zu helfen. Endlich würde es einen nach dem eben zu *Fall 201* Gesagten ersatzfähigen Schaden bedeuten, wenn etwa die Polster im Wagen des *S* durch Blut verschmiert worden wären. Wie aber, wenn solche Aufwendungen oder Schäden nicht in Frage stehen: Kann *S* auch die bloße Dienstleistung als Aufwendung geltend machen?

§ 683 S. 1 spricht eher für eine Verneinung. Denn er verweist auf Auf-

---

[12] Etwa *BGHZ* 38, 270 (277); *Palandt-Thomas* § 670 Anm. 3 b bb.
[13] Vgl. o. § 16 *Fall 90*.
[14] Etwa *Larenz*, SBT, § 56 III S. 338 f., § 57 I S. 356 mit weiteren Angaben.
[15] *Genius*, AcP 173 (1973), 481 ff.

tragsrecht (§ 670), und der Auftrag ist nach § 662 unentgeltlich (so daß also der Beauftragte für seine Dienste selbst nichts verlangen kann). Doch fehlt bei der GoA die den Auftrag typisierende Vereinbarung über die Unentgeltlichkeit. Daher läßt die h. M.[16] hier in Analogie zu § 1835 II eine Tätigkeitsvergütung zu, wenn die Dienste des Geschäftsführers zu dessen Gewerbe oder Beruf gehören. Daher könnte *S* in *Fall 202* ein Honorar verlangen, wenn er Arzt wäre. Im Gegensatz dazu hätte ein helfender Laie keinen Anspruch auf Vergütung seiner Arbeitsleistung; hier fehlt ja auch ein Maßstab für das übliche Entgelt.

III. Zusammenfassung

1. Wenn der Geschäftsführer mit seiner Tätigkeit einen *Vertrag mit einem Dritten erfüllt*, besteht gegen den Begünstigten nach richtiger Ansicht kein Anspruch aus GoA.

2. Besorgt der Geschäftsführer mit seiner Tätigkeit *zugleich ein eigenes Geschäft*, so vermutet eine h. M. bei einem solchen „auch-fremden" Geschäft dennoch den Fremdgeschäftsführungswillen. Diese Ansicht ist aber besonders dann zweifelhaft, wenn der Geschäftsführer nach öffentlichem Recht tätig wird: Dann kann eine undifferenzierte Anwendung der GoA-Regeln Probleme des öffentlichen Rechts überdecken.

3. Auch *mehr instinktiv als überlegt gesteuerte Hilfeleistungen* in plötzlich auftretenden Notsituationen können GoA darstellen. Die Rechtsprechung ist hier bei der Bejahung der Tatbestandsmerkmale der GoA mit Recht großzügig.

4. Neben den eigentlichen Aufwendungen (die freiwillig erfolgen) werden auch die mit der Tätigkeit des Geschäftsführers *typischerweise verbundenen* (unfreiwillig erlittenen) *Schäden* ersetzt. Man kann dies entweder erreichen, indem man solche Schäden als Aufwendungen behandelt, oder aber durch die Annahme eines auf Richterrecht gegründeten Schadensersatzanspruchs aus dem Gedanken der gerechten Risikoverteilung.

5. Die vom Geschäftsführer erbrachte *Arbeitsleistung* wird als solche (d. h. wenn kein anderer Verdienst entgeht) nicht vergütet. Die h. M. macht davon jedoch *analog § 1835 II eine Ausnahme*, wenn die Tätigkeit des Geschäftsführers zu dessen Gewerbe oder Beruf gehört.

---

[16] Etwa *BGHZ* 65, 384 (390). Etwas abweichend will neuestens *Köhler*, JZ 1985, 359, 361 ff., auf das abstellen, was Geschäftsherr und Geschäftsführer wahrscheinlich vereinbart hätten. Das Ergebnis unterscheidet sich nicht wesentlich von der h. M.

Paragraphenregister

Die Zahlen bezeichnen die Seiten
Hauptfundstellen sind kursiv gedruckt

Sachregister

Die Zahlen bezeichnen die Seiten
Hauptfundstellen sind kursiv gedruckt